DONNÉES DE CATALOGAGE AVANT PUBLICATION (CANADA)

Côté, Charles, 1946-

Désintégration des régions : le sous-développement durable au Québec

Comprend des références bibliographiques.

ISBN 2-920176-78-1

1. Québec (Province) – Conditions économiques – 1960-   .
2. Québec (Province) – Conditions économiques – Disparités régionales.
3. Aménagement du territoire – Québec (Province). 4. Aide au développement économique régional – Québec (Province). 5. Saguenay–Lac-Saint-Jean (Québec) – Conditions économiques. I. Titre.

HC117.Q8C67 1991   330.9714'04   C91-096887-X

© *Les Éditions JCL inc., 1991*
Édition originale: septembre 1991

DÉSINTÉ GRATION

DES RÉGIONS

Éditeurs
LES ÉDITIONS JCL INC.
930, Jacques-Cartier Est
CHICOUTIMI (Québec) Canada
G7H 2A9
Téléphone: (418) 696-0536
Télécopieur: (418) 696-3132

Conception visuelle,
maquette de la page couverture
ALEXANDRE LAROUCHE

Techniciens à la production
JUDITH BOUCHARD
ALEXANDRE LAROUCHE

Illustrations
STEVENS BOUDREAULT
CLAUDE CHAMBERLAND

Dépôts légaux
4e trimestre 1991
Bibliothèque nationale du Québec
Bibliothèque nationale du Canada

ISBN
2-920176-78-1

Distributeur
LES MESSAGERIES ADP
955, rue Amherst
MONTRÉAL (Québec) Canada
H2L 3K4
Téléphones: (514) 523-1182
               1-800-361-4806
Télécopieur: (514) 521-4434

CHARLES CÔTÉ

DÉSINTÉ GRATION

DES RÉGIONS

LE SOUS-DÉVELOPPEMENT DURABLE AU QUÉBEC

éditions

NOTE DE L'ÉDITEUR

Ce document traite de faits, de phénomènes et de processus d'un intérêt vital pour qui se préoccupe vraiment de la survivance de sa région, de la santé et du bien-être des populations qui l'habitent et, par corollaire, de l'avenir du Québec. Grâce à la collaboration du Conseil régional de la santé et des services sociaux du Saguenay–Lac-Saint-Jean, nous pouvons soumettre à la réflexion des citoyens et de leurs Élus* ce rapport, fruit de plusieurs années de recherches patiemment menées par le sociologue Charles Côté.

Le CRSSS (02) et l'éditeur ne peuvent, à l'évidence, endosser la responsabilité du contenu et des positions qu'exprime librement l'auteur de ce rapport. Cependant, ils ne se reconnaissent pas le droit de garder hors d'atteinte des citoyens, des informations qui peuvent susciter une réflexion collective plus approfondie sur les phénomènes qui conditionnent nos lendemains et surtout sur les causes fondamentales de ces phénomènes.

Il appartient donc au citoyen d'interroger sans complaisance le contenu de ce rapport et de le confronter honnêtement à d'autres interprétations et à l'expérience vécue.

---

* Sciemment avec une lettre majuscule pour souligner le rôle primordial des Élus à l'intérieur de notre système sociopolitique, et leur qualité de représentants d'ensembles d'individus conçus comme des communautés distinctes.

TABLE DES MATIÈRES

AVANT-PROPOS

Ce document sur la problématique de la désintégration du Québec ne s'adresse pas à ceux et à celles qui voudraient y trouver des idées «le fun» ou pas «le fun» ou qui, en raison d'opinions préconçues et d'intérêts à promouvoir ou à défendre, se proposent de ne retenir que les volets qui correspondent à leur pensée, tout en laissant tomber le reste. Il ne s'adresse pas non plus à ceux qui ont peur de faire face à la réalité.

Ce document s'adresse au contraire à ceux et à celles qui recherchent ce qui est vrai, par opposition à ce qui est faux, et qui ont le souci de connaître la nature des choix auxquels ils sont confrontés pour trouver la voie qui leur semble la plus appropriée, au lieu de subir les choix arrêtés par d'autres.

Si, éventuellement, l'interprétation des faits contenus dans ce document s'avérait inexacte ou insuffisante, l'auteur apprécierait que les personnes qui ont le souci de la vérité acceptent de démontrer leur point de vue en divulguant les données généralisables qui en attestent et d'expliquer comment ces nouveaux faits qu'ils apportent et qui lui sont étrangers démontrent la fausseté des propos que ce rapport contient.

De très nombreuses personnes ont contribué indirectement à l'élaboration de cet ouvrage par les travaux qu'elles ont produits au cours des vingt dernières années. Je les en remercie. Mais à cet égard, je désire souligner avec gratitude la collaboration que j'ai reçue de mes collègues et amis du CRSSS du Saguenay–Lac-Saint-Jean, des membres de mon comité de lecture et très particulièrement de mes amis Daniel Larouche, Pierre Laflamme et Claude Barriault.

Charles Côté

INTRODUCTION

Le Québec amorce, tous en conviennent, une phase de son histoire qui contribuera à clarifier la trajectoire nationale. Beaucoup d'attention et d'énergie sont dirigées vers un objet central: les rapports entre le Québec et ses partenaires canadiens. C'est là un terme majeur de l'équation qui doit permettre de garantir ou non la pérennité d'une société québécoise bien distincte. On comprend d'emblée qu'il s'agit d'une question de survie nationale: comment doit-on redéfinir nos relations dans le contexte politique externe? Dans la perspective de la survie et du développement du Québec, d'autres questions aussi cruciales doivent pourtant être remises à la réflexion des citoyens du Québec: a-t-on une vision claire de l'évolution démographique, sociale et économique des populations locales et régionales qui occupent le territoire québécois? A-t-on rendu explicites et débattu les choix poli- tico-administratifs actuels et passés qui structurent l'occupation de notre territoire et qui conditionnent le développement des diverses municipalités et régions qui composent cet espace? En ce qui a trait aux choix de société, il importe que le citoyen québécois perçoive à la fois les processus externes et internes qui déterminent et modulent le devenir collectif. Il ne suffit pas de définir l'économie de nos relations avec les partenaires externes, il faut carrément voir si à l'intérieur même de notre société, les règles et les façons de faire assurent le lendemain des populations locales et régionales qui constituent le Québec. Qu'adviendra-t-il à long terme si, faute de poser sans complaisance les problèmes et d'opérer collectivement des choix explicites et conséquents, le Québec induit ou maintient lui-même une dynamique contraire aux exigences de sa survie?

Le développement de la société québécoise ne dépend donc pas uniquement d'une planification de l'avenir et de l'obtention par né- gociations de leviers supplémentaires pour notre prise en charge, il repose autant sur notre capacité d'interroger les pratiques actuelles et passées et d'utiliser au mieux les leviers dont notre société dispose déjà.

LE SUJET

Ce rapport relève de cet ordre de préoccupation. Il a comme propos de jeter un regard évaluatif, non complaisant, sur des mécanismes qui sous-tendent l'évolution des populations locales et régionales du Québec, souvent même à l'insu des citoyens et de leurs Élus. Il s'agit donc d'abord de mettre à jour, en s'appuyant sur des informations relatives aux 20 dernières années, les phénomènes qui affectent les populations des diverses régions du Québec. Ces informations tirées de données démographiques et économiques officielles mettent en perspective l'évolution comparative du Saguenay–Lac-Saint-Jean et celle des autres régions du Québec. Cette partie du rapport rend explicite l'écart entre la réalité qu'on peut déduire des faits bruts et les tendances dominantes du discours scientifique et technocratique actuel. Elle laisse voir, en particulier, comment une ambiguïté entretenue entre les termes «développement» et «croissance» peut engendrer des erreurs énormes dans la lecture des faits.

Mais ces faits, quels sont-ils? La seconde partie du rapport précise en quoi consiste le problème. Partant de faits concrets, on y esquisse la description d'un processus de sous-développement systématique qui disloque et désintègre d'abord des populations locales regroupées à l'intérieur de municipalités.

Partant d'une réinterprétation des faits démographiques et économiques connus, on y dresse un portrait évolutif de la situation des régions: celui-ci rend d'abord évidente l'existence d'un processus systématique de vidage d'un grand nombre de régions, vidage létal puisqu'il affecte essentiellement les segments de populations qui normalement assureraient la capacité de reproduction naturelle des localités et des régions. Ce déséquilibre structurel dans la répartition des effectifs démographiques sur le territoire québécois, met objectivement en cause la capacité d'une majorité de régions, d'assurer leur pérennité.

Dans le but d'approcher les causes possibles, le rapport scrute ensuite les facteurs économiques qui peuvent expliquer cette problématique. L'analyse, dans le temps long, de la progression du rapport emploi-population dans l'ensemble des régions du Québec, laisse voir le progrès constant des indicateurs de croissance intrarégionaux, mais aussi le maintien et l'accroissement des disparités interrégionales. Mis en relation avec les faits démographiques, les faits économiques amènent à constater que le maintien des populations locales et régionales, et partant, le développement de leur milieu, ne reposent pas sur la croissance brute d'emploi, mais plutôt sur l'abolition des déséquilibres en matière d'emploi qui opposent les collectivités locales les unes aux autres. Ceci renvoie directement à la distinction qu'il faut faire entre croissance et développement.

Pour appréhender concrètement ces phénomènes, le rapport scrute la situation d'un territoire spécifique, la M.R.C. Lac-Saint-Jean-Est. À travers cet exemple, sont explorées les disparités qui affectent les municipalités d'un même territoire, ce qui permet d'amorcer l'analyse des causes du phénomène. Les informations démographiques et économiques mises en relation avec le mode de redistribution par l'État québécois de la richesse collective, font apparaître un lien causal majeur. La façon qu'a l'État de répartir les dépenses publiques dans un seul de ses secteurs majeurs d'intervention peut, à elle seule, enclencher le processus de maintien et d'accroissement des disparités entre les municipalités et entre les régions, ces disparités engendrant des déséquilibres menant à la désintégration de territoires et de régions entières. Cette affirmation majeure est démontrée à partir d'un ensemble d'informations diachroniques provenant de sources officielles.

Comment des phénomènes d'une telle importance pour l'avenir du Saguenay–Lac-Saint-Jean et des autres régions du Québec ont-ils pu passer inaperçus? Comment n'ont-ils pas été portés à l'attention des citoyens et de leurs Élus? Une autre partie du rapport s'attaque à cette question qui ne peut en aucune façon être éludée, car elle engage la responsabilité des organismes et des personnes qui ont pour fonction d'analyser la réalité, de la porter à l'attention des citoyens et des Élus ou de définir les outils de gestion d'un État centré sur son rôle premier: la réduction des inégalités entre les populations et entre les individus qui composent ces populations. Cette partie procède d'une logique qui, loin de s'éloigner des exigences morales de base, pose en fait la question de l'éthique et de la responsabilité dans des activités scientifiques, administratives et politiques qui déterminent implicitement ou explicitement des choix de société.

Une fois achevée la description des problèmes, des causes et des facteurs qui les entretiennent, il importe d'aborder la question des solutions. Ce rapport ne peut, à l'évidence, définir l'ensemble des mesures qui permettraient de s'attaquer à un problème mettant en cause la pérennité de vastes segments de la société québécoise et la restauration d'un mode de développement fondé sur l'occupation véritable du territoire québécois. En matière de solutions, le rapport tente d'identifier les culs-de-sac à éviter et esquisse les conditions minimales essentielles à la restauration d'un réel équilibre.

LE PUBLIC-CIBLE

Ce rapport s'adresse surtout aux citoyens et à leurs Élus. Les faits et les processus qui y sont décrits touchent directement ou indirectement l'ensemble des citoyens de la région et du Québec. En effet, les faits décrits ici peuvent, à un premier niveau, laisser croire qu'une partie des régions gagne ce que l'autre partie perd. En réalité, les disparités démographiques, sociales et économiques affectent profondément et négativement à court, moyen ou long terme, autant les banlieues triomphantes, les espaces ruraux en désintégration, que les centres-villes en mutation. Quel que soit le secteur d'activité visé – santé, éducation, etc., – ce déséquilibre systématique draine et drainera de plus en plus l'énergie collective pour pallier les effets les plus évidents, sans que ne soient d'aucune façon neutralisées les causes profondes.

Le rapport met en évidence le fait que, sciemment ou non, la société québécoise a entrepris de se concentrer dans la grande région montréalaise. Cette tendance, dont le mécanisme est en partie démontré ici, implique l'abandon par les populations des territoires qui ont constitué pour l'ensemble des générations antérieures le fer de lance du développement d'une société enracinée et vivante. On peut, par exemple, mettre en contraste cette stratégie nationale et celle des groupes autochtones pour lesquels l'accession à l'autonomie passe nécessairement, et *a priori*, par l'obtention et l'occupation de vastes territoires sur lesquels ils pourraient assurer leur développement.

CE QUE CE RAPPORT NE PEUT FAIRE

Le propos de base de ce document est ambitieux, puisqu'il s'agit de rendre accessible au plus grand nombre les tenants et aboutissants d'une problématique qui fait appel à des notions tirées de plusieurs disciplines. Cette étude ne peut rendre compte de l'ensemble des 20 années d'études et de recherche qui sous-tendent les informations présentées. À titre illustratif, il n'est pas possible ici de faire état de toutes les données analysées et corrélées à l'échelle de la totalité des municipalités du Québec pour l'ensemble de la période couverte. De même, il n'est pas envisageable, dans le cadre imparti à ce document, de décrire en détail tout l'appareil méthodologique qui a présidé au traitement des informations. Un document subséquent en traitera en profondeur.

Des lecteurs pourraient aussi regretter que certains éléments de la démonstration ne se soient pas enrichis d'autres paramètres qui auraient contribué à étayer l'édifice. À cet égard, il faut rappeler que les indicateurs choisis, par exemple le rapport emploi-population, l'ont été sur la base de la théorie connue, et qu'à eux seuls ils peuvent rendre compte de l'ordre des phénomènes auxquels ils se rattachent.

Au chapitre des insuffisances pouvant affecter ce rapport, on pourrait affirmer qu'il ne cerne pas clairement l'effet des acteurs privés et publics autres que l'État québécois sur le développement. Il est clair que ce document n'a pas comme objectif de synthétiser l'articulation détaillée de l'ensemble des actions pouvant inférer sur le développement du Québec. Le rapport remet plutôt à la réflexion des citoyens et de leurs Élus un état de situation et une analyse de causes qui, *à elles seules*, rendent impossible le développement économique et social. Plus encore, ces causes influencent fortement les interventions des autres acteurs qui sont ainsi mécaniquement incités à renforcer le processus de déséquilibre. Dans le contexte de ce document, la question posée au lecteur porte donc bien davantage sur l'exactitude des causes et des effets décrits et sur le caractère vérifiable des faits dans l'expérience concrète des individus et des groupes. Il est évident que l'absence de tel ou tel élément d'information supplémentaire peut être invoquée par qui veut éviter de discuter de la portée réelle des informations disponibles ici. La connaissance de la réalité peut toujours être améliorée: cela ne doit jamais servir de prétexte pour reporter sans cesse l'évaluation des trajectoires et des gestes qui s'avèrent les vrais choix de société.

LE TON

Il importe de l'indiquer d'entrée de jeu. Le ton emprunté dans ce rapport ne respecte pas toujours les canons de la présentation scientifique traditionnelle. Le style y est parfois direct et cru. De nombreuses images et analogies s'y retrouvent pour rendre plus facile la saisie de phénomènes complexes. Ces choix stylistiques ont été faits de propos délibéré. Le sujet traité est grave et les euphémismes ne constituent par toujours une avenue adéquate de traitement pour une telle matière.

À titre d'exemple, si pour vous alerter d'une situation d'urgence, un premier voisin vous dit: «Comme il est regrettable que la violence soit si généralisée de nos jours», et qu'un deuxième voisin arrive et vous dit: «Eh! y a deux voyous qui sont en train de battre ton gars dans la ruelle!», tiendrez-vous réellement rigueur à ce dernier d'avoir utilisé un ton qui ne sied pas à une personne de son rang? Remercierez-vous avec autant de chaleur le premier voisin qui sait, en toute chose, garder tant d'élégance? La verdeur du propos sert parfois mieux la démonstration, spécialement quand les faits évoqués portent à conséquence.

PREMIÈRE PARTIE

Le développement économique régional au Québec: les effets inattendus d'un abus de langage

Loi de Maier:
*«Les faits qui ne sont pas conformes
à la théorie doivent être éliminés.»*
Corollaire: *«Plus la théorie est compliquée, mieux c'est.»*

BLOCK Arthur, *«La loi de Murphy et autres raisons qui font que
les choses tournent mal»*, Montréal, Éditions Héritage, 1984, p. 48.

1. LES PERCEPTIONS RÉGIONALES À PROPOS DU DÉVELOPPEMENT ÉCONOMIQUE

Concernant le développement économique régional, la population de la région du Saguenay–Lac-Saint-Jean (02) se partage en trois groupes distincts. Il y a les optimistes qui disent que tout va bien. Il y a les pessimistes qui disent que tout va mal. Et enfin, à l'extérieur du débat, on retrouve ceux qui n'ont pas d'opinion arrêtée sur le sujet, ou du moins qui n'en expriment pas.

On peut également présumer sans trop de risque que la même stratification de la population se vérifie dans toutes les régions du Québec. Dans cette perspective, la question à débattre consiste à vérifier si les faits objectifs justifient de se réjouir ou si, au contraire, il faut s'effrayer de l'évolution des événements dans ce domaine.

Pour répondre à cette question, il y a lieu de fonder l'argumentation à partir de celle que proposent les optimistes pour appuyer leur point de vue.

1.1 Le point de vue des optimistes sur le sujet

Pour les optimistes du Saguenay–Lac-Saint-Jean, il y a matière à se réjouir de l'évolution des événements en matière de développement économique, car depuis les dernières années, tout au moins, on peut observer et vérifier une tendance continue à la croissance des emplois disponibles dans la région 02 en particulier, ainsi qu'au Québec en général, comme le démontrent les données reproduites aux tableaux 1A et 1B.

Ainsi, au cours de la période récente 1984-1987, le nombre d'emplois disponibles dans la région 02 s'est accru beaucoup plus rapidement que la population régionale, et ceci de la même manière qu'au Québec (colonne B des tableaux 1A et 1B). Il faut noter que le rapport emploi-population s'est même accru deux fois plus rapidement dans la région qu'au Québec (colonne C). Précisons que le rapport emploi-population indique la proportion de personnes qui occupent un emploi, parmi l'ensemble des personnes âgées de 15 ans et plus. Lorsque le rapport emploi-population augmente au cours d'une période, cela signifie que le nombre d'emplois s'accroît plus rapidement que la population en âge de les occuper, ou encore que le nombre d'emplois diminue moins rapidement que la population en âge de les occuper.

TABLEAU 1
Évolution du rapport emploi-population dans la région du Saguenay–Lac-Saint-Jean (1-A) et au Québec (1-B), entre 1984 et 1987

1-A
Région du Saguenay–Lac-Saint-Jean (02)

Année	A Nombre d'emplois (en 000)	B Population âgée de 15 ans et + (000)	C Rapport emploi-population en %
1984	104	229	45,4
1985	112	233	48,1
1986	120	236	50,8
1987	122	239	51,0
Taux d'accroissement 1984-87	17,3%	4,3%	12,3%

1-B
Le Québec

Année	A Nombre d'emplois (en 000)	B Population âgée de 15 ans et + (000)	C Rapport emploi-population en %
1984	2715	5074	53,5
1985	2804	5116	54,8
1986	2866	5161	55,5
1987	2965	5211	56,9
Taux d'accroissement 1984-87	9,2%	2,7%	6,4%

Sources: Statistique Canada, dans «Bilan socio-économique, région du Saguenay–Lac-Saint-Jean, Direction régionale du Saguenay–Lac-Saint-Jean», Office de la planification du Québec (OPDQ) 1989, tableau 3, p. 6.

TABLEAU 2
Évolution du rapport emploi-population au Saguenay–
Lac-Saint-Jean et au Québec, entre 1971 et 1981

Année de recensement	Région du Saguenay–Lac-Saint-Jean	Le Québec
1971	39,5%	47,6%
1976	46,0%	52,9%
1981	46,9%	54,7%
Taux d'accroissement 1971-81	18,7%	14,9%

Sources: Statistique Canada, recensement 1971, 1976 et 1981; données inédites extraites du système J36, Service de l'évaluation des services sociaux, MSSS, janvier 1985, extrant J36-895-502.

Mais si les optimistes avaient pris connaissance des données équivalentes pour la période de 1971-1981, ils auraient sans doute eu motif à se réjouir encore davantage, comme le montre le tableau 2.

En fait, de 1971 jusqu'à aujourd'hui, le rapport emploi-population ne cesse de s'accroître au Québec, mais plus particulièrement dans la région du Saguenay–Lac-Saint-Jean. Une seule ombre au tableau: au cours de cette période qui couvre près de 17 ans, la moyenne régionale demeure chroniquement loin en deçà de la moyenne provinciale.

Et s'il y avait lieu d'être vraiment très optimiste, on pourrait même se demander s'il existe des régions au Québec où la population aurait des motifs de ne pas se réjouir de l'évolution de l'emploi. Et pour satisfaire cette curiosité légitime, le tableau 3 présente l'évolution du rapport emploi-population dans chacune des régions du Québec, entre 1971 et 1988.

On y observe que, dans toutes les régions, la population aurait motif de se réjouir de la tendance des 20 dernières années, caractérisée par la croissance régionale continue des emplois disponibles. À l'exception de Montréal-Métropolitain, toutes les régions du Québec ont enregistré une croissance de leur rapport emploi-population supérieure à 20 %. Alors, pourquoi récriminer? Qui oserait contester le fait que la croissance du nombre d'emplois occupés dans une région est bénéfique pour la population qu'elle regroupe?

TABLEAU 3
Évolution du rapport emploi-population (en %) par région du Québec [3], entre 1971 et 1988

Les régions administratives du Québec		Années de référence					Taux de croissance en %	Écart
		1971 (1)	1976 (1)	1981 (1)	1984 (2)	1988 (2)	1971-88	1971-88
Bas Saint-Laurent–Gaspésie	01	38,3	42,1	44,8	42,9	47,4	23,7	9,1
Saguenay–Lac-Saint-Jean	02	39,5	46,0	46,9	45,2	51,2	29,6	11,7
Québec	03	45,9	51,2	52,4	54,8	57,1	24,4	11,2
Trois-Rivières	04	44,1	49,2	50,0	48,3	55,3	25,3	11,2
Estrie	05	47,4	52,3	53,5	51,6	58,1	22,5	10,7
Montréal-Métropolitain	06 A	50,9	55,8	57,7	55,0	58,4	14,7	7,5
Laurentides-Lanaudière	06 B	44,9	51,1	54,7	55,1	58,5	30,2	13,6
Montérégie	06 C	49,3	55,9	58,3	57,9	61,7	25,1	12,4
Outaouais	07	49,7	55,3	56,0	54,2	65,4	31,5	15,7
Nord-Ouest	08	42,0	48,3	52,0	45,9	57,0	35,7	15,0
Côte-Nord	09	46,7	51,3	48,7	53,5	57,3	22,6	10,6
Le Québec		47,6	52,9	54,7	53,6	58,0	21,8	10,4

Sources:
(1) Statistique Canada, recensement 1971, 1976 et 1981; données inédites extraites du système J36, Service de l'évaluation des services sociaux, MSSS, janvier 1985, extrant J36-895-502.
(2) Enquête sur la population active, Statistique Canada, catalogue 71-529 «La main-d'œuvre, l'emploi et les disparités régionales au Québec», MMSR, novembre 1989, tableau 2.5, p. 22.
(3) Les données produites dans ce tableau sont fondées sur le découpage du Québec en 11 régions au lieu de 14.

Qui oserait contester qu'une augmentation du nombre d'emplois disponibles dans une région constitue un indice aussi fiable que le niveau de revenu de la population (en dollar constant), pour mesurer la croissance économique régionale? En effet, tout théoricien des sciences économiques ne sait-il pas qu'il y a croissance économique nationale ou régionale lorsque le niveau de revenu de la collectivité concernée augmente plus rapidement que sa population? Et qu'il existe un rapport défini entre le niveau de revenu de cette collectivité et le nombre d'emplois disponibles? Par conséquent, s'il faut en croire les chiffres corroborant la théorie, notre niveau de bien-être économique devrait augmenter à un rythme comparable à celui de notre niveau d'emplois, alors que ceci se vérifierait dans chacune des régions du Québec? Toutes ces régions seraient donc en croissance économique depuis 20 ans. De plus, parmi les 11 régions du Québec, le Saguenay–Lac-Saint-Jean se classerait, avec 29,6 %, dans le peloton de tête, parmi les quatre régions où l'accroissement du rapport emploi-population aurait été le plus rapide au cours des 17 dernières années, juste derrière Laurentides-Lanaudière, 30,2 %, l'Outaouais, 31,5 % et l'Abitibi-Témiscamingue, 35,7 %.

Par ailleurs, si on fait l'énumération des genres de personnes de 15 ans et plus qui n'occupent pas un emploi, on constate que cet ensemble regroupe tous les assistés sociaux, les chômeurs, les conjoints au foyer, les personnes âgées à la retraite, les personnes institutionnalisées depuis plus de six mois, bref l'ensemble des personnes qui dépendent d'un tiers, parent, conjoint, ami, État, pour l'acquisition des biens de première nécessité. Dès lors, on doit nécessairement déduire, et se réjouir, que dans chacune des régions du Québec, la proportion des personnes dépendantes est en constante diminution depuis 20 ans.

TABLEAU 4

Évolution du rapport emploi-population et du taux d'inoccupation en % dans la région Saguenay–Lac-Saint-Jean, entre 1971 et 1988

	1971	1976	1981	1984	1988
Rapport emploi-population	39,5	46,0	46,9	45,2	51,2
Taux d'inoccupation ou de dépendance de la population	60,5	54,0	53,1	54,8	48,8
Total	100	100	100	100	100

Source: Tiré des données du tableau 3, CRSSS.

Pour la région du Saguenay–Lac-Saint-Jean, le tableau 4 montre le rapport nécessaire qui existe, par définition, entre l'accroissement du rapport emploi-population et la diminution du taux de «dépendance» de la population régionale (son taux d'inoccupation).

Donc, si le niveau de bien-être s'accroît et que par conséquent, le niveau de dépendance diminue depuis 20 ans dans chacune des régions du Québec, pourquoi se plaindre?

1.2 Le point de vue des pessimistes sur le sujet

1.2.1 Une autre façon de voir les mêmes choses

Ceux qui font partie du clan des pessimistes soutiennent que, malgré les faits rapportés précédemment, tout va au contraire très mal en matière de développement économique. Car justement, les arguments à l'appui du point de vue des optimistes ne traitent pas de développement économique, mais plutôt de croissance économique. En clair, ils prétendent que les arguments voulant que tout aille bien sur le front du développement économique du Saguenay–Lac-Saint-Jean et du Québec en général, relèvent de l'abus de langage. Ils appuient leur point de vue sur la définition même du concept de développement économique, soit: une croissance économique n'engendrant pas d'inégalités entre les populations regroupées dans les territoires.

Ainsi, l'expression «développement économique régional» signifie: croissance économique du Québec n'engendrant pas d'inégalités entre ses régions. En ce sens, il s'agit d'une application limitée du concept, à l'échelle des régions du Québec. De même pourrait-on parler de façon tout aussi pertinente, de développement économique local plutôt que régional, pour désigner le processus de croissance économique du Québec ou de chaque région du Québec, n'entraînant pas d'accroissement d'inégalités entre les municipalités ou les M.R.C. qui les subdivisent respectivement.

Par ailleurs, et comme corollaire de la définition, le concept de «développement» implique nécessairement que la réalité du développement soit démontrée à partir des indicateurs de croissance économique, c'est-à-dire à partir des mêmes faits que ceux sur lesquels s'appuient les arguments des optimistes qui prétendent que tout va bien. Or, ces faits sont les mêmes que ceux qui sont rapportés aux tableaux 3 et 4. Ce sont les mêmes faits qui permettront de démontrer que la région Saguenay–Lac-Saint-Jean est affectée par les conséquences du sous-développement au Québec, malgré une croissance économique évidente de part et d'autre.

1.2.2 La progression des inégalités de croissance économique entre les régions du Québec

Les données du tableau 3 permettent de constater qu'au cours de la période qui s'étend de 1971 à 1988, les régions du Montréal-Métropolitain (06A), de la Montérégie (06C) et de l'Outaouais (07) ont occupé tour à tour le premier rang de l'ensemble des régions du Québec, en ce qui a trait au nombre de personnes occupant un emploi, parmi la population de 15 ans et plus (par définition du rapport emploi-population).

Élaboré à partir de ces données, le tableau 5 illustre la croissance des inégalités en matière de répartition géographique des emplois occupés de 1971 à 1988, entre la région ayant enregistré le score le plus élevé à chacune des années considérées, et celle ayant enregistré le score le plus faible. Le tableau 5 montre également la croissance de ces inégalités pour la région du Saguenay–Lac-Saint-Jean (02).

Le tableau se lit comme suit: En 1971 l'écart entre la région la plus faible du Québec et la région la plus forte, en l'occurrence celle dont le rapport emploi-population était le plus élevé, s'établissait à 12,6 % alors que l'écart entre le Saguenay–Lac-Saint-Jean et la région la plus forte était de 11,4 %. En constatant la progression des écarts entre 1971 et 1988, on doit donc déduire qu'il y a eu, dans les faits, progression des inégalités de croissance économique entre les régions du Québec. Par conséquent, il n'y a pas eu de développement économique et cette situation affecte la région Saguenay–Lac-Saint-Jean de façon particulière, au-delà des opinions exprimées, à moins, bien entendu, que les données officielles sur le sujet soient erronées au point d'invalider cette affirmation.

TABLEAU 5
Progression des inégalités de croissance économique[1]
entre 1971 et 1988. Variation de l'écart entre la région ayant le
rapport emploi-population (REP) le plus élevé
et celle identifiée dans le tableau

Année	La région la plus faible du Québec	La région du Saguenay–Lac-Saint-Jean
1971	12,6 %	11,4 %
1976	13,8 %	9,9 %
1981	13,5 %	11,4 %
1984	15,0 %	12,7 %
1988	18,0 %	14,2 %

Source: Tiré des données du tableau 3.

(1) L'usage du rapport emploi-population ou du taux d'inoccupation comme mesure ponctuelle du niveau économique des populations (donc comme baromètre de leur croissance économique), se déduit de la définition même de ce concept, compte tenu du rapport existant entre les revenus totaux et le nombre d'emplois disponibles dans une collectivité quelconque (voir graphique 4).

À moins aussi que le rapport emploi-population et son complément, le «taux d'inoccupation», ne constituent pas des indicateurs de croissance économique valables, tant du point de vue théorique que pratique. Or, cet aspect du sujet sera approfondi subséquemment dans ce document.

À moins, également, que la définition que le dictionnaire français donne du «sous-développement» soit fausse, bien qu'elle ait été copiée sur celle des théoriciens du sujet. Le *Petit Robert* ne donne-t-il pas la définition suivante du sous-développement? *Pays, région en voie de développement, dont l'économie n'a pas atteint le niveau de l'Amérique du Nord, de l'Europe occidentale, etc. (euphémisme créé pour remplacer sous-développé)* .

Tandis que pour sa part, P. Samuelson, auteur de nombreux ouvrages de base en science économique, définit une nation sous-développée en ces termes:

> «*An under-developed nation is simply one with real per capita income that is low relative to the present-day per capita incomes of such nations as Canada, the United States, Great Britain, and Western Europe generally. Usually, an underdeveloped nation is one regarded as being capable of substantial improvement in its income level. To avoid offense the United Nations sometimes used the expression «less developed»* [1].

Comme pour les pays sous-développés, la croissance économique de la région Saguenay–Lac-Saint-Jean ne s'effectue pas au même rythme que celle d'autres régions. De plus, la position relative du Saguenay–Lac-Saint-Jean et des autres régions faibles, par rapport aux régions fortes, n'a pas généralement varié en 20 ans.

1.2.3 La persistance chronologique des inégalités interrégionales depuis 1971

À l'appui de cette affirmation, le tableau 6 établit la classification des régions du Québec d'après leur position relative ou leur rang selon le rapport emploi-population.

Pour bien comprendre, il faut savoir que le tableau 6 a été élaboré intégralement à partir des données du tableau 3.

On peut le lire comme suit: pour savoir quelles sont, parmi les régions du Québec, celles qui, en 1971, avaient enregistré le rapport emploi-population le plus faible et donc, le taux d'inoccupation ou de dépendance le plus élevé, on trouve, en tête de liste, la région du Bas-Saint-Laurent–Gaspésie avec un rapport emploi-population de 38,3 %, suivie du Saguenay–Lac-Saint-Jean avec 39,5 %. Ces deux régions occupent donc le premier et le deuxième rangs des régions du Québec, d'après ce critère. Puis, en reproduisant de la même manière le rang relatif des neuf autres régions du Québec, on découvre qu'en

---

[1] *Voir notes bibliographiques à la fin du livre.*

1971, Montréal-Métropolitain occupe le onzième rang avec 50,9 %, soit le rapport emploi-population le plus favorable.

Ainsi le tableau 6 reproduit le rang des régions pour chacune des années considérées au tableau 3, soit pour la période de 17 ans comprise entre 1971 et 1988.

TABLEAU 6
Classification des régions d'après leur rang selon le rapport emploi-population ou d'après le taux d'inoccupation correspondant, de 1971 à 1988

Les régions administratives du Québec		1971 A	1976 B	1981 C	1984 D	1988 E
Périphérie	Bas Saint-Laurent–Gaspésie 01	1	1	1	1	1
	Saguenay–Lac-Saint-Jean 02	2	2	2	2	2
	Abitibi–Témiscamingue 08	3	3	5	3	4
	Côte-Nord 09	7	7	3	6	6
Centre	Trois-Rivières 04	4	4	4	4	3
	Québec 03	6	6	7	8	5
	Estrie 05	8	8	6	5	7
Sud-ouest	Laurentides–Lanaudière 06 B	5	5	8	10	9
	Montérégie 06 C	9	11	11	11	10
	Montréal-Métro 06 A	11	10	10	9	8
	Outaouais 07	10	9	9	7	11

Source: Données tirées du tableau 3, CRSSS-02.

Interprétation: Le rang 1 identifie la région dont le rapport emploi-population est le plus faible, donc le taux d'inoccupation le plus élevé, à chacune des années considérées.

Si l'on s'interroge maintenant pour savoir quelles sont les régions qui ont profité du développement économique du Québec depuis 1971, donc comment se positionnent à cet égard les régions qu'on appelle communément «les régions ressources ou périphériques» Bas-Saint-Laurent–Gaspésie, Saguenay–Lac-Saint-Jean, Abitibi–Témiscamingue et Côte-Nord par rapport aux régions qui occupent le centre du Québec (Québec, Trois-Rivières et Estrie), et aux régions du sud-ouest (le Grand-Montréal, Montréal-Métropolitain, Laurentides–Lanaudière, et Montérégie, plus l'Outaouais), il faut alors changer la classification numérique usuelle des régions du Québec (01, 02, 03 jusqu'à 09), pour une classification qui satisfasse aux exigences de la géographie et de la réalité; ce à quoi correspondent les trois groupes de régions apparaissant au tableau 6.

On peut alors constater globalement et par simple coup d'œil que les régions qui ont le moins profité du développement économique du Québec sont les régions périphériques qui occupent les rangs les plus faibles. Suivent les régions centrales, coiffées enfin par les régions du sud-ouest de la province qui occupent les rangs les plus élevés, et ceci de façon chronique de 1971 jusqu'à aujourd'hui. Il n'y a donc jamais eu de développement économique régional au Québec, mais seulement une croissance économique.

Parmi les symptômes particuliers de cette situation générale, le Bas-Saint-Laurent–Gaspésie et le Saguenay–Lac-Saint-Jean n'ont jamais occupé, en 20 ans, d'autres rangs que le premier et le deuxième respectivement.

Ainsi, l'image à retenir de cette situation générale est la suivante: l'évolution économique du Québec depuis 20 ans n'a pas eu pour effet de réduire les inégalités économiques et de dépendance des populations existant au moment initial, 1971, mais plutôt d'accentuer les inégalités existant déjà à cette époque, comme le démontrent les tableaux 5 et 6 réunis.

Par ailleurs, les raisons affichées par les optimistes pour affirmer que «tout va bien» au Québec et au Saguenay–Lac-Saint-Jean en particulier, ne sont pas pertinentes pour juger de la question dans les limites imposées par la définition du concept de «développement économique». Bien que la création d'emplois ait été considérable et même spectaculaire, en revanche, les inégalités sont demeurées rigoureusement identiques à ce qu'elles étaient au tout début de la révolution tranquille, géographiquement parlant, alors qu'elles se sont accrues quantitativement parlant.

Par ailleurs, un des arguments que peuvent invoquer les puristes pour contester l'exactitude de cette affirmation repose sur le fait que, dans la plupart des régions du Québec, on peut observer de légères permutations des rangs obtenus suivant les années. Par exemple, la Côte-Nord passe du septième rang en 1971 et en 1976, au troisième en 1981, puis au sixième rang en 1984 et 1988.

Pour dissiper cette illusion, le tableau 7 reproduit la matrice de corrélation par rang, entre les colonnes du tableau 6, prises deux à deux. Chacun des coefficients de corrélation de cette matrice s'interprète de la façon suivante: si on veut savoir dans quelle mesure la carte géographique des inégalités régionales au Québec en 1971 est identique à celle de 1988, il existe deux moyens pour y parvenir. Le premier consiste à dessiner les deux cartes géographiques correspondantes puis à les comparer l'une à l'autre. Le second moyen consiste à mesurer numériquement l'importance de cette similitude sur une échelle qui varie entre -100 et +100: ce que fait ici chaque coefficient de corrélation de la matrice reproduite au tableau 7: une mesure de la concomitance entre deux séries d'événements.

Sur la base de ce critère, on peut affirmer que le «degré de concomitance» entre la distribution géographique des inégalités interrégionales, en 1971 et en 1988, est égal à 85,4 %. Par ailleurs, il convient d'affirmer que, pour 11 observations (11 régions), le coefficient de corrélation par rang est significatif lorsqu'il est égal ou supérieur à 53 %, et très significatif lorsqu'il est égal ou supérieur à 72 % [2]. Or, aucun des 10 coefficients rapportés au tableau 7 n'est inférieur au seuil à partir duquel on peut considérer très significatif le «degré de similitude» entre les distributions de rang rapportées au tableau 6, d'où l'expression «rigoureusement identique» utilisée précédemment. On peut donc déduire que chacune des cinq cartes géographiques correspondant à chacune des cinq colonnes du tableau 6 serait «rigoureusement identique» à chacune des quatre autres cartes.

Les divergences de point de vue entre les optimistes et les pessimistes tiennent au fait que pour les premiers, les choses vont de mieux en mieux dans chaque région depuis 1971, en raison du nombre de plus en plus élevé d'emplois qu'on y a créés pour la population résidente, alors que pour les autres, les choses vont au contraire de mal en pis, nonobstant les raisons évidentes de se réjouir qu'affichent les optimistes: en fait, la croissance économique a évolué de façon concomitante avec l'amplification des inégalités économiques qui existaient déjà, en 1971, entre les régions du Québec.

TABLEAU 7
Matrice de corrélation par rang [1] des rapports
emploi-population par région, entre 1971 et 1988

	1971	1976	1981	1984	1988
1971	——	97,2 %	81,8 %	74,5 %	85,4 %
1976		——	84,5 %	80,0 %	86,3 %
1981			——	89,0 %	88,1 %
1984				——	84,5 %
1988					——

Source: Corrélations mesurées à l'aide des données du tableau 6, CRSSS-02

(1) ρ (de Spearman) $= 1 - \dfrac{6 \sum D^2}{N(N^2 - 1)}$

1.3 Bilan de 20 ans de croissance et de sous-développement économique régional au Québec

Par ailleurs, ce que les optimistes appellent volontiers «développement économique», n'en est pas dans la réalité, ce qui explique qu'au Québec, la progression des inégalités soit passée inaperçue au cours des 20 dernières années. En fait, il semble que l'on ait confondu les termes «décroissance économique» et «sous-développement économique»: puisque aucune région du Québec ne subit une décroissance économique, alors tout va nécessairement pour le mieux, d'après les optimistes.

Mais, peut-on se demander, cette divergence de point de vue se réduit-elle seulement à un débat sémantique, un débat d'esthètes dépourvu de toute conséquence? Certainement pas, si les conséquences découlant de l'évolution des inégalités économiques entre les régions devaient mettre en péril l'existence même des régions!

2. LA DÉSINTÉGRATION DÉMOGRAPHIQUE DES RÉGIONS: UN EFFET DU SOUS-DÉVELOPPEMENT ÉCONOMIQUE RÉGIONAL

2.1 Un peu de lyrisme

Sans la population qui l'occupe, chaque région du Québec serait un «grand jardin» livré aux bêtes, à la pousse des fleurs ou à Hydro-Québec.

Par ailleurs, une hiérarchie naturelle des préférences fait qu'on préfère entendre d'abord parler de son milieu immédiat avant d'entendre parler de la municipalité voisine, de la M.R.C. voisine, de la région voisine, de la province voisine, etc.

Dans ce contexte, la principale question traitée dans ce paragraphe est la suivante: les Saguenéens et les Jeannois sont-ils appelés par la force des choses à devenir Montréalais, nonobstant leurs racines? Et le Saguenay–Lac-Saint-Jean à devenir un grand jardin vide de la population qui l'a fait naître?

2.2 Le développement démographique régional du Québec en lien avec le développement économique

L'expression «développement démographique régional» s'applique ici dans le sens de «croissance démographique des régions, sans amplification des inégalités entre les régions». Il s'agit donc d'une application, autre qu'économique, du concept plus général de «développement».

Les faits les plus significatifs à cet égard sont reproduits aux tableaux 8 et 9. Au tableau 8, par exemple, on remarque qu'en 1971, on dénombrait 108 505 enfants âgés entre 5 et 19 ans dans la région du Saguenay–Lac-Saint-Jean. En 1976, il n'en restait plus que 100 975, âgés entre 10 et 24 ans, soit une perte de 6,9 % en cinq ans. En 1981, il n'en restait plus que 95 565 âgés entre 15 et 29 ans, ce qui représente une perte de 11,9 % en dix ans. En 1986, il n'en restait plus que 84 210 âgés entre 20 et 34 ans, soit une perte de 22,3 % en 15 ans. Les colonnes 1, 2 et 3 du tableau 9 indiquent, en %, les pertes encourues sur 5, 10 et 15 ans.

Or, comme les gens âgés entre 20 et 34 ans, constituent le principal contingent de personnes susceptibles d'assurer la reproduction naturelle de la population régionale, on doit en déduire que la région a perdu, au cours des 15 ou 20 dernières années, *près du quart de la capacité de reproduction naturelle de sa population.*

TABLEAU 8
Évolution par région sociosanitaire entre 1971 et 1986, des effectifs démographiques de la cohorte de population en âge de se reproduire (entre 20 et 34 ans) en 1986

RÉGIONS SOCIOSANITAIRES (RSS) À TERRITOIRE CONSTANT DE 1986 CORRESPONDANT AUX ANCIENNES LIMITES DES R.S.S.		EFFECTIFS DE POPULATION ÂGÉE DE			
		5 - 19 ans en 1971 (1)	10 - 24 ans en 1976 (1)	15 - 29 ans en 1981 (1)	20 - 34 ans en 1986 (2)
Périphérie	Bas Saint-Laurent–Gaspésie 01	88,570	78,520	70,905	62,425
	Saguenay–Lac-Saint-Jean 02	108,505	100,975	95,565	84,210
	Abitibi–Témiscamingue 08	57,325	52,790	49,360	44,445
	Côte-Nord 09	38,555	41,100	38,100	29,990
Centre	Trois-Rivières 04	146,090	136,135	128,095	117,995
	Québec 03	303,955	298,185	294,800	280,560
	Estrie 05	81,500	76,755	72,920	67,080
Sud-ouest	Laurentides–Lanaudière 06 B	138,225	143,720	153,835	155,425
	Montérégie 06 C	270,185	287,250	296,410	288,310
	Montréal-Métro 06 A	614,490	591,995	577,285	576,520
	Outaouais 07	73,355	76,835	72,195	73,830
Le Québec incluant la région 10		1,992,845	1,886,120	1,852,885	1,782,490

Sources:
(1) Service des indicateurs sociaux MSSS. Données extraites du système J36, produites au mois de janvier 1986. J36P1025 (3).
(2) Service des études opérationnelles, MSSS «La population du Québec selon le recensement canadien en 1986 par groupe d'âge quinquennal et par sexe selon les territoires de CLSC, DSC et RSS» (données extraites du système J36).
(3) Statistique Canada, recensements de 1971, 1976, 1981 et 1986.

Ainsi, la troisième colonne du tableau 9 mesure-t-elle l'importance absolue de la perte ou du gain selon le cas, pour chacune des régions et pour l'ensemble du Québec. Or, la perte constatée peut être attribuable à deux causes seulement: la mortalité chez les jeunes, dont

l'importance est négligeable, et le bilan migratoire négatif des jeunes:
soit l'émigration moins l'immigration; en clair, l'exode des jeunes
sans remplacement.

TABLEAU 9
**Classification des régions selon le taux d'accroissement entre 1971
et 1986, de la cohorte des 20-34 ans en 1986**

RÉGIONS SOCIOSANITAIRES À TERRITOIRE CONSTANT DE 1986		TAUX BRUT D'ACCROISSEMENT DU GROUPE D'ÂGE (EN %)			RANG SELON L'IMPORTANCE DU TAUX D'ACCROISSEMENT 71 - 86
		71 - 76	71 - 81	71 - 86	
Périphérie Bas Saint-Laurent–Gaspésie	01	- 11,3	- 19,9	- 29,9	1
Saguenay–Lac-Saint-Jean	02	- 6,9	- 11,9	- 22,3	3
Abitibi Témiscamingue	08	- 7,9	- 13,9	- 22,4	2
Côte-Nord	09	+ 6,6	- 1,2	- 22,2	4
Centre Trois-Rivières	04	- 6,8	- 12,3	- 19,2	5
Québec	03	- 1,9	- 3,0	- 7,7	7
Estrie	05	- 5,8	- 10,5	- 17,7	6
Sud-ouest Laurentides–Lanaudière	06 B	+ 3,9	+ 11,3	+ 12,4	11
Montérégie	06 C	+ 6,3	+ 9,7	+ 6,7	10
Montréal-Métro	06 A	- 3,6	- 6,0	- 6,1	8
Outaouais	07	+ 4,7	- 1,5	+ 0,6	9
Le Québec incluant la région	**10**	- 5,3	- 7,0	- 10,5	---

Source: Calculé à l'aide du tableau 8.

Il faut aussi constater, à la dernière colonne du tableau 9, que
conformément à la classification géographique des régions, les quatre
régions périphériques ont subi les plus lourdes pertes à cet égard;
suivent ensuite les trois régions du centre du Québec, et enfin les
quatre régions situées au sud-ouest du Québec. Or, l'ampleur des
pertes subies est suffisamment importante pour mettre en péril l'existence même des sept premières régions, avec un bémol pour la région
de Québec. On doit donc constater que le développement démographique régional du Québec ne profite qu'aux régions situées au sud-
ouest, alors que le Québec dans son entier subit l'exode démographique de ses jeunes, non compensé par une immigration suffisante
provenant de l'extérieur: une perte de 10,5 % en 15 ans.

Dans ce contexte général, la région du Saguenay–Lac-Saint-Jean était, en 1986, *ex aequo* ou presque avec deux autres régions périphériques, soit l'Abitibi–Témiscamingue et la Côte-Nord. Or, comme on sait déjà que la géographie des inégalités économiques régionales est demeurée rigoureusement semblable tout au long de la période de 20 ans (tableau 7), en établissant la corrélation par rang entre l'une ou l'autre des cinq colonnes du tableau 6 (prenons au hasard la distribution des rangs régionaux du rapport emploi-population en 1986), et la dernière colonne du tableau 9 exprimant les rangs régionaux des pertes démographiques de jeunes entre 1971 et 1986, on peut mesurer la concomitance qui existe, à l'échelle régionale, entre la géographie du sous-développement économique et celle du sous-développement démographique au Québec. À ce sujet, en appliquant la méthode énoncée précédemment, on peut vérifier l'existence d'une corrélation par rang égale à 88,2 % entre l'un et l'autre.

Cette corrélation s'interprète de la manière suivante:

L'exode des jeunes, et par conséquent, l'érosion de la capacité de remplacement naturel des populations régionales sont associés aux disparités régionales chroniques que reflète et mesure la répartition géographique des emplois disponibles au Québec. Cette «découverte» n'a rien de véritablement surprenant en soi, car elle est conforme au discours que tout le monde tient et reproduit sur le sujet: «Il existe une relation entre le développement économique des collectivités et les mouvements migratoires des populations.»

Par contre, la progression ininterrompue des inégalités interrégionales au Québec, tant sur le plan économique que sur le plan démographique, démontre qu'à l'inverse de ce que tout le monde dit, il ne s'est pas fait de développement économique régional au Québec, au cours des deux dernières décennies. Poussons encore plus loin l'interprétation des faits objectifs. Les indications fournies précédemment permettent de mesurer la relation qui existe entre la croissance économique des régions et l'exode démographique des jeunes. Les données utiles à cette fin sont reproduites à l'avant-dernière colonne du tableau 3. Cette distribution permet de déduire le rang obtenu par chaque région selon l'importance du taux de croissance du rapport emploi-population entre 1971 et 1988, puis de mesurer la corrélation entre ce rang et celui qui caractérise l'importance du bilan migratoire des jeunes dans chacune des régions (reproduit à la dernière colonne du tableau 9). La corrélation entre les deux distributions de rang s'établit à 4 % seulement. Autrement dit, elle est presque nulle. Or, cette dernière «découverte» a vraiment de quoi surprendre, car contrairement à ce que tout le monde dit, il n'existe pas de rapport entre la croissance relative des emplois dans les régions et le bilan migratoire des jeunes hors des régions; la croissance bien réelle des emplois ne contribue pas à stabiliser les jeunes dans les régions du Québec!

2.3 La différence entre la croissance et le développement

Pour les citoyens qui résident dans les régions les plus affectées par ces inégalités économiques et leurs conséquences, ces constatations devraient normalement susciter certaines interrogations. La croissance économique du Québec, considérée comme un ensemble, comme un tout, devrait en principe susciter l'adhésion de tous les Québécois, car elle favorise le maintien de votre position concurrentielle sur l'échiquier interprovincial et international. Par contre, est-il acceptable que le maintien de la position concurrentielle du Québec pris comme ensemble, doive s'opérer en sacrifiant la collectivité à laquelle on appartient en tant que Gaspésien, Saguenéen, Jeannois, résident de l'Estrie ou d'une autre région? Est-il acceptable de ramener le Québec à la dimension d'une fraction minuscule de son territoire habité, situé au sud-ouest, en faisant comme si les autres régions, dont la nôtre, ne faisaient pas au même titre, partie de l'ensemble?

Mais ces questions essentielles, se les pose-t-on dans les officines où se décident et se concoctent les moyens à prendre pour orienter dans telle direction plutôt que dans telle autre l'avenir du Québec et des collectivités qui le subdivisent?

En effet, pour trouver une solution au problème qui, depuis vingt ans au moins, met en péril la survie de plus de la moitié des collectivités régionales du Québec, il importe au plus haut point d'expliquer pourquoi les événements se sont ainsi produits. Dans cette perspective, on devrait se demander si ceux qui sont investis de la mission d'informer les décideurs sur toute matière susceptible d'influencer la croissance et le développement des régions font toujours la différence entre ces deux concepts, et s'ils sont toujours au courant de ce que cette différence implique. Sinon, comment pourrait-on espérer, en tant que Gaspésien ou que Saguenéen, que des décisions éclairées puissent être prises dans l'ignorance des faits relatifs à ces deux concepts? Mais dans l'hypothèse où les décideurs auraient été informés adéquatement, il faudrait conclure que la désintégration des collectivités régionales résulte d'un choix délibéré et orchestré, sans qu'on ait jugé bon d'en informer et de consulter les populations les plus concernées, c'est-à-dire les citoyens eux-mêmes.

Au-delà de ces deux premières hypothèses, il en existe une autre portant davantage à conséquences, selon laquelle les inégalités interrégionales sont, comme il se dit parfois, les résultantes mécaniques et déplorables d'un grand mouvement économique et démographique qui anime l'ensemble des pays occidentaux, vers le regroupement des collectivités dans des espaces restreints. Ainsi vu, le développement serait la résultante d'un ensemble de causes volatiles et impalpables; de quelque chose qui fait appel aux «nouvelles valeurs», aux choix légitimes de ceux qui préfèrent plutôt aller en ville que demeurer à la campagne, etc. Ainsi vu, le développement régional n'aurait pas de cause proprement dite et on verrait mal, dans les circonstances, la pertinence de rémunérer tant de gens pour entretenir des préoccupations à ce sujet. Aussi bien consulter les astres! On comprendrait mal aussi la raison pour laquelle tant de gens s'ingénient à demeurer dans leur région plutôt qu'à Montréal ou Québec! Et pourquoi pas à New York ou à Toronto? Le motif de la langue est-il une raison suffisante pour se tenir à l'écart du progrès? Évidemment, c'est la conclusion à laquelle il faudrait en arriver si les inégalités dans la répartition géographique des emplois disponibles au Québec n'avaient pas de cause. Dans le cas contraire, il faudrait repositionner la problématique de la désintégration des collectivités régionales à partir d'une toute autre approche qui, conformément aux deux premières hypothèses qui précèdent, fait appel à des catégories explicatives du genre: désinformation, choix de société non autorisés par les citoyens concernés, etc. S'il y avait matière à recadrer les événements dans une telle perspective, cela impliquerait qu'il ne resterait plus qu'un seul moyen aux collectivités régionales pour s'assurer la pérennité: se défendre en s'appuyant sur un principe légitime généralement admis, selon lequel l'extinction délibérée ou accidentelle de la collectivité à laquelle on appartient est de l'ordre des réalités qui ne se négocient pas.

D'où la question qui sera traitée par la suite: existe-t-il au moins une cause suffisamment puissante pour expliquer le maintien des inégalités interrégionales dans la répartition des emplois disponibles tout au long des 20 dernières années, et donc pour expliquer la désintégration des régions du Québec? Si oui, il y a matière à se défendre. Sinon, alors sauve qui peut!

2.4 Corollaires et explications sommaires

On a vu précédemment que non seulement la création d'emplois en région ne constitue pas un remède efficace pour contrer l'exode des jeunes hors des régions, mais encore elle ne constitue pas même un moyen pertinent.

Comment expliquer autrement le fait que l'exode régional des jeunes ait pris des proportions aussi considérables tout au long des 20 dernières années, dans toutes les régions comme le Saguenay–Lac-Saint-Jean, malgré l'accroissement spectaculaire du rapport emploi-population qu'on a pu constater dans toutes les régions, à l'aide du tableau 3, et particulièrement au Saguenay–Lac-Saint-Jean?

Une hypothèse explicative: si l'on en juge par la définition des concepts utilisés jusqu'ici, il est possible, voire probable, que les spécialistes du développement économique aient égaré en cours de pratique un principe fondamental de leur propre discipline, à l'effet que «même si les moyens pour satisfaire les besoins de l'humanité (ici les besoins d'emploi) sont limités, les besoins de l'humanité, eux, sont illimités».

Donc, lorsqu'on retrouve ailleurs que dans la région à laquelle on appartient les moyens essentiels pour mieux satisfaire les besoins de vie et de survie autonome (en l'occurrence l'emploi), alors rien de plus naturel que de s'exiler pour y avoir accès. C'est-à-dire d'aller là où ces moyens existent en plus grande disponibilité. Enfin, lorsque par surcroît il n'existe aucune frontière géographique ou politique qui empêche d'émigrer du Saguenay–Lac-Saint-Jean vers le Grand-Montréal si les chances d'y décrocher un emploi sont supérieures, alors il est normal que les jeunes du Québec aient une prédominance marquée pour la «montréalisation». Il appert donc que, conformément au principe, le seul moyen efficace pour contrer cette tendance, hormis l'interdiction d'émigrer, consiste à harmoniser le rapport emploi-population entre les régions du Québec: réduire les déséquilibres entre les régions en rééquilibrant l'emploi; donc en équilibrant l'inactivité économique et le chômage et, conséquemment, le «taux d'inoccupation» selon la définition même du concept de développement économique. L'urgence d'appliquer cette solution se pose aujourd'hui avec d'autant plus d'acuité, que plusieurs régions du Québec sont acculées à devenir, à moyen et à long terme, de «grands jardins», séquelles des inégalités économiques interrégionales demeurées intactes pendant plus de 20 ans. Elles ont déjà perdu un nombre considérable de leurs jeunes, alors qu'*a fortiori*, elles n'ont pas suffisamment d'emplois disponibles pour attirer des immigrants, même si le nombre d'emplois s'est constamment accru depuis 1971.

2.5 Des explications superficielles aux hypothèses explicatives

Vu dans une perspective de développement plutôt que de croissance, l'exode démographique des jeunes hors des régions peut être décrit de façon plus nuancée. Au lieu de: «Les jeunes partent des régions parce qu'il n'y a pas assez d'emplois chez eux pour les retenir», il faut modifier pour: «Les jeunes partent parce qu'il y a proportionnellement trop d'emplois disponibles* ailleurs pour qu'il soit possible de les retenir chez nous.» Dans cette perspective, les jeunes quittent les régions en raison d'un déséquilibre permanent et croissant dans la répartition géographique des emplois au Québec, et non en raison du manque d'emplois dans leur région d'origine.

Mais on pourra répliquer à juste titre que si l'ajout de cette nuance permet de décrire autrement le rapport entre les tendances économiques et le flux démographique, en revanche, elle ne permet en aucune manière d'expliquer les véritables raisons de ces tendances.

---

* Comme on verra en deuxième partie, il s'agit d'emplois qui, pour une bonne part, sont répartis entre les territoires de façon artificielle.

À cette fin, faisons un bref raisonnement: si, tout au long de la période étudiée, les jeunes étaient demeurés en périphérie plutôt que de s'exiler pour des raisons d'emplois, que serait-il advenu du rapport emploi-population en région? Sous cette condition, le nombre de personnes âgées de plus de 15 ans aurait été beaucoup plus élevé qu'il ne l'est aujourd'hui, dans l'hypothèse où le nombre d'emplois disponibles serait demeuré constant, c'est-à-dire égal, à peu de chose près, à ce qu'il est aujourd'hui. En clair, les jeunes qui sont partis seraient aujourd'hui en chômage ou assistés sociaux, alors que le rapport emploi-population serait beaucoup plus faible qu'aujourd'hui en région.

Mais si ceux qui sont partis des régions périphériques étaient demeurés sans travail dans la région où ils ont choisi d'émigrer, on doit alors déduire que le rapport emploi-population serait beaucoup plus équilibré entre les régions du Québec qu'il ne l'est à présent. Il n'y aurait pas aujourd'hui de problème de développement économique au Québec; en d'autres termes, nous ne pourrions pas observer les faits rapportés au tableau 6, où le Saguenay–Lac-Saint-Jean occupe chroniquement le deuxième rang des régions où la disponibilité relative d'emploi est la plus faible.

En effet, entre 1971 et 1988, on aurait dû observer une permutation dans le rang des régions. Car la situation qui vient d'être décrite signifie que les régions périphériques auraient alors cédé des chômeurs et des assistés sociaux aux régions d'accueil, ce qui aurait nécessairement eu pour effet d'y accroître à la fois le nombre de sans-emploi et la population de 15 ans et plus, tout en faisant chuter ces deux nombres dans les régions périphériques.

Or la persistance chronologique et chronique des inégalités qu'on a pu observer entre les régions ne peut signifier qu'une chose: il existe quelque part un mécanisme en activité depuis 1971 au moins, lequel est à l'origine du déséquilibre récurrent dans la répartition géographique des emplois entre les régions du Québec. Et dans ce contexte, l'exode démographique des jeunes hors des régions doit être interprété comme un mécanisme automatique et naturel, par lequel le système social rétablit l'équilibre économique rompu, année après année, entre les régions du Québec.

2.6 Trop d'emplois dans certaines régions comparativement à d'autres: le cas de Montréal

Plusieurs Montréalais, surtout ceux qui habitent dans les secteurs «défavorisés» du centre-ville (région 06A), seront outrés d'apprendre qu'il y a trop d'emplois disponibles dans leur région.

Dans le prolongement d'une multitude de travaux de recherche réalisés auparavant sur Montréal et sur les conditions socio-économiques de la population de son centre-ville, le récent rapport du CREESOM soumettait, en guise de recommandation, une note de 100 millions $ aux deux paliers supérieurs de gouvernement pour la revitalisation du secteur sud-ouest de l'île. À l'appui de leur point de vue, le rapport emploi-population y est faible et l'exode démographique très considérable – entre autres choses – deux caractéristiques que le centre-ville de Montréal partage avec les régions périphériques du Québec [3].

Mais il se trouve un aspect de la question qui ne semble pas avoir été pris en considération. Les tenants de cette option semblent avoir «omis» de mentionner la proportion de Montréalais qui occupent les emplois disponibles à Montréal: de façon spécifique, dans quelle proportion les emplois disponibles au centre-ville de Montréal sont-ils occupés par des des régions de Montérégie, de Laurentides–Lanaudière, de Laval, sans compter les résidents de l'ouest et de l'est de l'île.

En regardant les faits tels qu'ils se vivent à l'échelle du Grand-Montréal, ils n'ont pas vérifié dans quelle mesure il n'y aurait pas, au contraire, une masse d'emplois à ce point considérable dans le centre-ville, qu'elle suffirait à satisfaire simultanément la majeure partie des besoins de trois régions comptant chacune parmi les plus choyées du Québec à ce point de vue soit la Montérégie, Laurentides–Lanaudière et Montréal Métropolitain. Dans quelle proportion la main-d'œuvre des deux premières régions traverse-t-elle soir et matin les ponts et tunnel qui séparent son lieu de résidence du centre-ville de Montréal pour occuper les emplois disponibles dans une autre région que la sienne (dans le Montréal-Métropolitain)? Où se trouve en effet la structure de services, industrielle, commerciale, financière ou agricole permettant à Laurentides–Lanaudière et à Montérégie d'occuper les tout premiers rangs régionaux, à la fois au chapitre du nombre d'emplois occupés parmi la population de 15 ans et plus, et à celui de l'immigration intérieure au Québec?

En clair, l'argument du manque d'emploi au centre-ville ne serait-il pas qu'un piège à gogo? Ne serait-on pas plutôt en présence d'une situation qui s'explique tout autrement, soit par la destruction progressive de la population du centre-ville de Montréal, en raison d'une hypercroissance d'emplois disponibles? Comme cela se vérifie dans toutes les autres agglomérations du Québec où une banlieue résidentielle s'est développée autour d'un centre-ville ayant perdu peu à peu sa vocation résidentielle. À la nuance près cependant, que dans les autres régions du Québec, il n'y a pas de différence, comme dans le Grand-Montréal, entre la région où on occupe un emploi et celle où on a élu domicile. Ainsi, par exemple, on peut résider à Cap-Rouge, en banlieue de Québec, tout en occupant un emploi à Québec, sans changer de région soir et matin, contrairement à Montréal (et maintenant à Charny).

Et dans cette perspective, les 100 millions $ réclamés par le CREESOM à l'État ne serviraient-ils pas à faire financer par toute la province, incluant les résidents des régions périphériques, les effets néfastes d'une absence de planification urbaine, camouflés en problèmes de disparité régionale? Pourquoi la note de 100 millions $ ne serait-elle pas réclamée plutôt aux résidents des régions 06A, 06B et 06C seulement?

2.7 La région du Saguenay–Lac-Saint-Jean
à la croisée des chemins

Pendant que la population des régions du Québec, incluant celle du centre-ville de Montréal, déborde littéralement dans Laurentides-Lanaudière et dans Montérégie, quelques régions, dont la nôtre, arrivent aujourd'hui au point où leur avenir est irrémédiablement compromis. Mais les faits à l'appui demeurent pour le moment invisibles aux yeux des planificateurs optimistes de la capitale et de la métropole, qui se contentent de fonder leur appréciation de la situation sur l'évolution démographique brute; comme si l'accroissement

GRAPHIQUE 1
Évolution de la population du Saguenay–Lac-Saint-Jean
par groupes d'âge quinquennaux, entre 1971 et 1986
(à territoire constant de 1986)

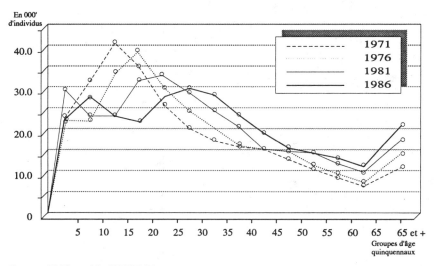

Source: Tableau 10, CRSSS 02

de la population au Saguenay–Lac-Saint-Jean, de 278 000 à 298 000 personnes entre 1971 et 1986 (7,2 %), constituait un motif suffisant pour y voir le signe d'une tendance dont il faut se réjouir automatiquement.

Le tableau 10 reproduit les données utiles pour illustrer les faits. Ce tableau permet de faire deux lectures fort différentes et même opposées, de l'évolution démographique de la population de la région 02. Prenons par exemple la population de chacun des trois groupes d'âge compris entre 20 et 34 ans; en regardant les chiffres alignés à la verticale, on peut constater qu'entre 1971 et 1986, la population de chacun de ces groupes s'est accrue de façon progressive, sauf pour celui des 20-24 ans entre 1981 et 1986, où la population a diminué, passant de 33 740 à 27 170. Cette progression fait apparaître l'avenir démographique de la région sous des auspices très favorables.

Par contre, lorsqu'on tient compte des particularités illustrées au tableau 8, à savoir que ceux qui appartiennent à un groupe d'âge

TABLEAU 10

Évolution des cohortes d'âge de la région du Saguenay–Lac-Saint-Jean, de 1971 à 1986

	0-4	5-9	10-14	15-19	20-24	25-29	30-34	35-39	40-44	45-49	50-54	55-59	60-64	65-69	65 et +	Total
1971 (1)	23365	32590	40795	35120	26585	20760	17085	16115	15320	13375	10660	8210	6935	ND	11760	278735
1976 (1)	23415	23320	33405	37605	29965	24175	20230	16255	15440	14670	12845	9895	7685	ND	14165	283010
1981 (1)	28815	23815	23285	32905	33740	28920	24435	20210	15940	14850	14130	12210	9100	ND	17185	299575
1986 (2)	23870	27830	23170	22060	27170	29690	27350	23250	19370	15235	14180	13270	11245	8250	20630	298255
Taux de variation des groupes d'âge (en %) entre 1971 et 1986			71-76	-0.2	+2.5	-7.8	-14.6	-9.0	-2.5	-4.8	-4.2	-4.2	-3.9	-7.1		
			71-81	-0.3	+0.9	-17.3	-17.6	-8.0	-2.6	-6.7	-7.8	-7.7	-8.7	-14.6		
			71-86	-5.6	-16.6	-27.2	-22.1	-12.5	-6.7	-10.8	-12.0	-13.3	-15.9	-22.6		

Sources:
(1) Service des indicateurs sociaux MSSS.
Données inédites extraites du système J36, produites au mois de janvier 1986 (3).
(2) Service des études opérationnelles, MSSS «La population du Québec selon
le recensement canadien de 1986 par groupe d'âge quinquennal et par sexe,
selon les territoires de CLSC, DSC et RSS», avril 1986 (données extraites du système J36) (3).
(3) Statistique Canada, recensements de 1971, 1976, 1981, 1986.

donné en 1986, avaient à l'évidence 15 ans de moins en 1971, et qu'on lit les chiffres en diagonale plutôt qu'à la verticale, alors on obtient un tout autre portrait de cette évolution. Par exemple, des 40 795 enfants âgés entre 10 et 14 ans en 1971, il n'en restait plus que 29 690 âgés entre 25 et 29 ans en 1986 (15 ans plus tard), et ceci représente une perte de 27,2 %, rapportée à la dernière ligne du tableau; un point de vue fort différent comparativement à un accroissement de 43 % de la colonne des 25-29 ans en 15 ans (20 760 en 1971 contre 29 690, en 1986).

Les trois dernières lignes du tableau montrent qu'à une seule exception près, celle des 5-9 ans en 1971, toutes les cohortes d'âge ont subi une diminution démographique continue depuis 1971; ces pertes sont exclusivement dues à la mortalité ou à l'émigration hors de la région sans remplacement (la mortalité pouvant être considérée, dans la grande majorité des cas, comme un facteur négligeable, surtout chez les jeunes). À l'aide des données de ce tableau, voyons maintenant au graphique 1, le profil d'évolution démographique de la population du Saguenay–Lac-Saint-Jean, depuis 1971.

Une première observation: l'affaissement progressif du nombre absolu de jeunes dans la région. De très jeune qu'elle était en 1971, la population est devenue très vieille. En 15 ans à peine, cette tendance est caractérisée par l'écroulement progressif des courbes occupant la partie gauche du graphique.

Une seconde observation: un décalage de gauche à droite et de haut en bas, des «pics» caractéristiques d'une population jeune. Il s'agit alors de l'effet combiné du vieillissement naturel de la population et de l'exode des jeunes.

Une troisième observation: la population âgée de 65 ans et plus ne cesse d'augmenter.

Une quatrième observation: malgré la chute généralisée de la natalité au Québec, le nombre d'enfants âgés de 0 à 5 ans n'a pas diminué dans la région depuis 1971. Pourquoi? Parce que le nombre de personnes en âge d'avoir des enfants (le groupe 20-40 ans) n'a jamais cessé de s'accroître dans la région depuis 1971, compensant par le fait même la baisse de la natalité, malgré l'exode des jeunes révélé par le mouvement des cohortes.

Une cinquième observation, plus importante que les autres: dans l'avenir (à partir de 1991), et compte tenu uniquement du vieillissement naturel de la population, il y aura de moins en moins de personnes en âge d'assurer le remplacement naturel de la population régionale. Pourquoi? Parce qu'en 1986, les effectifs des 15-19 ans étaient inférieurs à ceux des 20-24 ans, lesquels étaient inférieurs à ceux des 25-29 ans; il apparaît donc assuré que pour les années qui viennent, la natalité, qui s'était maintenue stable dans la région, tombera en chute libre et de façon de plus en plus accélérée. Non seulement les gens ont moins d'enfants, mais il y aura de moins en moins de personnes ayant l'âge requis pour fonder une famille, et donc pour avoir des enfants.

Quelques effets prévisibles à court terme: une bonne partie du réseau des écoles primaires deviendra vite périmée, et le reste suivra beaucoup plus tard; lorsque les effets de cette dénatalité subite commenceront à se faire sentir alors le réseau d'écoles secondaires sera affecté à son tour, faute d'étudiants, puis le réseau universitaire.

Faute d'emplois et d'écoles, comment sera-t-il possible d'attirer des immigrants pour relancer la région? Comment convaincre ceux qui resteront de participer à l'«avenir de la race» en ayant des enfants, alors que ces derniers sont déjà obligés de s'expatrier pour vivre et survivre? Pire, par quelle pirouette pourra-t-on les convaincre d'avoir des enfants, alors que d'autres régions récolteront les fruits des efforts consacrés à les mettre au monde, à les nourrir et à les éduquer?

Par anticipation, on peut imaginer une situation limite où les infrastructures sociales périmées auront été réinstallées dans d'autres régions comme en Montérégie et dans Laurentides–Lanaudière, où on manque d'écoles et d'hôpitaux en raison de l'immigration massive de jeunes de l'extérieur, situation qui dure depuis aussi longtemps que l'exode hors des régions périphériques.

2.8 Conclusion

Que penser d'un «modèle» de développement régional qui, appliqué pendant plus de 20 ans, met en péril l'avenir même des régions, à l'insu de leurs Élus et de leurs commettants? Une telle interrogation serait abusive dans le contexte où la problématique démographique du Saguenay–Lac-Saint-Jean serait exceptionnelle. Or, il n'en est rien, comme le démontrent les graphiques 2A et 2B qui permettent de comparer notre évolution démographique à celle de notre voisine immédiate, l'Abitibi–Témiscamingue*, entre 1971 et 1986. Cette comparaison permet d'illustrer comment les mêmes causes produisent les mêmes effets, en dépit des autres particularités régionales qui peuvent accélérer ou temporiser dans certains cas le processus de désintégration des régions.

Mais de quel genre de modèle de développement régional s'agit-il au juste? Et pourquoi précisément appelle-t-on les régions périphériques des «régions ressources»? Seulement parce qu'elles fournissent aux populations des régions plus prospères les matières premières qui leur sont nécessaires pour se chauffer, s'éclairer, se nourrir, etc.? Ou encore, et surtout, parce qu'elles donnent leur richesse collective, avec leurs enfants en prime, au moment où ceux-ci sont déjà élevés et prêts pour la vie? Et ceci nous ramène à la question de tout à l'heure: comment expliquer le déséquilibre permanent dans la répartition des emplois, malgré l'exode des jeunes hors des régions périphériques?

À qui faut-il se plaindre? Contre quoi faut-il se battre? Pour obtenir quoi? s'il en est encore temps!

---

* La comparaison des deux régions est établie d'après le découpage des régions sociosanitaires. Selon ce découpage, l'Abitibi–Témiscamingue compte cinq M.R.C., plus les districts de Lebel-sur-Quévillon, Matagami et Baie-James. Pour sa part, le Saguenay–Lac-Saint-Jean est constitué de quatre M.R.C., plus le district de C.L.S.C. Chibougamau–Chapais.

GRAPHIQUE 2
Comparaison des profils d'évolution démographique des populations du Saguenay–Lac-Saint-Jean et de l'Abitibi–Témiscamingue, de 1971 à 1986

2-A
Distribution par groupes d'âge des effectifs de population dans deux régions sociosanitaires, en 1971

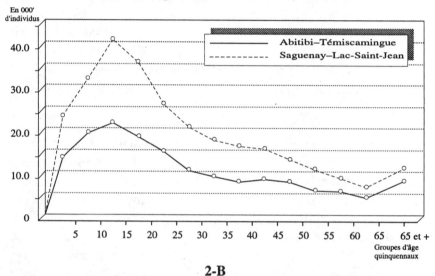

2-B
Distribution par groupes d'âge des effectifs de population dans deux régions sociosanitaires, en 1986

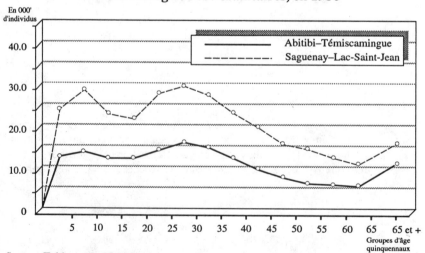

Source: Tableau 19, CRSSS-02

3. LE DISCOURS SUR LA DÉSINTÉGRATION DES POPULATIONS: UN SILENCE DÉGUISÉ

3.1 L'alerte a déjà été donnée

Pour ceux qui n'ont pas l'habitude des données numériques traitant de cette question, de même que pour les planificateurs optimistes, la problématique de la désintégration des populations au Québec se réduit à celle du centre-ville de Montréal, à quoi il faut ajouter un certain nombre de «bouts de rang» disséminés par-ci par-là en province. Dans les faits, la désintégration des régions concerne la partie habitée du Québec, moins le Grand-Montréal et l'Outaouais*. Elle se vérifie sur le plan régional et non seulement à l'échelle locale (par municipalité ou par M.R.C.).

Une première question qu'il faut poser: à quoi ont servi la multitude de données numériques – et les banques de données accumulées au fil des ans, contenant l'information nécessaire pour mettre en évidence que le Québec s'étiole par l'intérieur?

Une seconde question: quelle suite a-t-on donnée à la dizaine ou la quinzaine de rapports de recherche, publiés ou non publiés, démontrant les dégâts provoqués par une même cause responsable de l'enclenchement de toutes les causes auxquelles on peut théoriquement attribuer la désintégration des populations au Québec, ou leur amplification, selon le cas? Pourtant, la sonnette d'alarme n'a jamais cessé de retentir au moins depuis 1980. Parmi les principaux «sons de cloche», on compte les suivants:

En 1980, un rapport portant sur «L'évaluation des programmes et des politiques de services sociaux du ministère des Affaires sociales (MAS) – Constats généraux» [4], concluait en ces termes:

«Le processus de répartition territoriale des ressources de santé a pour effet d'amplifier l'état de sous-développement

---

* Cette affirmation ne préjuge aucunement des préoccupations très vives manifestées par les gens de l'Outaouais relativement à la désintégration de plusieurs milieux locaux dans leur région.

> *des régions déjà sous-développées et d'amplifier par le fait*
> *même l'importance des dysfonctions découlant d'états de sous-*
> *développement des populations.»*

Cette conclusion était appuyée sur divers faits généralisables, démontrant que le mode d'allocation de ressources dans le secteur d'activité gouvernementale de la Santé et des Services sociaux, était calqué sur celui du secteur privé, au lieu d'avoir une spécificité propre, reflétant une conception très particulière et discutable, du rôle de l'État en matière de développement économique.

En 1981 et 1982, furent publiés au M.A.S. deux autres rapports internes [5] portant sur le même sujet. En accord avec le précédent, ces documents démontraient, données à l'appui, **comment la concentration géographique des ressources de santé avait pour effet de favoriser la concentration géographique des emplois, dont la conséquence est d'enclencher ou d'accélérer des flux migratoires chez les jeunes, pour finalement faire varier le niveau des besoins dans les populations, incluant leur état de santé.**

En 1984, était publié par le D.S.C. de l'Hôtel-Dieu de Gaspé, un ouvrage en cinq volumes [6], illustrant le processus qui vient d'être décrit, dans chacune des M.R.C. subdivisant la région du Bas-Saint-Laurent–Gaspésie. Depuis 1987, plusieurs autres rapports ont été produits par l'auteur de cette recherche, rapports contenant les mêmes illustrations, appliquées cette fois à la région de l'Outaouais.

En 1986, paraissait le mémoire du Conseil des Affaires sociales et de la famille, présenté à la Commission d'enquête sur l'avenir des municipalités. En diffusant en son nom la synthèse des résultats des travaux de recherche mentionnés ci-haut, le C.A.S.F. reprenait à son compte l'argumentation à l'appui de la progression du sous-développement au Québec.

En 1987, une annexe thématique de la Commission Rochon [7], sur les disparités entre les populations en besoin et la répartition géographique des ressources disponibles, mettait en évidence, entre autres choses, les faits attestant la progression du sous-développement en relation avec la répartition géographique des ressources de santé et de services sociaux pour l'ensemble des régions et sous-régions du Québec. En novembre de la même année, était publié le dossier de la revue *Relations*, «Un Québec cassé en deux», traitant encore une fois de la même problématique [8].

Or, faisant suite à cette énumération, la publication en février 1989 de l'ouvrage du Conseil des Affaires sociales, *Deux Québec dans un* [9], devait marquer un tournant dans la litanie des mises en garde. Au lieu de diffuser les faits à l'appui du processus explicatif, donc **les causes** du sous-développement au Québec, le C.A.S.F. préféra limiter l'argumentation aux **seuls effets** de ce processus sur la migration intérieure et le sous-développement social des populations. Cette omission a eu pour conséquence de créer une confusion entre le problème à résoudre pour enrayer la progression du sous-développement (non diffusé dans *Deux Québec dans un*), et les effets du problème, sur lesquels on ne peut agir sans toucher aux causes. Fait à souligner: l'intégrale des observations rapportées dans *Deux Québec dans un*, à l'exception du premier chapitre, et une bonne partie des interprétations qu'on y trouve, ont été extraites d'un autre document de travail, non cité par l'auteur de l'ouvrage. Ce document de travail contenait l'ensemble de la problématique du sous-développement, incluant la partie explicative, appuyée sur les faits vérifiables et généralisables. La table des matières de ce document de travail est reproduite en annexe [10].

En avril 1990, paraît une suite au dossier de la revue *Relations*, portant cette fois sur «Le pouvoir caché» [11]. On y explique que le sous-développement progresse au Québec, non pas en raison du manque d'information sur le sujet, mais plutôt par manque de volonté d'agir sur les processus administratifs qui en sont à l'origine.

Enfin, au cours de ce même mois, publication par le CRSSS de l'Outaouais d'un mémoire portant sur *Les circonstances démographiques et économiques génératrices d'inégalités sociales, notamment de la pauvreté dans l'Outaouais*. Ce mémoire, remis à un sous-comité permanent de la Chambre des communes sur la pauvreté, recommandait, entre autres choses, de faire en sorte que le gouvernement canadien «...*s'assure que sa contribution destinée à réduire les inégalités entre les diverses parties du pays, dépasse le niveau des provinces et des régions pour atteindre les localités dans le besoin, notamment les communautés rurales du Québec en désintégration* [12].»

BILAN

De cet ensemble de publications, se dégagent deux éléments essentiels pour expliquer le sous-développement des régions du Québec.

Le premier: il y a bel et bien une cause que plusieurs connaissent, et sur laquelle il est possible d'agir pour enrayer le processus. Cette cause agit au niveau local, à l'échelle des municipalités et des paroisses qui subdivisent les régions.

Le second: compte tenu de l'évolution démographique actuelle des régions, tout délai à agir et à s'attaquer au processus qui crée le sous-développement équivaut implicitement à une condamnation à mort des régions et, *a fortiori*, des localités qui les subdivisent. À ces constats qui n'ont pas eu de suite à ce jour, s'ajoutent d'autres constatations exprimées cette fois de façon beaucoup plus explicite.

3.2 Condamnations à mort explicites

Nonobstant les rapports de recherche qui ont été produits sur le sujet, plusieurs positions officielles ont été adoptées au cours des années 1980, concernant la désintégration des municipalités. Certaines équivalent à de véritables condamnations à mort pour les régions du Québec.

Un premier exemple est tiré du *Rapport de la Commission d'enquête sur l'avenir des municipalités*, paru voilà plus de quatre ans, en 1986.

«*En désignant des capitales régionales et des sous-centres régionaux, en y concentrant l'essentiel de ses services administratifs régionalisés, de ses équipements d'enseignement, de santé et de services sociaux, le gouvernement a accentué l'éclatement, et la stabilisation de la population globale ne fera dorénavant qu'accentuer le divorce.*

> *En effet, les communautés en désintégration finissent, comme*
> *le fait observer le Conseil des affaires sociales et de la fa-*
> *mille, par davantage contribuer au financement des services*
> *publics gouvernementaux qu'elles n'en tirent de transferts*
> *économiques véritables. Le peu d'impôts qu'elles versent sert*
> *à payer des salaires et à créer des emplois ailleurs que chez*
> *elles. Et ainsi un déséquilibre initial se trouve constamment*
> *amplifié.*
>
> *Il est évident que ce ne peut être une raison pour le gouverne-*
> *ment de déplacer les hôpitaux, les polyvalentes ou les bureaux*
> *de ministères vers les zones de désintégration. Le gaspillage*
> *de ressources que provoqueraient de tels gestes serait exorbi-*
> *tant. Mais alors comment faire en sorte que les zones en*
> *désintégration reçoivent au moins une concentration de servi-*
> *ces à la clientèle nettement plus élevée que dans les zones en*
> *croissance, puisque les problèmes d'ordre social y sont à ce*
> *point plus sérieux qu'ailleurs? [13]»*

En reconnaissant l'existence d'un processus de désintégration des communautés, et surtout en reconnaissant l'existence du facteur explicatif qui l'alimente depuis plus de 20 ans, le rapport de cette commission d'enquête officialisait la problématique de la désintégration. Par contre, on peut présumer que les explications sommaires qui furent dispensées à ses membres pour asseoir un choix politique en faveur d'agir ou de ne pas agir dans ce domaine, donnent lieu de croire aujourd'hui que toutes les conséquences importantes de la désintégration des communautés ne furent pas captées par les commissaires. Parmi ces conséquences, on compte la désintégration des régions du Québec. Ainsi, pouvait-on interpréter la problématique comme un processus mettant en relief un problème limité à un certain nombre de municipalités seulement et épargnant les autres. Alors que dans les faits, ce sont des régions entières qui sont mises en cause par ce processus agissant à l'insu de leurs résidents et des Élus.

Par ailleurs, on peut s'interroger sur le bien-fondé de l'argument invoqué pour ne pas agir sur le facteur identifié comme étant à l'origine du problème. Ainsi, dans ce contexte, la population de la région du Saguenay–Lac-Saint-Jean, et surtout celle des municipalités qui la subdivisent, doit-elle accepter de bonne grâce de se laisser désinté-grer, pour la simple raison qu'il serait trop coûteux de déconcentrer les ressources de l'État? Alors que ce sont les régions périphériques et quelques autres qui, dans la réalité, doivent payer le prix de l'hyper-concentration des ressources de l'État dans les pôles d'attraction? Est-on en train de nous dire que le Grand-Montréal pèse plus lourd dans la balance que toutes les autres régions du Québec réunies?

On nous disait pourtant, dans les années 1970, «qu'en aidant Montréal, c'est tout le Québec que nous aidions!» N'a-t-on pas, au contraire, voué le Québec à l'extinction tout en détruisant Montréal par la même occasion? L'avenir du Québec est-il limité au Grand-Montréal, à l'Outaouais et à la région de Québec (peut-être)?

Pour les Saguenéens et les Jeannois, l'avenir du Saguenay–Lac-Saint-Jean ne devrait-il pas passer avant l'avenir du Québec?

À ce premier exemple de condamnation à mort des régions qui date de 1986, succédait, en 1988, un second exemple: il s'agissait en l'occurrence des orientations officielles du gouvernement québécois en matière de développement régional, rien de moins! À cet effet, l'Office de planification et de développement du Québec (O.P.D.Q.) publiait en 1988 un document intitulé: *Québec: à l'heure de l'entreprise régionale: plan d'action en matière de développement régional.*

Or, les motifs invoqués pour justifier l'existence de ce plan d'action y étaient énoncés comme suit:

«Pourquoi un plan d'action

Dès les années 1960, le Québec s'est donné une politique de développement régional visant à relancer l'économie dans certaines régions.

L'industrialisation et l'urbanisation conduisaient à un exode important des populations régionales, principalement celles du milieu agricole au profit des grands centres urbains. Aujourd'hui, les migrations interrégionales ont diminué et le poids démographique des régions s'est stabilisé.

*Le gouvernement a établi de vastes réseaux de services édu-
catifs et socio-sanitaires sur tout le territoire. Ces services
ont favorisé le maintien sur place des populations, ils ont
contribué à réduire les écarts de revenu entre les régions et
ils ont rendu plus attrayant le développement de nouvelles
résidences en région. Il en découle un dynamisme local et
régional qu'il est maintenant possible d'apprécier un peu
partout au Québec [14].»*

COMMENTAIRES

Si on les analyse à partir des faits et des énoncés rapportés jusqu'ici, aucune des phrases de cette citation n'est vraie ou fondée dans
la réalité:

— Les faits observés dans la réalité concordent avec l'atteinte
d'objectifs de croissance économique mais contredisent, par ailleurs,
l'atteinte d'objectifs de développement économique des régions;

— Si l'on en juge par la citation extraite du rapport de la Commission d'enquête sur l'avenir des municipalités, le sous-développement des localités, qu'on observe dans la réalité, serait plutôt attribuable précisément aux réseaux d'éducation, de santé et des services
sociaux mis en place à la fin des années 1960. D'ailleurs, l'étude de
cette cause du sous-développement régional fera l'objet de l'analyse
présentée dans la deuxième partie de ce document;

— Mais beaucoup plus grave encore, l'exode hors des régions,
qui pouvait être vérifié déjà avant la révolution tranquille, ne s'est pas
résorbé depuis le début des années 1970.

Pour le démontrer, il n'y a qu'à vérifier les taux d'accroissement
des cohortes d'âge entre 1971 et 1986, présentés à la dernière ligne du
tableau 10, et de les comparer avec la dernière ligne du tableau 11, qui
présente la même réalité pour la période de 15 ans, entre 1951 et
1966.

En projetant graphiquement les tendances observées, 15 ans avant
et 15 ans après (au graphique 3), on peut constater que la propension à

TABLEAU 11

Évolution des cohortes d'âge de la région du Saguenay–Lac-Saint-Jean, de 1951 à 1966

	0-4	5-9	10-14	15-19	20-24	25-29	30-34	35-39	40-44	45-49	50-54	55-59	60-64	65-69	65 et +	Total
1951	34215	29738	22932	19853	17880	15636	12840	10636	8615	7001	5499	4029	3095	2561	5941	197910
1956	38373	34374	29267	23135	20546	18363	15928	12967	10480	8513	6648	5304	3671	2847	7103	234672
1961	41258	38343	33750	28182	20292	18071	17141	15470	12360	10104	8010	6355	4763	3255	8327	262426
1966	33379	39186	36663	31030	22149	16145	15931	15847	14094	11271	9108	7271	5629	4095	9979	267682
Taux de variation des cohortes d'âge (en %) entre 1951 et 1966		51-56	+0.4	-1.5	+0.8	+3.5	+2.70	1.86	1.0	-1.4	-1.1	-5.0	-3.5		
		51-61	-1.3	-5.2	-11.5	-8.9	-4.1	-1.0	-3.7	-5.0	-7.0	-9.2	-13.3		
		51-66	-9.3	-25.5	-29.6	-19.7	-11.3	-9.8	-12.2	-14.3	-15.6	-19.6	-25.5		

Sources: Rapport de la Commission d'enquête sur la Santé et le Bien-être social, «Le développement», vol. III, tome 1, Gouvernement du Québec 1971, bableau II 1.2. p.72.

Bureau de la statistique du Québec, MIC, division de la démographie.

l'exode démographique hors de la région du Saguenay–Lac-Saint-Jean est rigoureusement semblable pour les deux périodes, soit avant et après la révolution tranquille.

Par ailleurs, les tableaux 8 et 9 permettent de généraliser la fausseté de cette affirmation pour l'ensemble des régions du Québec, en ce qui a trait à l'exode démographique des jeunes en âge de se reproduire. On doit donc en déduire que pour les planificateurs optimistes, le problème n'existe pas, simplement parce qu'on ne veut pas qu'il y ait un problème à résoudre.

GRAPHIQUE 3
Profil d'accroissement des cohortes d'âge à deux périodes
consécutives dans la région du Saguenay–Lac-Saint-Jean

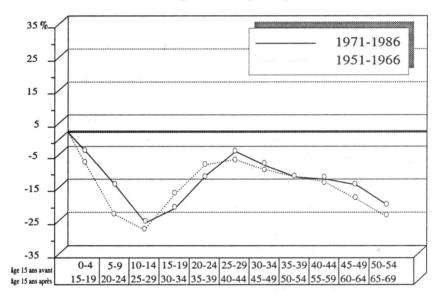

Source: Voir tableau 1, ligne 7 et tableau 4, ligne 7.

3.3 Conclusion

Malgré les faits qui le contredisent, comment expliquer le discours sur la désintégration? Optimisme excessif et non fondé? Abus de langage? Incurie ou impossibilité pour les Élus locaux ou pour les planificateurs optimistes d'obtenir les données révélatrices des faits objectifs? Incapacité d'interpréter des tableaux de chiffres? Choix politiques déguisés? Volonté de cacher les faits? Négligence à vérifier les faits et les interprétations qui ne concordent pas avec les idées préconçues? Incapacité de lire un rapport de recherche et d'en saisir les implications? Incapacité de vérifier l'application des théories dans la réalité? Intérêts personnels régionaux ou locaux? On a l'embarras du choix.

Quoi qu'il en soit, un fait est clair: les grandes manœuvres gouvernementales de centralisation des années 1960-1970 étaient appuyées sur un discours selon lequel «en aidant Montréal, c'est tout le Québec que nous aidons». À quelques rares exceptions, tout le monde y a cru. Mais force est de constater aujourd'hui que toute l'opération s'est soldée par un échec; car à l'aube des années 1990, plusieurs régions du Québec sont au bord de l'extinction, alors que Montréal n'a pas profité des effets escomptés de cette aide. De l'exode des jeunes hors des régions, Montréal n'a filtré que les plus démunis, alors que les autres ont émigré vers les régions situées en banlieue de Montréal.

Or aujourd'hui, on demande au gouvernement du Québec, donc aux mêmes régions que l'on a amputées de leurs forces vives, de souscrire aux efforts visant à corriger les effets de cette erreur à Montréal, c'est-à-dire la pauvreté et l'exode démographique résultant de la surabondance de ressources; un paradoxe, mais en apparence seulement, comme on verra un peu plus loin.

Et la question qui se pose à nous dans les circonstances est: pour quel motif y souscrirait-on? Pourquoi ne serait-ce pas plutôt à Montréal, Montérégie et Laurentides–Lanaudière, de venir en aide au reste du Québec, et en particulier aux régions dites «ressources», d'où Montréal et Québec tirent une bonne partie des ressources humaines, matérielles et financières qui leur permettent de progresser?

Le processus de la désintégration ou «C'est quoi le problème?»

— Dis, papa, dis, papa, dis-moi comment on fait pour les fusées.
— C'est pas compliqué, j'vais tout t'expliquer:
c'est le p'tit machin qui passe par ici et
qui fait tourner le p'tit zinzin; c'est le p'tit zinzin
qui repasse par là et qui vient toucher le p'tit machin.
— Ah bon!

Henri Dès, chanson pour les enfants.

4. DES CONSIDÉRATIONS PRÉALABLES: QUATRE INGRÉDIENTS POUR COMPRENDRE

Cette deuxième partie traite du processus de la désintégration des municipalités rurales du Québec et des centres-villes en milieu urbain, ainsi que d'une cause unique susceptible d'expliquer ces deux phénomènes en progression depuis 1971. Or il est impossible de traiter adéquatement cette question sans remettre les choses dans leur véritable perspective, c'est-à-dire:

— Replacer les événements qui se sont produits depuis la révolution tranquille dans le cours plus général des tendances à l'urbanisation des populations au Québec;

— Préciser que la contribution des régions à la croissance des autres régions ne se calcule pas seulement en termes économiques, mais comporte un volet d'ordre démographique encore plus important;

— Préciser que la croissance économique des territoires est liée à l'action de ceux qui contribuent à faire fructifier leur capital en région, certes, mais aussi à l'action de ceux qui utilisent le capital d'autrui pour le faire fructifier ailleurs que dans les endroits où il a été prélevé;

— Préciser que l'exode des populations régionales passe d'abord par l'exode des populations hors des municipalités et des M.R.C. qui subdivisent les régions.

4.1 Trois phases d'une même tendance à l'urbanisation de la population du Québec

Parler de la tendance à l'urbanisation des populations est devenu un lieu commun au Québec, comme dans tous les pays du monde. D'ailleurs, cette tendance se manifestait déjà chez nous au milieu du siècle dernier [15]. Mais depuis le début des années 1950, elle a pris chez nous une forme particulière qui se vérifie cependant un peu partout en Amérique du Nord. Depuis cette époque, l'exode des populations hors des centres-villes consacre une discontinuité de plus en plus profonde entre les lieux de travail et les lieux de résidence de ceux qui habitent «en ville», pendant que l'exode rural vers les villes se poursuit, de façon ininterrompue. Certes, la raison de cette sous-tendance est facile à imaginer: elle coïncide avec une saturation de l'espace occupé dans les centres-villes. Mais on doit s'interroger, par ailleurs, sur les raisons de cette saturation, compte tenu de l'importance qu'elle a prise au Québec depuis lors. Parmi ces raisons, on retrouve la restabilisation des populations déplacées de leur milieu d'origine par la guerre de 1939-1945. Cet effort de stabilisation consista à créer des emplois, en particulier dans le secteur des services, pour relocaliser en zone urbaine les démobilisés et ceux qui furent déplacés par la guerre dans des milieux qui, pour un grand nombre, ne correspondaient plus à leur milieu d'origine. Le ministère des Vétérans (fédéral) assuma ce rôle de «réinsertion sociale» avant l'heure. Cette forme antédiluvienne de l'intervention de l'État dans la croissance économique des villes et régions eut pour effet d'accélérer le mouvement d'urbanisation, par le biais d'une création d'emplois dans les villes directement grâce à l'intervention de l'État; ce qui contribua à faire «éclater» les centres-villes vers les zones de banlieue et à accélérer l'exode des populations hors des régions dites «rurales». Cet éclatement commença à faire sentir ses effets dans des villes comme Québec, à partir des débuts des années 1950, évoluant de concert avec la croissance accélérée de villes comme celle de Sainte-Foy, situées en banlieue de Québec. Au Saguenay–Lac-Saint-Jean, on constatera à l'aide des données du tableau de cohortes, le tableau 11, que les effets de l'exode commencèrent à se faire sentir chez les jeunes entre 1956 et 1961.

Mais dès le milieu des années 1960, le mouvement avait pris de telles proportions que des mesures furent arrêtées pour stabiliser les populations régionales: l'expérience du B.A.E.Q. dans la région du Bas-Saint-Laurent–Gaspésie (1963-66) témoigne de cette intention, alors que la citation du chapitre précédent, extraite du document de l'O.P.D.Q., montre de façon éloquente que cette intention ne se dément pas encore, même en 1988. Les grandes réformes qu'a connues le Québec, à partir du milieu des années 1960, concernant le rôle de l'État comme agent de développement économique, s'inscrivent dans cette continuité.

À la lumière des faits qui précèdent, la question qui se pose aujourd'hui est la suivante: ne devrait-on pas attribuer aux moyens que l'État a mis en place au cours de la révolution tranquille (1965-1970) jusqu'à aujourd'hui, la responsabilité de l'échec évident dans l'atteinte de l'objectif visant à stabiliser les populations sur le territoire, plutôt que de blâmer la pertinence même des objectifs qu'on affichait à cette époque.

Ainsi, le sous-développement économique chronique des régions et la poursuite du mouvement de déstabilisation démographique des populations régionales constitueraient, dans cette perspective, les deux mesures complémentaires de cet échec, faute d'avoir employé les moyens adéquats, plutôt que faute d'avoir identifié les bons objectifs à poursuivre.

 4.2 La perception partielle des gens d'affaires au sujet du développement économique régional

Les gens d'affaires sont sans doute les mieux placés pour savoir comment on produit la croissance économique d'une région:

— On prend son épargne (ou celle des autres) et on l'investit dans des activités qui auront pour effet de créer plus d'emplois, donc plus de salaires, donc plus d'épargne à réinvestir: c'est la théorie de l'expansion économique [16];

— On favorise la diversification locale ou régionale des biens et services disponibles à la consommation: on accélère ainsi le roulement de la demande qui contribue à accroître l'offre, ce qui justifie d'investir encore davantage pour produire plus de biens et services;

— On concentre le plus possible les populations locales ou régionales dans l'espace, afin de réduire au maximum les distances physiques entre les secteurs d'extraction de matières premières, de transformation en produits finis, et le secteur commercial. Ainsi, on réduit les coûts de production, tout en évitant que l'épargne ne «dorme sous les matelas», faute d'occasions d'être dépensée ou investie, contribuant ainsi à accélérer la vitesse de roulement de la monnaie par l'achat des biens et services*.

Par contre, les gens d'affaires, par leur fonction sociale qui est de créer de la richesse, n'ont pas nécessairement à se soucier du fait que l'épargne dont on dispose pour investir ou pour consommer dans une localité pour une année donnée, est amputée à la source sous forme de taxes et d'impôts provinciaux ou fédéraux, et ceci dans chacune des localités du Québec où il existe au moins un contribuable. La question qui se pose alors, dans ce contexte, est la suivante: les sommes prélevées au cours des ans à un endroit donné sont-elles retournées à l'endroit où elles ont été prélevées sous forme de dépense gouverne-mentale globale? Sinon, comment peut-on favoriser la croissance économique des territoires regroupant des populations qu'on ampute littéralement d'une partie de leur richesse monétaire, donc de leur capacité de consommer et d'investir, et ce, conformément aux trois énoncés qui précèdent?

SCHÉMA 1
Diagramme de l'érosion des épargnes à consommer et à investir

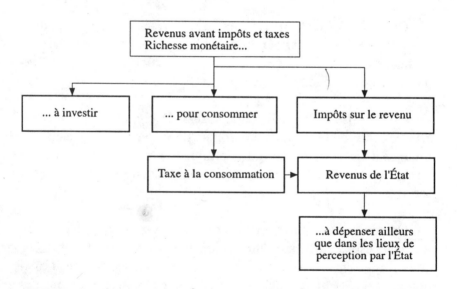

---

* À souligner que cette brève description ne tient pas compte du mouvement géographique des capitaux privés par opposition à ceux du secteur public, les capitaux privés n'entrant pas dans les préoccupations de ce document.

Comme corollaire, comment peut-on accepter que des collectivités financent de leurs deniers à la fois leur propre décroissance économique, et la croissance économique des autres collectivités? Ce qui constitue, comme on l'a vu, l'«essence» d'un processus qui crée le sous-développement économique de certaines colllectivités, et le sur-développement économique des autres.

Ainsi vue, la contribution des gens d'affaires à la croissance économique de leur localité, ne constitue pas un sujet qui s'aborde indépendamment du rôle de l'État, mais plutôt un sujet dont on ne peut traiter adéquatement qu'après avoir pris en considération l'action de l'État en cette matière.

4.3 La double nature de la contribution régionale à la croissance économique des autres régions: en taxes et impôts et en payeurs de taxes et d'impôts

En théorie, une des façons de concevoir et de mesurer le «manque à gagner» des régions, concernant la redistribution des masses fiscales entre les territoires, consisterait à comparer le volume de la contribution régionale payée en taxes ou en impôts, à la rétribution retirée sous forme de dépenses gouvernementales. Est-ce suffisant?

Évidemment, dans cette perspective, les régions les plus affectées par un rapport emploi-population faible (ou un taux d'inoccupation élevé) seront celles qui auront le moins contribué, tout en retirant le plus de supports directs redistribué par l'État aux individus dans le besoin, sous forme d'aide sociale, d'assurance-chômage, de pensions de vieillesse et autres.

Une première question qu'on peut poser à ce sujet est la suivante: La redistribution régionale ou locale, effectuée sous forme d'autorisations de dépenses à l'intention des établissements de santé, de services sociaux et d'éducation (sans oublier l'administration de l'État), compte-t-elle parmi les modes de redistribution des fonds publics entre les communautés locales et régionales? Pourtant, près de 60 % des dépenses du gouvernement québécois sont consacrées à financer des programmes dans ces trois secteurs d'activité gouvernementale. Par exemple, dans le domaine de la santé et des services sociaux seulement, les dépenses gouvernementales par habitant* s'élèvent à près de 1 500 $ (10 milliards $ pour 6,5 millions d'individus au Québec). Comment calculerait-on alors le manque à gagner d'une localité comptant 100 personnes, qui dans le contexte actuel ne disposerait pas de médecin ni d'établissement de santé sur son territoire? Calculerait-on un manque à gagner de 150 000 $ ou ne préférerait-on pas «oublier» de calculer ce manque à gagner, tout simplement?

Une seconde question: dans le calcul de la contribution régionale, prend-t-on en considération le bilan migratoire des jeunes et moins jeunes hors des régions? Ici, la contribution régionale due à l'exode démographique vers d'autres régions ne se calcule pas en termes de déficit entre taxes et impôts payés comparativement aux dépenses gouvernementales, elle se calcule, et c'est encore pire, en termes de contribuables qui s'en vont ailleurs pour consommer, investir et payer leurs taxes et leurs impôts!

4.4 La dissymétrie des flux démographiques entre les niveaux national, régional et local

L'humoriste et écrivain Pierre Daninos aurait pu écrire que si l'on en croit le langage courant, les catastrophes sont «toujours grandes ou épouvantables», alors que les coïncidences sont «toujours incroyables» [17]. De la même manière, lorsqu'on parle de développement ou de sous-développement, pourquoi celui-ci doit-il toujours être «régional». Jamais «inter-département-de-santé-communautaire», «inter-M.R.C.», «inter-district-de-C.L.S.C.» ou «municipal»? Cette première limitation «langagière» a le même effet sur la pensée dans le domaine du développement que le fait de croire que l'univers est semblable à ce qu'on en perçoit avec ses yeux et ses oreilles. De même lorsqu'on parle de développement régional, pourquoi celui-ci doit-il toujours être «économique?» Jamais «démographique», de la «santé», de «l'éducation», etc.?

Cette seconde limitation a pour effet de nous faire croire que l'avenir d'une région ou d'une nation est garanti par des indices

---

* Ces dépenses incluent celles des établissements de santé et de services sociaux, et celles de la Régie de l'assurance maladie du Québec (RAMQ). Les dépenses des établissements, pour l'année 1988-89, se chiffraient à 6,9 milliards $.

favorables de croissance économique, alors que ce sont les équilibres de croissance démographique qui, dans la réalité, assurent la pérennité des populations locales et régionales.

Ainsi, on ne semble pas s'être rendu compte que les indices de croissance économique afficheraient une situation tout aussi favorable dans le cas d'une nation ou d'une région dont le revenu collectif augmenterait plus rapidement que sa population, que dans celui d'une autre nation ou d'une autre région dont le revenu collectif diminuerait moins rapidement que sa population. Dans le cas d'une collectivité qui croît et dans le cas d'une collectivité qui se désintègre, les indices de croissance économique seraient favorables. Tout comme on observe une baisse du taux de chômage dans le cas où les chômeurs qui ne trouvent pas d'emploi en viennent à quitter la population active.

Or, que ce soit au point de vue économique ou démographique, l'ambiguïté de certains indicateurs calculés à l'échelle des régions comporte une dimension dont les implications sont considérables. À ce sujet, le tableau 12 révèle que la désintégration d'une région constitue dans la réalité la «pointe d'un iceberg», un faux problème: une apparence, le symptôme d'un problème réel à résoudre, soit la désintégration des localités (municipalités) qui la subdivisent.

Pour illustrer cette affirmation, chacune des colonnes du tableau 12 mesure les taux d'accroissement des cohortes d'âge quinquennales entre 1971 et 1986, pour divers territoires emboîtés les uns dans les autres et appartenant à la région du Saguenay–Lac-Saint-Jean. À titre d'exemple pris au hasard, la colonne D montre, dans divers types de territoires, les taux d'accroissement de la cohorte de ceux qui avaient entre 15 et 19 ans en 1971, et qui se situaient donc entre 30 et 34 ans, en 1986.

On trouve qu'au cours de cette période, la municipalité de Roberval a perdu 5 % de la population appartenant à cette cohorte (première ligne).

En comparaison, la M.R.C. Le Domaine du Roy, à laquelle appartient la municipalité de Roberval, a perdu 19,4 % de sa cohorte (deuxième ligne).

TABLEAU 12
Taux de variation (%) des cohortes d'âge quinquennales, entre 1971 et 1986, dans les territoires de la région du Saguenay–Lac-Saint-Jean, choisis selon leur niveau d'emboîtement
(à territoire constant de 1986)

Âge en 1971 Âge en 1986	0 - 4 15 - 19	5 - 9 20 - 24	10 - 14 25 - 29	15 - 19 30 - 34	20 - 24 35 - 39	25 - 29 40 - 44	30 - 34 45 - 49	35 - 39 50 - 54	40 - 44 55 - 59	45 - 49 60 - 64	50 - 54 65 - 69
	A	B	C	D	E	F	G	H	I	J	K
Municipalité de Roberval	- 1,8	- 6,1	- 16,2	- 5,0	- 8,9	- 8,1	- 15,3	- 5,7	- 5,5	- 14,1	- 18,6
MRC Domaine du Roy	0,0	- 11,6	- 27,0	- 19,4	- 11,9	- 23,9	- 6,6	- 7,3	- 8,5	- 10,3	- 19,2
Sous-région Lac-St-Jean	- 8,0	- 17,8	- 29,3	- 24,6	- 13,2	- 8,7	- 13,1	- 11,8	- 11,5	- 13,7	- 21,7
Région Sag.-Lac-St-Jean	- 5,6	- 16,6	- 27,2	- 22,1	- 12,5	- 6,7	- 10,8	- 12,0	- 13,3	- 15,9	- 22,6
Province de Québec	- 1,0	- 3,7	- 10,8	- 6,7	- 3,2	- 6,5	- 5,7	- 8,2	- 9,8	- 13,9	- 19,8

Source: Statistique Canada, recensements de 1971, 1976, 1981, 1986.

Références: Bureau de la statistique du Québec, extrait inédit des populations du recensement de 1986, par municipalités et groupes d'âge quinquennaux (Job 5718, BSQ T800$). Service des indicateurs sociaux (MSSS), données inédites extraites du système J36, janvier 1986 (J36 PL025).

Service des études opérationnelles (MSSS), «La population du Québec selon le recensement canadien de 1986, par groupe d'âge quinquennal et par sexe selon les territoires de CLSC, DSC et RSS, avril 1988 (données extraites du système J36). CRSSS 02.

On doit nécessairement en déduire que la perte démographique enregistrée dans les 10 autres municipalités qui subdivisent la M.R.C., a été plus importante que la perte qu'a subie la M.R.C., et *a fortiori* la municipalité de Roberval.

À un niveau supérieur, on trouve que la sous-région du Lac-Saint-Jean, soit le territoire couvert par le DSC de l'Hôtel-Dieu de Roberval, a perdu 24,6 % de sa cohorte (ligne 3), comparativement à 19,4 % pour la M.R.C. Le Domaine du Roy. De la même manière que ci-haut, on doit nécessairement déduire que les pertes démographiques subies dans les trois autres M.R.C. et territoires conventionnés (pris globalement) qui subdivisent la sous-région ont été supérieures à celles de la M.R.C. Le Domaine du Roy et de la sous-région prise comme ensemble.

Mais à un niveau encore supérieur, la région du Saguenay–Lac-Saint-Jean a perdu 22,1 % de la cohorte. On en déduit donc que la perte dans la sous-région du Lac-Saint-Jean a été supérieure à la perte dans la sous-région du Saguenay, et ainsi de suite.

La généralisation de cet exemple aux autres municipalités du Québec permet de déduire que la désintégration des régions est un phénomène qui commence à très petite échelle géographique; car dans le cas contraire, les taux d'exode de jeunes aux échelles géographiques inférieures devraient être égaux à ceux qui caractérisent les niveaux géographiques supérieurs, ce qui ne se vérifie pas dans les faits; et il en est de même pour toute autre caractéristique de population, incluant le rapport emploi-population.

La généralisation de cette illustration, vérifiée par ailleurs, comporte deux implications principales: en premier lieu, parmi les gens qui quittent leur municipalité d'origine, un certain nombre se relocalisent dans une autre municipalité située dans leur région d'appartenance, alors que les autres quittent simplement leur région d'appartenance*. Or, c'est cette dernière tendance qui apparaît être à l'origine de la désintégration des régions, alors que par voie de conséquence, il faut stabiliser les jeunes dans leur municipalité d'origine pour avoir une chance de stabiliser les populations régionales. En d'autres termes, la désintégration démographique des régions n'est que la conséquence de la désintégration démographique des municipalités, ce qu'il faut corriger pour que les régions puissent conserver une chance de durer.

En second lieu, le motif profond de la désintégration des régions coïncide, dans une large mesure, avec les raisons qui incitent les jeunes à ne plus demeurer dans leur communauté d'origine, – et ceci, indépendamment de leur appartenance régionale plutôt qu'avec les raisons qui les incitent à aller habiter à Montréal ou ailleurs**.

---

* Ceci est une lapalissade: un terme que le *Petit Robert* définit ainsi: «Affirmation dont l'évidence toute formelle prête à rire».

** Il apparaît logique, en effet, qu'avant de décider d'aller habiter ailleurs, on prenne d'abord la décision de ne plus demeurer là où l'on demeure (voir Edgard Hoover [18]).

5. L'OBJET DE LA DÉMONSTRATION

5.1 Généralités

À l'évidence, comme on vient de le voir, tous les jeunes et moins jeunes qui quittent une région pour une autre doivent d'abord quitter une municipalité située à l'intérieur de leur région d'origine. Ainsi, parmi les jeunes qui quittent une municipalité pour une autre, un certain nombre iront habiter dans une municipalité située à l'intérieur de leur région d'origine, alors que les autres quitteront pour une municipalité située à l'extérieur de leur région, ce qui a pour conséquence d'enclencher la désintégration des régions. C'est donc parmi les causes qui expliquent la désintégration des municipalités du Québec qu'on doit rechercher les causes de la désintégration des régions.

Théoriquement, il existe un très grand nombre de facteurs pour expliquer la désintégration économique et démographique des municipalités. Parmi les plus universellement acceptés au Québec, on retrouve le dynamisme économique déficitaire de certaines municipalités, l'absence d'investissements privés, l'absence de services essentiels pour les populations résidantes, le vieillissement, etc. Mais de façon particulière au Québec, parmi toutes les causes imaginables, il en est une qui a la propriété d'enclencher toutes les autres, plus générales, auxquelles on réfère volontiers pour expliquer la désintégration des communautés: les disparités dans la répartition géographique des établissements de santé et de services sociaux entre les municipalités. À qui sourcillerait de l'incongruité de cette affirmation, on peut répliquer que cette cause ne fait pas partie de celles que l'on retrouve dans les bouquins qui traitent de la théorie de la croissance et du développement économique, d'où son caractère plutôt inusité et particulier à notre situation.

D'un autre point de vue, au contraire, elle fait partie des causes très générales qui relèvent du rôle joué par l'État dans le développement économique des nations et, de façon particulière, de la manière que chaque État conçoit et opérationnalise la conception de son rôle à travers les lois et règlements administratifs par lesquels il intervient auprès de la population qui relève de sa juridiction.

En fait, cette cause de la désintégration des communautés est connue depuis fort longtemps, et a été dénoncée par tous ceux qui, sans succès, ont déjà tenté de sonner l'alerte depuis 1980. À un point tel, qu'il est permis aujourd'hui de s'interroger sur un aspect beaucoup plus fondamental de la problématique de la désintégration, qui ne questionne pas de façon immédiate la démonstration des mécanismes enclenchés par les disparités dans la répartition géographique des ressources de santé, mais qui questionne plutôt la réceptivité de ceux qui sont interpellés par l'existence de ce mécanisme, soit les citoyens autant que les décideurs.

Pour illustrer ceci, imaginez en effet que vous mettiez en doute les propos de ceux qui vous informent qu'une défectuosité dans l'installation électrique de votre demeure – que vous avez pourtant toutes les raisons de croire en bon état – y a allumé un incendie, et que pendant que durent les palabres visant à dissiper vos doutes sur l'exactitude des informations qui vous sont transmises, votre maison achève de se consumer. À quoi attribueriez-vous alors la cause de vos pertes? À la défectuosité électrique ou à votre scepticisme? Mais cette analogie reste encore insuffisante pour illustrer le fond de la problématique de la désintégration. En effet, si vous croyez qu'il n'existe qu'une seule cause pour expliquer tous les incendies domestiques, rappelons à titre d'exemple le rapport erroné entre la création d'emploi et les flux démographiques, alors vous avez toutes les chances de douter de la pertinence d'une cause qui, en apparence, sort de l'ordinaire, bien qu'elle puisse être à l'origine de votre perte.

C'est pourquoi avant de présenter les faits qui militent en faveur de cette explication du processus de la désintégration, il y a lieu de dissiper deux grandes ambiguïtés couramment véhiculées à propos de l'expression «système de santé au Québec». Il s'agit en fait de présenter le contexte à l'intérieur duquel les démonstrations qui suivront doivent être comprises, et d'identifier ce qu'il ne faut pas comprendre de la démonstration qui sera faite.

La première ambiguïté porte sur la confusion entre le rôle de l'État et le rôle de ceux qui dispensent les soins aux personnes; deux rôles mutuellement exclusifs mais que l'expression «système de santé» – version québécoise – véhicule indistinctement.

La seconde ambiguïté, intimement liée à la première par ses conséquences, confond aussi deux ordres de réalité mutuellement exclusifs soit, «un système de santé» et «un système de soins».

5.2 Deux confusions à dissiper concernant le système de santé comme cause du processus de la désintégration

5.2.1 La confusion entre le rôle de l'État et le rôle de dispensation de services

Il arrive très souvent que les mots que l'on utilise couramment pour parler de la réalité n'ont pas la clarté qu'on leur prête volontiers. Ainsi, certains mots dissocient des idées qui, dans l'ordre des faits, peuvent se révéler fondamentalement unies comme les symptômes, les indicateurs d'un même phénomène, alors qu'à l'inverse d'autres mots réunissent sous une même rubrique des ordres de phénomène qui, dans la réalité, se révèlent être fondamentalement dissociés. À ce sujet, on a vu, dans les parties précédentes, l'exemple du concept de «développement», un mot couramment employé à toutes les sauces, incluant dans le sens de «croissance». On a vu aussi comment une confusion entre ces deux concepts pouvait engendrer une «erreur» explicative suffisamment importante pour compromettre la viabilité de régions entières, en masquant la nature des gestes à poser pour corriger les problèmes.

Or, lorsqu'on parle du système de santé au Québec, la même confusion existe, et pour s'en rendre compte, il suffit de nous livrer à un court «striptease conceptuel» sur l'air de: «Quand on parle du système de santé, de quoi parle-t-on au juste?»

Pour débuter le spectacle, représentons-nous le système de santé comme un tout comprenant quatre parties; le but consiste à nommer les parties de cet ensemble qui sont impliquées dans le processus de désintégration, et à éliminer par la même occasion celles qui n'ont pas de rapport avec le sujet.

À cet effet, on se représente volontiers le système de santé comme un système dont l'objet consiste à prodiguer des soins à des personnes. Or le processus de la désintégration des communautés n'a aucun rapport avec cette première partie de l'ensemble. Par conséquent, même si le système de santé produisait tout autre chose que des soins, le problème resterait entier.

Par ailleurs, on se représente aussi volontiers le système de santé comme un système où l'essentiel des tâches sont assumées par des personnes qui dispensent des services (les médecins, les infirmières, etc.). Or, le processus de la désintégration n'a aucun rapport avec cette deuxième partie essentielle de l'ensemble. Conséquemment, il n'y a pas de rapport avec la profession médicale et autres aspects connexes. Dès lors, même si les médecins n'existaient pas dans le système de santé du Québec, le problème demeurerait entier.

Par ailleurs, et malgré l'évidence du contraire, on se représente un peu moins volontiers le système de santé du Québec comme un système où la majeure partie des soins et autres activités connexes à celles des professionnels, sont prodigués et réalisés dans des établissements de santé tels les hôpitaux et les CLSC. Or, même en convertissant les établissements en «fabriques de poupées Barbies» ou de toute autre babiole qu'on voudra bien imaginer, plutôt qu'en lieu où on dispense des soins, le seul effet perceptible sur le problème serait d'effacer la dernière trace qui justifierait d'appeler le système de santé «un système de santé», tout en gardant active la cause majeure du problème de la désintégration des populations, soit la quatrième et dernière partie de l'ensemble.

En effet, on semble oublier une quatrième partie essentielle selon laquelle le système de santé québécois est un système qui finance des établissements, en l'occurrence les corporations d'établissements de santé, à partir des deniers publics, et que, dans cette perspective, l'expression «système de santé du Québec» réunit sous une même rubrique deux rôles fondamentalement distincts, tout en entretenant la confusion entre les deux: le rôle de l'État et celui de ceux qui dispensent des services. Un premier rôle qui n'a pas d'autres fondements que la redistribution de la richesse collective, et un second qui consiste à dispenser des soins, alors que le lieu de la confusion entre ces deux rôles se situe entre la fonction de redistribution des fonds publics et celle qui spécifie la manière de dépenser ces fonds préalablement redistribués pour payer des salaires et honoraires à ceux qui dispensent des soins (ou autrement).

Ces distinctions permettent donc en premier lieu de départager le faux problème du vrai problème à démontrer. Le faux problème met en cause la pertinence de la manière de dépenser les fonds publics, ainsi que le rôle de ceux qui normalement dispensent les soins aux personnes qui en ont besoin. Le vrai problème met en cause le rôle de l'État, et plus spécifiquement la manière qui a été la sienne de redistribuer de façon récurrente (20 ans), près de 7 % de la richesse collective des Québécois en finançant directement des établissements de santé (la même logique s'appliquant intégralement aux établissements de services sociaux) de même que les prestations des professionnels qui œuvrent dans le système de soins (via la Régie de l'assurance maladie du Québec, la RAMQ).

En d'autres terme, voici le vrai problème à démontrer: **Une redistribution récurrente de 7 % des fonds publics entre les territoires et correspondant à la manière actuelle de financer les ressources immobilières et professionnelles en santé et en services sociaux, constitue une condition suffisante à elle seule, pour expliquer tout le processus de désintégration économique et démographique que subissent actuellement les régions du Québec.** Mais pourquoi, s'interrogera-t-on, est-il si important de débrouiller la confusion entre ces deux rôles? Il existe deux raisons à cela. La première apparaît lorsqu'on s'interroge sur le rôle réel qu'a joué l'État au cours des 20 dernières années, via le financement de ses programmes: un rôle qui a été réduit à extraire des goussets des contribuables les deniers nécessaires pour financer indirectement des services, via le financement des producteurs de services. En se limitant à ce rôle, l'État a inhibé la principale partie de sa fonction ayant trait à la redistribution de la richesse collective. Le sous-développement et l'extinction des régions qui s'ensuivent sont les produits de cette inhibition.

La seconde raison découle d'une généralisation de la première à l'ensemble des activités de l'État. En effet, vu sous l'angle de la justice redistributive ou, si on veut, de l'équité appliquée à l'ensemble des fonds publics, le rôle de l'État peut être conçu théoriquement comme un tout unique. Or, dans les faits, il n'est plus possible d'y référer de cette manière, en raison du morcellement des dépenses publiques vues à travers chaque fonction ministérielle prise séparé-

ment. Il appert, dans ce contexte, qu'un déséqui
tion territoriale des fonds publics consacrés au s
des services sociaux seulement, aura des répe
plus considérables sur le développement des coll
quilibre équivalent dans le secteur des musées r
reaux de poste, simplement en raison de l'importance disproportion-
née des masses monétaires impliquées dans le secteur de la santé,
comparativement à tous les autres secteurs.

Mais en cette matière, il y a lieu d'être encore plus précis, car tout
relent de confusion dans le domaine de la désintégration des milieux
constitue une manne facilement exploitable et «récupérable». Par
exemple, il est facile de voir dans l'exposé de cette problématique une
charge contre la profession médicale, en particulier, et contre le système de soins en général. Une telle interprétation est fondamentalement
vicieuse, car la problématique de la désintégration vise au contraire
ceux qui ont réduit le rôle de l'État au seul financement des médecins
et du système de soins, oubliant par le fait même d'assumer d'autres
fonctions plus essentielles et indissociables du rôle de l'État. Rien
n'empêche par contre que la problématique puisse devenir une charge
contre ceux qui contribueraient à entretenir et à perpétuer la confusion
entre ce qui relève exclusivement du rôle de l'État et ce qui relève de
la relation entre le rôle de l'État et leur propre rôle, soit redistribuer
adéquatement les fonds publics *versus* assurer le financement d'un
réseau de services.

Par ailleurs, il est encore plus facile de voir dans la description de
la problématique de la désintégration une charge contre le libéralisme
économique et une prise de position en faveur du socialisme étatique.
Une telle interprétation des faits est foncièrement ridicule. Dans le
contexte où environ 50 % du produit intérieur brut (PIB) du Québec
est constitué des dépenses des trois principaux paliers de gouvernement réunis (fédéral, provincial et municipal), il est évident que l'expression «libéralisme économique» décrit on ne peut plus mal, la
situation qui prévaut. À l'inverse, dans un contexte où la manière de
redistribuer les dépenses publiques est responsable de disparités économiques suffisamment importantes pour mener des régions entières
à leur extinction, il apparaît tout aussi inapproprié de se réclamer du
«socialisme» étatique.

Mais ce qui manque à l'ensemble, ce sont les conditions qui, dans les circonstances actuelles, permettent au libéralisme économique de s'exercer comme il se doit, sans que les règles du jeu ne soient faussées par derrière, ne laissant à l'initiative et à la créativité aucune chance d'être mises en valeur pour contribuer à la promotion des collectivités et des groupes qui constituent notre société. En effet, l'absence d'entreprenariat dans une collectivité est attribuable à l'absence d'entrepreneurs, et non au manque d'initiative de ceux qui ne le sont pas. De la même manière que l'absence de parents a de plus fortes répercussions sur le nombre de naissances que le taux de fécondité. Pas besoin de se rendre sur l'île d'Anticosti pour en faire la preuve!

Or, c'est devant les citoyens des collectivités et devant les représentants élus par les citoyens appartenant à ces collectivités que l'appareil étatique, considéré comme un tout, est imputable des conséquences découlant d'une telle confusion. Parmi les groupes visés par ces conséquences, on compte de façon plus particulière l'ensemble des groupes d'intérêt, incluant une partie de ceux qui appartiennent à l'appareil administratif de l'État.

5.2.2 La confusion entre le système de santé et un système de soins

Mais ce n'est pas tout, car au-delà de cette première confusion entre les différents rôles et fonctions contenus implicitement dans l'expression «système de santé du Québec», cette même expression contient une autre confusion tout aussi pernicieuse que la première.

Pour souligner l'existence de cette confusion, c'est à dessein qu'ont été utilisées indistinctement ci-haut les expressions «système de santé» et «système de soins» comme deux expressions signifiant la même chose. Dans les faits, il n'en est rien, comme ne l'ignorent pas d'ailleurs bon nombre de représentants des organismes publics œuvrant dans le secteur de la santé.

Mais comme justement il ne s'agit pas de la même chose, il semble que l'on ait négligé, au cours des années qui précèdent, de tenir compte des corollaires découlant de cette différence, sinon dans des circonstances où le degré de préoccupation relatif à ces questions ne dépassait pas celui de la théorie et de la rhétorique, et avec des conséquences qui se calculent davantage en poids d'encre et de salive gaspillées, en coûts de colloques et en frais de voyage plutôt qu'en décisions et en gestes susceptibles d'améliorer l'état de santé des populations.

Pour comprendre les implications de ce second ordre de confusion, il faut se référer à la mission d'organismes comme les conseils régionaux de la santé et des services sociaux, laquelle correspond à la mission que les autorités responsables du système de santé au niveau provincial sont tenues de poursuivre en vertu de la loi. Cette mission consiste à contribuer à l'amélioration de l'état de santé de la population, d'une région dans un cas et du Québec dans l'autre, en assumant la gestion d'un système de soins.

Or les faits objectifs, tels qu'on les observe au Saguenay–Lac-Saint-Jean, à Montréal ou ailleurs, permettent d'illustrer que l'amélioration de l'état de santé des populations n'est pas une conséquence que l'on peut attribuer à un système de soins, si perfectionné soit-il. En revanche, le perfectionnement du système de soins favorise l'atteinte d'un autre objectif que l'amélioration de l'état de santé des populations, en l'occurrence et de façon évidente pour tous, la récupération de la santé des personnes qui l'ont perdue, après être devenues malades et dépendantes.

Ainsi la comparaison entre les faits et le libellé de la mission des organismes responsables du système de santé montre qu'en assignant le mauvais moyen au mauvais objectif, une double erreur a été commise lors de l'érection du système de santé du Québec, et que les conséquences de cette double méprise se perpétuent encore de nos jours dans la manière de redistribuer les fonds publics entre les populations qui se partagent le territoire.

En effet le moyen qui convient à l'objectif d'améliorer l'état de santé des populations n'est pas appliqué, alors que l'objectif de restaurer la santé des individus est confondu avec celui d'améliorer l'état de santé de «la» population.

Voici à ce sujet un schéma qui illustre cette partie de la problématique.

SCHÉMA 2
**Les relations entre les objectifs et les moyens
d'un système de soins et d'un système de santé**

Les numéros illustrant les relations entre les éléments du schéma correspondent aux commentaires qui suivent:

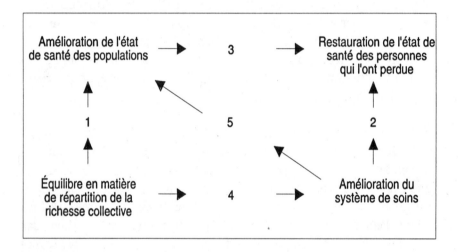

1. L'amélioration de l'état de santé des populations a pour condition préalable, donc nécessaire mais non suffisante, la réduction des déséquilibres existant en matière de répartition de la richesse entre les collectivités. Cette condition ne peut être réalisée que par le truchement d'une politique de développement économique, que seule l'intervention de l'État peut rendre opérationnelle, par opposition au secteur privé dont l'intervention est contrainte à l'intérieur de limites imposées par la loi des marchés;

2. La restauration de l'état de santé des individus qui ont perdu leur santé dépend, à l'évidence, de l'intervention d'un système de soins développé à cet effet;

3. Il est démontré de façon non équivoque que l'état de santé des personnes est intimement relié aux attributs de l'environnement social qui caractérisent en propre la population – au sens géographique du terme – à laquelle chacun des individus appartient forcément. Or l'état de santé des populations est lui-même indissociable d'autres caractéristiques tels leurs niveaux de revenu et d'emploi, la qualité des logements, leur degré d'instruction, etc.

Il s'ensuit forcément que les facteurs extérieurs liés à l'environnement qui contribuent à rendre les gens malades et dépendants, compromettent et hypothèquent la durabilité des efforts de ceux qui œuvrent à la restauration de la santé des personnes qui l'ont perdue. Il en va de même de toute solution appliquée aux effets d'un problème, et qui laisse intactes les causes initiales du problème.

4. L'équilibre dans la répartition géographique de la richesse collective dépend lui-même du mode de redistribution des fonds publics entre les localités qui subdivisent le territoire, impliquant nécessairement les ressources de santé. Or l'accessibilité des populations aux services de santé est directement fonction de la façon dont sont répartis sur le territoire ceux qui ont pour rôle de restaurer la santé de ceux qui l'ont perdue. En clair, l'accessibilité aux services n'est pas autre chose que le résultat escompté d'une façon équitable de redistribuer la richesse collective dans un système public, alors que la restauration de l'état de santé de ceux qui l'ont perdue dépend de toute évidence de l'accessibilité géographique aux ressources qui dispensent les services; à défaut de quoi ce sont les malades qui doivent se déplacer, parfois sous peine de mort;

5. Compte tenu des relations qui précèdent, on a beaucoup de difficulté à comprendre la relation exclusive que l'on fait couramment entre l'amélioration de l'état de santé des populations et les services médicaux. Comme on verra d'ailleurs à partir des démonstrations qui suivent – elles-mêmes fondées sur des faits vérifiables, observables et généralisables – cette relation arbitraire ferait partie du même cortège de phantasmes, issus de la confusion qui existe autour de l'expression «système de santé». Il s'agit en l'occurrence d'une fausse relation.

Ce second ordre de confusion qui existe au sujet de l'expression «système de santé» interroge, de prime abord, ceux dont la mission consiste à améliorer l'état de santé des populations qu'ils desservent:

comment peuvent-ils s'acquitter de leur mission, dans le contexte où les moyens de le faire leur échappent entièrement? Comment contribuer de manière efficace à la restauration de l'état de santé des individus, lorsqu'on ne dispose même pas des leviers pour améliorer l'état de santé des populations auxquelles ils appartiennent? D'ailleurs, on remarquera à cet effet que cette dernière question est redondante avec une autre: «Comment s'attaquer efficacement à la pauvreté sans les leviers qui permettent d'agir sur le développement économique des populations?» Comme on verra dans les démonstrations qui suivent, il s'agit, dans les faits, de deux façons de poser la même question, qui confronte la capacité des organismes nationaux, régionaux et locaux, mandatés pour améliorer l'état de santé des populations qu'ils desservent, d'assumer la mission qui leur est assignée. «S'occuper de développement économique n'a pas de rapport avec la santé», dit-on à ces organismes. Or, au contraire, il appert que s'occuper adéquatement de la santé passe d'abord et avant tout par le développement économique des collectivités, alors que les soins constituent une dimension supplémentaire et particulière qui se greffe sur la préoccupation première.

Curieusement, cette représentation toute théorique de la problématique de la santé des populations est parfaitement conforme à la représentation générale de ce qui devrait être, c'est-à-dire la représentation à laquelle ont souscrit, en 1986, plus de 38 pays, dont le Canada, par le truchement de ses principales instances représentatives dans le domaine de la santé, soit le ministère de la Santé et du Bien-être social, et l'Association canadienne de santé publique, conjointement avec l'Organisation mondiale de la santé. Cette communauté de pensée a d'ailleurs donné lieu à la promulgation de la *Charte d'Ottawa pour la promotion de la santé*, dont voici un court extrait en rapport avec le sujet.

«L'INTERVENTION EN PROMOTION DE LA SANTÉ
SIGNIFIE QUE L'ON DOIT:
ÉLABORER UNE POLITIQUE PUBLIQUE SAINE

La promotion de la santé va bien au-delà des soins. Elle inscrit la santé à l'ordre du jour des responsables politiques des divers secteurs en les éclairant sur les conséquences que leurs décisions peuvent avoir sur la santé, et en leur faisant admettre leur responsabilité à cet égard.

Une politique de promotion de la santé combine des méthodes différentes mais complémentaires, et notamment: la législation, les mesures fiscales, la taxation et les changements organisationnels. Il s'agit d'une action coordonnée qui conduit à la santé, et de politiques fiscales et sociales favorisant davantage la santé, et des milieux plus hygiéniques et plus plaisants.

La politique de promotion de la santé suppose l'identification des obstacles gênant l'adoption des politiques publiques saines dans les secteurs non sanitaires, ainsi que la détermination des solutions. Le but doit être de rendre les choix sains les plus faciles pour les auteurs des politiques également.

CRÉER DES MILIEUX FAVORABLES

Nos sociétés sont complexes et interreliées, et l'on ne peut séparer la santé des autres objectifs.

Le lien qui unit de façon inextricable les individus et leur milieu constitue la base d'une approche socio-écologique de la santé. Le grand principe directeur menant le monde, les régions, les nations et les communautés est le besoin d'encourager les soins mutuels, de veiller les uns sur les autres, de nos communautés et de notre milieu naturel. Il faut attirer l'attention sur la conservation des ressources naturelles en tant que responsabilité mondiale.

L'évolution des schèmes de la vie, du travail et des loisirs doit être une source de santé pour la population, et la façon dont la société organise le travail doit permettre de la rendre plus saine. La promotion de la santé engendre des conditions de vie et de travail sûres, stimulantes, plaisantes et agréables.

L'évaluation systématique des effets du milieu sur la santé, et plus particulièrement dans les domaines de la technologie, de l'énergie et de l'urbanisation, qui évoluent rapidement est indispensable; de plus, elle doit être suivie d'une intervention garantissant le caractère positif de ces effets. La protection des milieux naturels et artificiels et la conservation des ressources naturelles doivent recevoir une attention majeure dans toute stratégie de promotion de la santé.» [19]

Va pour les principes!

Or le problème à démontrer est encore plus curieux. Malgré cette représentation à laquelle tout le monde dit souscrire, les faits qui s'observent au Québec en général, et au Saguenay–Lac-Saint-Jean en particulier, permettent de démontrer que les moyens mis en œuvre par les instances supérieures de l'État, ont été orientés dans le sens diamétralement opposé à ces principes et que le système mis en place au début des années 1970 ne contribue pas à l'amélioration de la santé des populations locales et régionales. Cette réalité est par le fait même contradictoire avec la mission que nous poursuivons.

Dans les paragraphes qui suivent, la démonstration sera effectuée en quatre étapes. Premièrement, le cas de la M.R.C. Lac-Saint-Jean-Est, dont le chef-lieu est la ville d'Alma, servira d'exemple pour illustrer les faits à l'appui. Deuxièmement, ces faits seront mis en lumière à l'aide de la théorie de la croissance et du développement économique. Troisièmement, nous verrons quelques faits permettant de généraliser les observations vérifiables dans la M.R.C. aux autres municipalités du Québec impliquées dans le même processus. Quatrièmement et en guise de conclusion, nous verrons l'ensemble du processus, incluant les effets de la désintégration des municipalités rurales, sans oublier ceux qui se vérifient dans les centres-villes comme Montréal ou Québec, ou dans des zones de banlieue comme Laurentides–Lanaudière, Montérégie ou Charny, etc.

6. LE PROCESSUS DE DISLOCATION DES MUNICIPALITÉS

6.1 L'exemple des municipalités de la M.R.C. Lac-Saint-Jean-Est, dans la région du Saguenay–Lac-Saint-Jean

En excluant la base militaire de Mont-Apica située dans la réserve faunique des Laurentides, la M.R.C. se subdivise en 16 municipalités habitées, réparties à peu près également au nord et au sud de la ville d'Alma, dont la population regroupe la moitié de la population totale de la M.R.C., (25 930 personnes à Alma contre 51 930 dans la MRC en 1986, après avoir exclu Mont-Apica).

De ce point de vue, la ville d'Alma se compare à la M.R.C. Lac-Saint-Jean-Est, de la même manière que le Grand-Montréal se compare au reste du Québec; où les régions Montérégie, Laurentides–Lanaudière et Montréal-Métropolitain (les deux premières vues comme les banlieues d'un grand centre urbain) regroupent à elles seules 57 % de la population du Québec: soit 3,7 millions d'habitants contre 6,5 millions au Québec.

À deux ou trois exceptions près, et comme cela se vérifie dans toutes les régions du Québec, à peu près toutes les municipalités de la M.R.C. ont connu un accroissement du nombre de personnes occupant un emploi, et un accroissement de leur rapport emploi-population entre 1971 et 1986.

Ces municipalités ont donc enregistré une croissance économique, car, comme on doit le déduire à l'aide du tableau 13, dans la grande majorité des cas, le nombre d'emplois disponibles s'est accru plus rapidement que la population âgée de 15 ans et plus.

Par contre, et comme dans le cas des régions du Québec, le tableau 14 présente l'autre volet du sujet relatif au développement économique, c'est-à-dire l'aspect du problème qui traite des inégalités de croissance économique entre les municipalités de la M.R.C.

Ce tableau reproduit le rang de chacune des municipalités selon le rapport emploi-population rapporté au tableau 13, et ceci à chacune des quatre années de recensement, soit en 1971, 1976, 1981 et 1986.

TABLEAU 13

Évolution de l'emploi et du rapport emploi-population dans les 16 municipalités habitées de la M.R.C. Lac-Saint-Jean-Est entre 1971 et 1986 (à l'exclusion de la base militaire de Mont-Apica)

Municipalité de la MRC Lac-St-Jean-Est	Code municipal	Population de 15 ans et +				Population occupée				Rapport emploi/Population				Écart en %
		1971 (1)	1976 (1)	1981 (1)	1986 (2)	1971 (1)	1976 (1)	1981 (1)	1986 (2)	1971	1976	1981	1986	
Alma	93480	16265	18665	19855	19630	6410	8835	9535	9720	39.4	47.3	48.0	49.5	+10.1
Delisle	93530	1930	2285	2780	2770	700	1090	1300	1300	36.2	47.7	46.7	46.9	+10.7
Desbiens	93280	1410	1210	1290	1175	500	545	480	385	35.4	45.0	37.2	32.7	- 2.7
Hébertville	93200	1940	1855	1705	1810	675	765	785	760	34.7	41.2	46.0	42.0	+ 7.3
Hébertville-Station	93400	670	965	1095	1050	285	435	485	440	42.5	45.0	44.3	41.9	- 0.6
Labrecque	94620	615	695	805	830	185	265	265	265	30.0	38.1	32.9	31.9	+ 1.9
Lac-à-la-Croix	93240	740	775	700	780	285	365	350	310	38.5	47.0	50.0	39.7	+ 1.2
Lamarche	94630	335	365	420	430	80	145	170	145	23.8	39.7	40.4	33.7	+ 9.9
L'Ascension	93700	875	1015	1195	1260	245	380	440	380	28.0	37.4	36.8	30.1	+ 2.1
Métabetchouan	93320	1950	2275	2395	2255	725	1015	1080	990	37.1	44.6	45.0	43.9	+ 6.8
St-Bruno	93440	1435	1525	2040	1845	540	695	970	790	37.6	45.5	47.5	42.8	+ 5.2
St-Gédéon	93360	1040	1225	1330	1350	445	605	650	675	42.7	49.3	48.8	50.0	+ 7.3
St-Henri-de-Taillon	93600	430	445	515	545	130	190	190	200	30.2	42.7	36.9	36.7	+ 6.5
St-Ludger-de-Milot	90250	445	515	545	550	135	185	190	190	30.3	35.9	34.8	34.5	+ 4.2
Ste-Monique	93780	625	595	665	635	215	230	230	225	34.4	38.6	34.5	35.4	+ 1.0
Taché	94460	1030	1200	1460	1395	400	475	570	525	38.8	39.5	39.0	37.6	- 1.2

Source: Statistique Canada, recensements de 1971, 1976, 1981, 1986.

Références: (1) Données compilées à partir de données inédites extraites du système J36, Service de l'éducation des services sociaux MSSS, janvier 1985 (extrant J36-895-502).

(2) Statistique Canada, données du recensement de 1986 pour les municipalités du Québec, catalogue 94-110, partie 2. CRSSS 02.

TABLEAU 14
Rang des 16 municipalités de la M.R.C. Lac-Saint-Jean-Est selon le rapport emploi-population [1]

Municipalité de la MRC Lac-Saint-Jean-Est	1971	1976	1981	1986	Rang des municipalités selon...	
					La somme des rangs	L'importance de l'écart entre 71 et 86
Alma	14	14	14	15	15	15
Delisle	9	15	12	14	14	16
Desbiens	8	10	6	3	7	1
Hébertville	7	7	11	11	9	12
Hébertville-Station	15	11	9	10	11	3
Labrecque	3	3	1	2	1	6
Lac-à-la-Croix	12	13	16	9	13	5
Lamarche	1	6	8	4	5	14
L'Ascension	2	2	4	1	2	7
Métabetchouan	10	9	10	13	10	11
St-Bruno	11	12	13	12	12	9
St-Gédéon	16	16	15	16	16	13
St-Henri-de-Taillon	4	8	5	7	6	10
St-Ludger-de-Milot	5	1	3	5	3	8
Ste-Monique	6	4	2	6	4	4
Taché	13	5	7	8	8	2

Sources et références: Voir le tableau 13.
Interprétation: Le rang 1 réfère à la municipalité dont le rapport emploi-population est le plus faible à chacune des quatre années considérées.
(1) Voir références, tableau 13.

Un constat global: visuellement, les municipalités qui ont le plus fort taux d'emploi, par exemple: Alma, Delisle, Saint-Gédéon, ont maintenu cette tendance, alors que les municipalités où le taux d'emploi est plus faible, par exemple: Labrecque, L'Ascension, Saint-Ludger-de-Milot, ont conservé cette caractéristique tout au long de la période.

Mais c'est en rapportant sur carte géographique les rangs reproduits aux quatre premières colonnes du tableau 14 qu'on peut visualiser correctement l'état ponctuel des inégalités économiques à l'intérieur de la M.R.C. À ce sujet, chacune des cartes géographiques 1A, 1B, 1C et 1D montre, en plus foncé, les quatre municipalités ayant enregistré le rapport emploi-population le plus faible (donc le taux d'inoccupation le plus élevé) à chaque année de recensement, et ainsi de suite jusqu'aux quatre municipalités (en blanc) ayant enregistré le rapport emploi-population le plus élevé (donc le taux d'inoccupation le plus faible).

On peut alors réaliser que, conformément à ce qui se produit entre les 11 régions du Québec tout au long de la période, le profil de distribution géographique des inégalités économiques demeure constant dans la M.R.C.: les municipalités les plus faibles économiquement sont toujours situées au nord de la M.R.C., les municipalités intermédiaires au sud, alors que les plus fortes sur le plan économique sont localisées au centre de la M.R.C., de façon constante en 1971, 1976, 1981 et 1986.

Maintenant, tentons de cartographier le «développement économique» proprement dit: il suffit pour cela de cartographier de la même manière les municipalités classées selon l'accroissement de leur rapport emploi-population entre 1971 et 1981, dont le rang est reproduit à la dernière colonne du tableau 14 (voir la carte 2).

Le résultat est à peu près semblable à celui de la distribution ponctuelle des inégalités à chacune des quatre années couvrant la période de 1971 à 1986.

On doit donc en déduire que dans la M.R.C. Lac-Saint-Jean-Est, on assiste, entre 1971 et 1986, à un processus de sous-développement économique comparable à celui qui caractérise les régions du Québec au cours de la même période: une croissance économique avec amplification des inégalités qui existaient déjà en 1971.

Or, la question principale que soulève ce constat est, en fait, la principale question de cet ouvrage: **qu'est-ce qui explique la permanence du profil de distribution des inégalités dans l'espace, de même que la progression de ces inégalités dans le temps?** Parmi les réponses acceptables, on doit exclure le dynamisme économique au niveau local, car, comme on vient de le voir, à peu près toutes les municipalités sont nominalement en croissance économique. On y retrouve davantage d'emplois disponibles aujourd'hui qu'en 1971, alors que le nombre d'emplois s'est accru plus rapidement que la population âgée de 15 ans et plus (référence à l'accroissement du rapport emploi-population de 1971 à 1986).

CARTE 1-A
Répartition des municipalités de la M.R.C. Lac-Saint-Jean-Est selon le rapport emploi-population, 1971

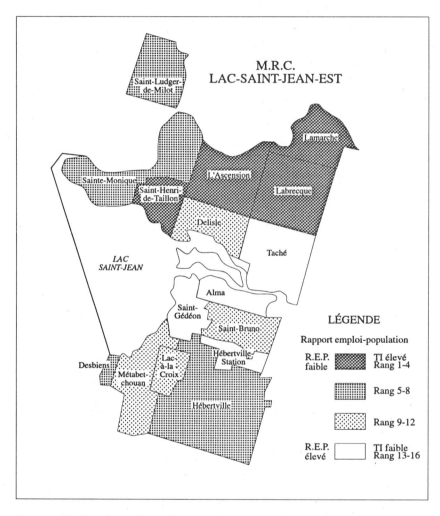

Cartographiée à partir du tableau 14, colonne 1.

CARTE 1-B
Répartition des municipalités de la M.R.C. Lac-Saint-Jean-Est
selon le rapport emploi-population, 1976

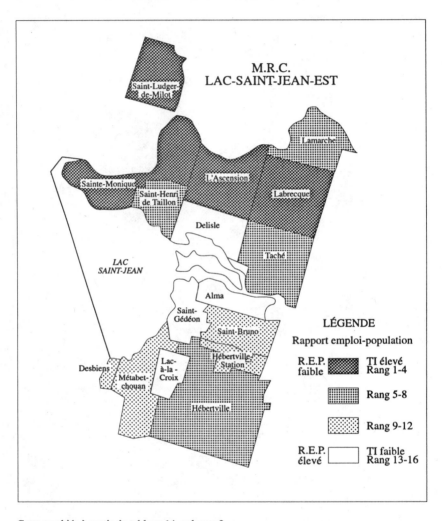

Cartographiée à partir du tableau 14, colonne 2.

CARTE 1-C
Répartition des municipalités de la M.R.C. Lac-Saint-Jean-Est selon le rapport emploi-population, 1981

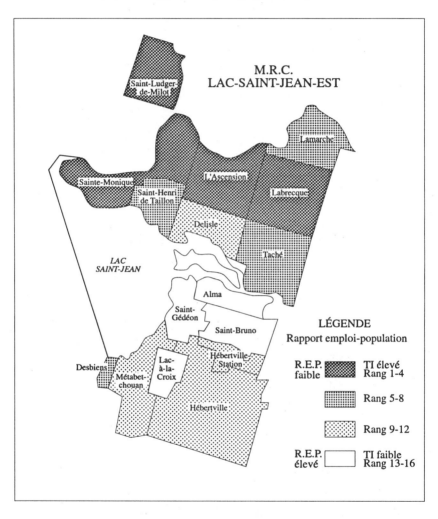

Cartographiée à partir du tableau 14, colonne 3.

CARTE 1-D
Répartition des municipalités de la M.R.C. Lac-Saint-Jean-Est selon le rapport emploi-population, 1986

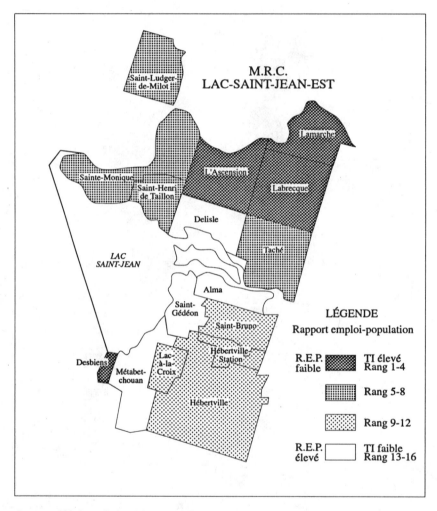

Cartographiée à partir du tableau 14, colonne 4.

CARTE 2
Répartition des municipalités de la M.R.C. Lac-Saint-Jean-Est selon la vitesse d'accroissement du «rapport emploi-population» entre 1971 et 1986

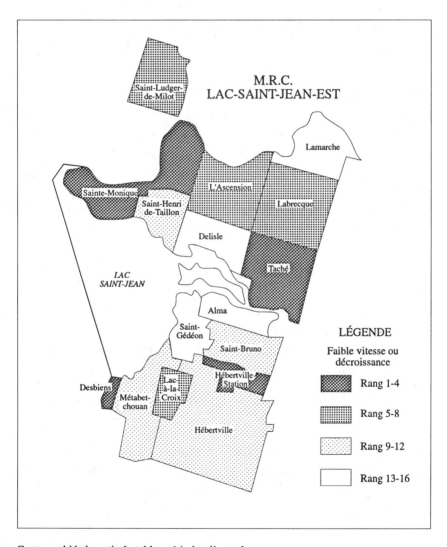

Cartographiée à partir du tableau 14, dernière colonne.

6.2 Une étrange coïncidence entre la configuration géographique des inégalités économiques, leur progression et la localisation des ressources de santé et de services sociaux dans l'espace

La carte 3 illustre la répartition entre les municipalités, des ressources de santé et de services sociaux disponibles dans la M.R.C. Lac-Saint-Jean-Est.

Si l'on compare cette carte à celles qui précèdent portant sur le rapport emploi-population, on peut constater l'existence d'une corrélation quasi parfaite entre la répartition géographique des ressources de santé et la répartition géographique des inégalités de croissance économique. La ville d'Alma compte beaucoup de ressources sur son territoire, alors qu'Alma et ses environs immédiats accusent les indices de croissance économique les plus favorables de 1971 à 1986. Par contre, les municipalités du secteur nord de la M.R.C., totalement dégarnies de ressources, accusent le bilan économique le plus défavorable. Enfin, les municipalités du secteur sud, qui accusent les indices de croissance intermédiaires entre le secteur nord et le centre, sont dotées d'«un peu» de ressources.

On pourrait donc s'interroger à savoir si cette corrélation entre les deux distributions d'événements est fortuite ou si au contraire elle révèle l'existence d'une relation de cause à effet entre les deux.

6.3 Le problème de la poule et de l'œuf

Selon une première hypothèse explicative, largement véhiculée, les ressources s'installeraient «naturellement» dans les endroits où les populations sont les plus riches et où, par conséquent, les indices de croissance économique seraient les plus favorables. Selon cette hypothèse, la répartition géographique des ressources serait un effet du développement économique.

À l'appui de cette hypothèse: dès le début de la période, en 1971, les ressources existantes étaient déjà réparties de la même manière qu'en 1986, alors que les inégalités de croissance économique affectent aujourd'hui les mêmes municipalités qu'auparavant.

CARTE 3
Répartition géographique des ressources de santé et de services sociaux dans la M.R.C. Lac-Saint-Jean-Est, en 1989

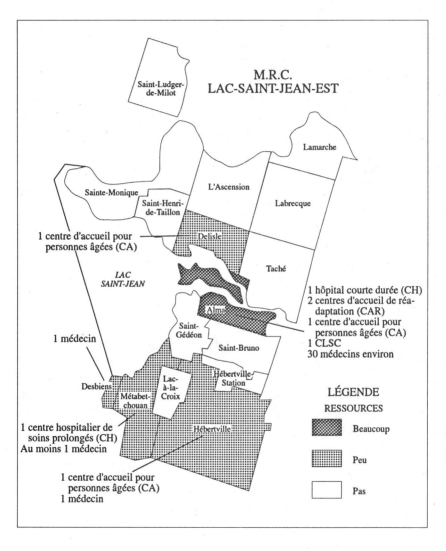

Pour contredire cette hypothèse, depuis 1971 le système de santé et de services sociaux appartient au domaine public et, de ce fait, est affranchi de la loi des marchés. En clair, il se développe, selon des règles administratives fondées sur la recherche de l'«équité», du moins peut-on le supposer si l'on s'en tient à la teneur du discours véhiculé publiquement sur le sujet. Par ailleurs, la plupart des ressources développées dans la M.R.C. sont des ressources immobilières, des établissements régis par des corporations d'établissement; or, par définition, les ressources immobilières ne peuvent être déplacées dans l'espace. Conséquemment, elles ne peuvent s'installer «naturellement quelque part», au gré de l'évolution des conditions du marché, comme les capitaux.

Une seconde hypothèse maintenant voudrait que la répartition des ressources étatiques elle-même, détermine l'orientation des inégalités économiques, et donc le développement économique des populations. Pour contredire cette hypothèse, le «bon sens apparent»: comment en effet peut-on, selon toute vraisemblance, imputer le sous-développement économique de la M.R.C. Lac-Saint-Jean-Est à une mauvaise répartition des ressources de santé sur son territoire?

À l'appui de cette hypothèse, on peut invoquer en premier lieu la configuration permanente de la répartition des inégalités dans l'espace depuis 1971, et l'accroissement des inégalités dans le temps, conformément à cette configuration, qui coïncide avec la répartition géographique des ressources de santé et de services sociaux. Mais en second lieu, cette hypothèse peut être démontrée et vérifiée indépendamment des faits à l'appui. Pour ce faire, il suffit d'examiner les faits observés à la lumière de la théorie de la croissance et du développement économique, compte tenu des modes de redistribution des fonds publics en vigueur dans le secteur de la santé, et compte tenu de la distribution géographique des équipements (établissements) de santé dans le territoire de la M.R.C.

6.4 La coïncidence entre les faits vérifiables et la théorie de la croissance et du développement

À première vue, il peut sembler accessoire et même hors de propos d'illustrer le rapport entre les faits qui viennent d'être exposés et les éléments de théorie susceptibles d'en rendre compte. Or il n'en est rien.

En effet, la simple illustration des corrélations qui existent, si évidentes et généralisables soient-elles, ne permet pas de démontrer que les inégalités dans la répartition des ressources de santé suffisent à elles seules à enclencher le mécanisme de déstructuration d'une société complète. Ici, les corrélations servent tout au plus à illustrer la concomitance entre des faits immuables en apparence et une suite d'événements qui ont ponctué l'évolution d'une population exposée à l'influence des inégalités qu'elle subit sur un facteur essentiel à son devenir, soit l'équilibre dans la répartition géographique des emplois disponibles.

Par ailleurs, en considérant que ce qui a été présenté jusqu'ici sur le sujet se situe en plein milieu du processus de désintégration, alors la théorie de la croissance et du développement économique permet d'ajouter deux autres éléments de connaissance tout aussi essentiels que les précédents, en vue de comprendre ce mécanisme. L'un se situe en aval, l'autre en amont de la problématique générale que l'on vient de voir.

Celui qui se situe en aval permet de considérer que la simple connaissance des faits bruts portant sur le mode de redistribution d'un certain genre de ressources publiques est suffisant en soi, à ceux qui détiennent des connaissances élémentaires dans un nombre restreint de disciplines concernées, pour appréhender, ou du moins pour soupçonner l'existence d'un important processus de sous-développement en activité, agissant à l'insu des populations qui subdivisent le Québec. Car il existe en effet deux façons de reconnaître l'importance des faits qu'on observe dans la réalité: celle, inductive, qui a besoin des faits pour comprendre ce qui se passe puis échafauder des théories explicatives, et celle, déductive, qui utilise les théories explicatives existantes pour en déduire les faits qui se produisent logiquement et concrètement.

Or, comme on verra plus loin, cet énoncé permet d'accéder à une autre dimension de la problématique de la désintégration des populations: comment expliquer que malgré l'étroite relation entre les faits de la réalité et les théories explicatives élémentaires, les faits qui ont été étudiés jusqu'ici, leur signification et leurs implications soient passés inaperçus? Le problème de la désintégration se situe-t-il au niveau des connaissances seulement, ou encore au niveau des gens qui détiennent et utilisent les connaissances?

L'autre élément de connaissance, qui se situe en amont, permet d'expliquer et de comprendre pourquoi, en conformité avec la théorie explicative usuelle, les disparités qui existent dans la répartition géographique des ressources de santé suffisent à elles seules à enclencher le mécanisme de déstructuration d'une collectivité. Il suffira par la suite de démontrer que ce qui s'observe à l'échelle restreinte de la M.R.C. Lac-Saint-Jean-Est à ce sujet est généralisable à l'ensemble du Québec.

Selon la théorie de la croissance économique, il existe un rapport entre deux ordres de réalité qui décrivent une collectivité quelconque (on pourrait dire «deux évidences»):

— D'abord entre les revenus globaux de cette collectivité et le nombre d'emplois disponibles: plus le nombre d'emplois est élevé, plus les revenus collectifs sont élevés;

— Ensuite entre les dépenses de cette collectivité et les revenus globaux des particuliers: plus les revenus globaux des particuliers sont considérables, plus les dépenses collectives sont considérables.

Le rapport entre les deux ordres de réalité est décrit à l'aide du graphique 4.

GRAPHIQUE 4
Multiplicateurs et démultiplicateurs du nombre d'emplois [20]

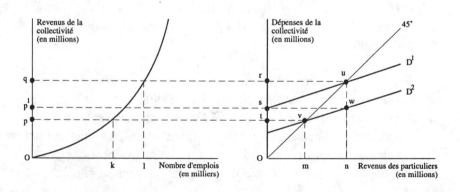

EXPLICATION DU MODÈLE THÉORIQUE

1. Le graphique 4 illustre, pour une économie fermée (celle d'une collectivité nationale, par exemple), l'existence, à un moment donné, d'une triple égalité entre les revenus totaux de la collectivité, les revenus des particuliers et les dépenses de la collectivité. Ainsi, à un moment donné, $p = m = t$, alors qu'à un autre moment, $q = n = r$. Ceci implique donc que tout accroissement ou toute diminution des dépenses totales de cette collectivité entre deux moments $(\overline{rt})$ s'accompagne d'un effet égal sur les revenus totaux de la collectivité $(\overline{pq})$ et sur les revenus totaux des particuliers $(\overline{mn})$. Ainsi, tout mouvement de l'économie entre deux moments implique donc que $\overline{rt} = \overline{pq} = \overline{mn}$.

2. Les revenus globaux de la collectivité dépendent des emplois occupés (le graphique de gauche), alors que les dépenses de la collectivité dépendent des revenus des particuliers (le graphique de droite).

3. Le graphique de droite permet de définir les conditions d'équilibre d'une économie fermée. Cette condition d'équilibre se situe au point d'intersection entre, d'une part, la droite de 45° partant de l'origine du système d'axes et, d'autre part, l'une ou l'autre des deux droites **D1** et **D2**, dont chacune décrit l'état de la demande globale à un moment donné. Cette condition d'équilibre correspond, selon le cas, à **u** ou à **v**. Ainsi, la transition d'un état d'équilibre à un autre état d'équilibre au cours d'une période quelconque, correspond au déplacement du point d'équilibre **v** au point d'équilibre **u** (dans le cas d'une croissance économique, par exemple), et au déplacement inverse, de **u** à **v** (dans le cas d'une décroissance économique, par exemple).

4. Chaque déplacement des conditions d'équilibre d'une économie fermée s'accompagne d'une transition quelconque dans les dépenses globales de la collectivité $(\overline{rt})$ à laquelle correspond un mouvement simultané des revenus des particuliers $(\overline{mn})$, et du nombre d'emplois occupés dans l'économie $(\overline{kl})$.

Il est très important de retenir sur ce point que, pour toute population qui dispose d'une économie quelconque (qu'elle soit nationale, régionale, municipale ou autre), les points **k** et **l** sur le graphique de gauche correspondent respectivement au numérateur du rapport emploi-population qu'on a vu précédemment, c'est-à-dire le nombre de personnes qui occupent un emploi dans la population considérée à un moment donné.

5. On se rappellera à ce sujet que le rapport emploi-population, à un moment donné, est égal à la proportion de personnes occupant un emploi, parmi la population âgée de 15 ans et plus; alors que le taux d'inoccupation est égal à la proportion de personnes qui n'occupent pas un emploi parmi la population âgée de 15 ans et plus.

Ainsi, dans l'hypothèse où la population de 15 ans et plus demeurerait parfaitement stable entre deux périodes, impliquant nécessairement un bilan migratoire et un taux de mortalité également nuls, on peut alors déduire que tout accroissement du volume de dépenses de la collectivité (**t** vers **r** sur le graphique de droite) impliquera nécessairement un accroissement du rapport emploi-population de **k** vers **l** (donc une diminution du taux d'inoccupation) et une augmentation du revenu moyen des personnes âgées de 15 ans et plus (de **m** vers **n**).

Par contre, dans le cas d'une décroissance économique (de **r** vers **t**), le mouvement serait orienté dans le sens contraire (de **l** vers **k** et de **n** vers **m**): alors le taux d'inoccupation augmenterait et le revenu moyen diminuerait.

6. Afin de «dynamiser» le modèle, il reste un dernier point à expliquer: ce à quoi réfèrent les valeurs de **r**, **s** et **t** sur le graphique de droite. Il s'agit, dans chaque cas, à un moment donné, de la somme (en millions ou milliards de dollars, selon l'importance de l'économie considérée) de la consommation (**C**), des investissements bruts (**I**), des dépenses gouvernementales (**G**), des exportations (**E**) moins les importations (**M**).

Donc, chaque niveau de dépense totale, calculé à un moment donné (**r**, **s** ou **t**), est égal à C + I + G + (E-M). Or, pour éviter de surcharger le modèle, il y a lieu subséquemment de ne pas considérer le mouvement des exportations et des importations, en faisant comme si **r** était égal à la valeur de C + I + G (idem pour **s** et **t**) à un moment donné.

CONDITIONS POUR SIMULER LE MODÈLE

7. Comme on l'a vu précédemment, pour décrire un processus de développement économique (la croissance économique sans création d'inégalités), il est nécessaire de comparer la croissance de plusieurs économies en interaction; comment serait-il possible autrement de parler des inégalités qui fondent l'essence même du concept de «développement» et qui le distinguent de celui de «croissance»?

Pour établir cette comparaison, supposons une situation simple: imaginons, par exemple, que la M.R.C. Lac-Saint-Jean-Est serait un pays, comme le Québec, où les municipalités du secteur nord–Saint-Ludger-de-Milot, Sainte-Monique et autres– seraient à Alma ce que les régions périphériques sont à la région de Montréal-Métropolitain sur le plan géographique et démographique; à la différence près que, dans les municipalités du secteur nord, on ne retrouve aucune ressource de santé comparativement à Alma. Imaginons aussi que les dispositions législatives et les structures administratives qui règlent la redistribution des fonds publics entre les municipalités, soient identiques dans le «Pays du Lac-Saint-Jean-Est» à celles qui prévalent au Québec où, depuis les réformes de la fin des années 1960, le financement des services de santé est devenu du domaine public, et est réalisé via le financement des établissements et des professionnels qui dispensent les services; depuis cette date, en effet, la source de financement de ces services provient des taxes et des impôts payés par tous les contribuables de la M.R.C., quelle que soit la municipalité où ils habitent dans la M.R.C., alors que le financement ne peut retourner légalement que vers les municipalités qui sont dotées de ressources (où on retrouve des établissements et des professionnels).

Imaginons aussi, par pure hypothèse, que l'ensemble des contribuables de la M.R.C. consentiraient à débourser 6 % de la richesse monétaire de leur collectivité en taxes et en impôts, destinés à financer des services de santé (dans la réalité, ce pourcentage varie autour de 7 %* depuis 1971 au Québec).

---

* Un pourcentage plus ou moins élevé ne ferait que faire varier la vitesse du processus de la désintégration.

SIMULATION DU MODÈLE À SAINT-LUDGER-DE-MILOT DANS LA
M.R.C. LAC-SAINT-JEAN-EST

8. Imaginons qu'en 1971, le revenu total des particuliers de la municipalité de Saint-Ludger-de-Milot était égal à 1 $ (n =1 $). Les résidants de Saint-Ludger-de-Milot, sans ressources de santé, paient environ 50 ¢ de taxes et d'impôts – municipal, provincial et fédéral – pour financer les dépenses publiques de la M.R.C. Du 50 ¢ déboursé, 10 ¢ sont conservés dans la municipalité pour financer des projets municipaux et 40 ¢ sont transmis au «fonds consolidé» du Pays du Lac-Saint-Jean-Est pour payer des projets d'envergure «nationale», dont l'implantation du nouveau système des services de santé; le coût de ce nouveau système s'élève à 6 % de la richesse collective de la municipalité, ce qui représenterait 6 ¢ parmi les 40 ¢ que les résidants de Saint-Ludger verseront au fonds consolidé. Comme Saint-Ludger ne dispose d'aucune ressource de santé sur son territoire, les résidants perdront automatiquement la valeur de cette contribution à la M.R.C. Alors, en supposant que les 34 ¢ restants seront redistribués dans la municipalité, on peut donc déduire qu'au terme de l'opération financière, il restera dans la municipalité un volume d'argent égal à 94 ¢.

Ainsi, sachant que r est égal à n, que r est égal à $C + I + G$, et que G est égal à 34/40 de la somme payée en impôts et en taxes à la M.R.C., alors la perte de 6 ¢ équivaut à amener le revenu global de la municipalité du point q au point p^1 alors que, nécessairement, les dépenses de la collectivité passeront du point r au point s. Mais cette chute de revenu entraîne un déséquilibre dans le système. La demande chute de D1 en D2, soit du point d'équilibre u au point de déséquilibre w. En effet, une moins grande valeur d'achat de biens et services (C) pourra être réalisée dans la municipalité sans compter une baisse possible des investissements (I): le boulanger sera moins prospère, dépensera moins d'argent chez le boucher ou l'épicier, ce qui amènera le système vers une nouvelle situation d'équilibre située au point v. Le passage du point u au point v constitue alors un effet démultiplicateur (régressif) de la première transaction financière; elle est une conséquence de la baisse de la consommation (C) et des investissements (I), imputable à la redistribution des transferts fiscaux (G). Sachant que cet effet démultiplicateur est égal à 1 ¢, on peut donc estimer l'impact de la transaction de la manière suivante: $\overline{mn} = \overline{rt} =$

7 ¢. Ainsi, en 1972, les dépenses globales et les revenus des particuliers de Saint-Ludger-de-Milot seront égaux à 93 ¢, au lieu de 1 $ comme l'année précédente, si aucun autre facteur extérieur ne vient perturber les conditions du système.

Cette simulation est-elle suffisante pour illustrer l'impact global des transactions financières impliquées? Pas tout à fait! En effet, il y aura eu simultanément création de chômage à Saint-Ludger-de-Milot, car la transition du point **r** au point **t** sur le graphique de droite implique nécessairement une transition du point **l** au point **k** sur le graphique de gauche; et ceci signifie une perte d'emplois (chômage) pour la population résidant à Saint-Ludger; en d'autres termes, une baisse du rapport emploi-population et un accroissement du taux d'inoccupation.

Par contre, dans la ville d'Alma, qui aura bénéficié du transfert de la richesse collective, on enregistrera le mouvement inverse: une hausse du revenu moyen (de **m** à **n** sur le graphique), accompagnée d'un accroissement du nombre d'emplois (de **k** à **l**), et ceci, au cours d'une même année financière.

APPLICATION DU MODÈLE SUR 20 ANS

9. Nous sommes 20 ans plus tard, en 1991, au moment où il faut mesurer l'impact du système public de santé et de services sociaux mis en place en 1971, dans le Pays du Lac-Saint-Jean-Est.

La répartition des ressources n'a pas changé en 20 ans. Annuellement, Saint-Ludger-de-Milot perd 7 % de sa richesse collective, consacrée au financement du système de santé dont les ressources sont localisées à Alma. Combien lui reste-t-il de cette richesse, si les autres facteurs de croissance économique n'ont pas varié entre temps?

Ce reste sera égal au pourcentage de la richesse collective restant après chaque transaction (soit 93 %), 20 fois consécutives*.

---

* Formule: $(0.93)^{20} = 0.234$

Du dollar constant qui correspond à sa richesse initiale de 1971, il lui restera 23,4 ¢. Saint-Ludger aura donc perdu 76,6 ¢ ou, si on préfère, 76 % de sa richesse, au profit de l'autre collectivité, et les effets de cette perte seront appariés à la production de chômage. En clair, cette municipalité aura perdu son économie au profit d'une autre. On doit donc en déduire que la répartition inégalitaire des ressources de santé constitue, à elle seule, une cause de déséquilibre économique suffisamment lourde pour oblitérer à moyen terme une économie locale, et ceci, en faisant abstraction de toute autre cause qu'on imagine plus volontiers être à l'origine des difficultés économiques éprouvées par une population quelconque. Or, cet effet ne tient même pas compte des effets secondaires induits par cette première étape du processus de désintégration et qui seront vus un peu plus loin.

6.5 L'apparente contradiction entre la théorie économique et l'évolution démographique de la population de la M.R.C.

En référant aux cartes géographiques qui illustrent la répartition des ressources et du sous-développement, on doit déduire que la simulation de la situation de Saint-Ludger-de-Milot par rapport à Alma, se généralise à toutes les municipalités situées au nord de la M.R.C. Par contre, si l'on en croit la théorie de la croissance et du sous-développement, ces municipalités devraient se retrouver aujourd'hui dans une situation économique voisine de celle du Bangladesh, alors qu'en comparaison, Alma serait la «Las Vegas» de la M.R.C.

Or, les faits contredisent cette interprétation. Ainsi, on aurait dû s'attendre à voir apparaître une flambée continue de chômage et d'inactivité économique, alors qu'en revanche, toutes les municipalités ou presque ont enregistré une croissance économique, malgré les disparités qui persistent.

De plus, on aurait dû s'attendre à ce que les disparités de «sans-emploi» entre les municipalités de la M.R.C. soient suffisantes pour enclencher un exode des populations vers Alma, assez important pour rayer de la carte les municipalités du secteur nord. À ce sujet, en consultant la carte 4, on constatera au contraire que dans le secteur nord, trois municipalités seulement ont subi une baisse démographique entre 1971 et 1981 (voir carte 4A). En comparaison, retenons que 42 % de la population du Québec habitait en 1981 dans une municipalité ou une paroisse ayant subi une telle diminution démographique au cours de la même période, alors que pendant ce temps, la population totale du Québec augmentait de 6,8 %. Donc, existe-t-il une explication à ces anomalies?

Les premiers symptômes du désastre en puissance sur le plan démographique apparaissent dans la M.R.C. entre 1981 et 1986 (voir la carte 4B), où on voit se dessiner une configuration de la croissance démographique très particulière: le centre économique de la M.R.C. se retrouve en diminution démographique (les municipalités d'Alma et de Taché). Tout autour de ce centre, dans les municipalités de banlieue, on voit se dessiner une couronne de municipalités en croissance démographique, alors qu'en périphérie de ces dernières, les municipalités les plus éloignées de la ville d'Alma accusaient à leur tour une chute démographique.

Il s'agit là d'une forme très caractéristique de la distribution du sous-développement démographique au Québec (dite du «trou de beigne»), et qui se vérifie même à l'échelle des régions entre 1971 et 1981. Par exemple, Montréal, comparativement à Montérégie et Laurentides–Lanaudière, comparativement au reste du Québec. Or, la question que soulève ce constat est importante: qu'est-ce qui a permis aux municipalités de la M.R.C. Lac-Saint-Jean-Est de résister plus longtemps (soit jusqu'à 1981) au processus de désintégration démographique, alors que les autres municipalités du Québec, confrontées à une situation analogue, se désintégraient déjà à cette époque? Car l'importance de répondre à cette question tient ce que selon l'hypothèse suggérée par la théorie de la croissance et du développement économique, **les disparités dans la répartition des ressources de santé suffiraient à elles seules à enclencher toutes les autres causes de la désintégration des communautés et, par voie de conséquence, celle des régions;** alors que la désintégration des centres-villes au profit des banlieues serait elle-même une conséquence de la désintégration des milieux ruraux situés en périphérie des banlieues, d'où la configuration caractéristique en forme de «trou de beigne», des municipalités en désintégration démographique.

CARTE 4-A
Municipalités en diminution démographique entre 1971 et 1981 dans la M.R.C. Lac-Saint-Jean-Est

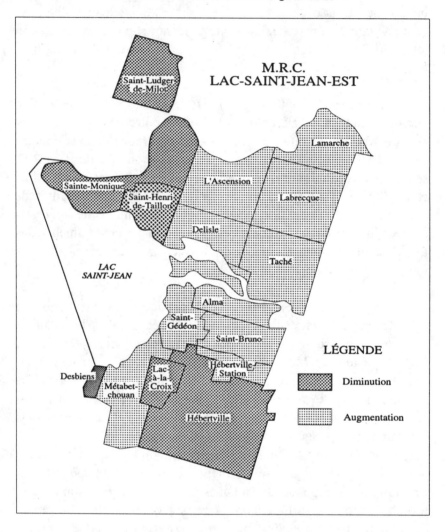

CARTE 4-B
Municipalités en diminution démographique entre 1981 et 1986
dans la M.R.C. Lac-Saint-Jean-Est

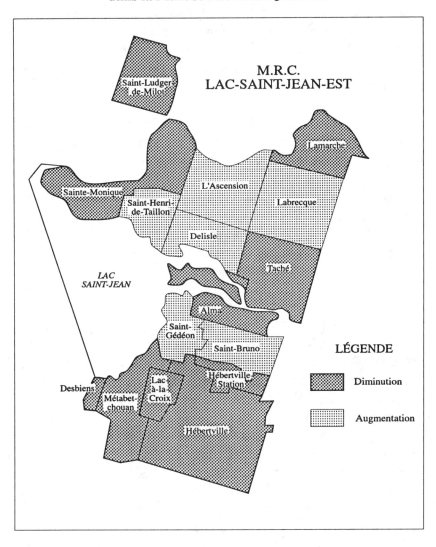

Comme corollaire de cette hypothèse, il n'existerait donc aucun moyen d'enrayer le processus de la désintégration au Québec, à moins de redistribuer préalablement vers les municipalités les fonds publics consacrés au financement des services de santé. En d'autres termes, il faudrait se résoudre à financer les municipalités plutôt que les corporations d'établissements; c'est-à-dire remettre en question les assises juridiques et administratives mêmes de la redistribution des fonds publics du Québec.

Donc, y a-t-il contradiction entre la théorie du développement économique et l'évolution apparente de la situation démographique dans la M.R.C. Lac-Saint-Jean-Est?

En guise d'entrée de jeu, retenons qu'il en est de même pour plusieurs genres d'affections qui assaillent les être humains: les premiers symptômes apparaissent au moment où il est déjà trop tard pour intervenir à l'intérieur des voies normales prévues; ici, les voies juridiques et administratives en vigueur.

Car la thèse développée dans ce document se résume dans ces termes: comment cette cause de désintégration des municipalités rurales (l'exemple de Saint-Ludger-de-Milot) a-t-elle contribué à enclencher la désintégration des centres-villes des grandes agglomérations (l'exemple d'Alma), ce qui a provoqué la désintégration des M.R.C. (l'exemple de la M.R.C. Lac-Saint-Jean-Est), qui à son tour entraîne celle des sous-régions et régions (l'exemple du Lac-Saint-Jean et du Saguenay), et à créer une situation qui se vérifie à toutes ces échelles géographiques et dans toutes les autres parties du Québec, de façon semblable, sinon pire que dans la M.R.C. Lac-Saint-Jean-Est?

6.6 Cinq hypothèses à vérifier concernant les facteurs explicatifs de la contradiction

6.6.1 Énoncé des hypothèses

Pourquoi les municipalités dont l'économie a subi de tels assauts depuis 20 ans existent-elles encore? Pourquoi les centres-villes qui ont pourtant beaucoup de ressources se vident-ils de leurs populations comme les milieux ruraux qui n'ont pas de ressources? Quel est le rôle du secteur privé et des autres types de transferts gouvernementaux?

L'apparente contradiction entre les effets mis en lumière par la théorie de la croissance et du développement et la réalité observable tiendrait à plusieurs facteurs.

D'abord, les dynamismes locaux, certes, mais surtout les transferts fiscaux réalisés dans les municipalités de la M.R.C. provenant de deux autres sources. On pense d'abord aux transferts directs aux individus (assurance-chômage, aide sociale, pensions de vieillesse, etc.), lesquels atteignent directement, toutes proportions gardées, les populations les plus dans le besoin: en l'occurrence, les personnes résidant dans les municipalités du secteur nord. Or les transferts directs aux individus ne peuvent être «anti-redistributifs» entre les collectivités et ce, à l'évidence même.

Ensuite, et toujours dans la même veine, on pourrait penser au rôle joué par les ressources du secteur scolaire. Or, ce facteur pourrait à lui seul expliquer le fait que les municipalités de la M.R.C. ont résisté beaucoup mieux que les autres municipalités du Québec au processus de désintégration. En effet, contrairement à un grand nombre de municipalités rurales du Québec qui subissent la désintégration démographique depuis 1971, toutes les municipalités de la M.R.C. Lac-Saint-Jean-Est étaient encore dotées d'au moins une école en 1986; chacune de ces municipalités jouissait donc d'une source assurée de revenus par transfert fiscal à une corporation d'établissement, ce qui n'est pas nécessairement le cas pour les autres municipalités rurales en désintégration au Québec.

Cependant, pour comprendre le rôle préventif joué par les ressources scolaires, il faut considérer cinq autres facteurs explicatifs beaucoup plus importants, de cette apparente anomalie.

1. Le premier de ces facteurs possibles de la contradiction apparente entre la théorie économique et l'évolution démographique, est lié au fait que les inégalités de croissance économique n'agissent pas au hasard sur l'ensemble des personnes résidant dans une municipalité: ces inégalités agissent plutôt de façon sélective sur les jeunes

parents potentiels ou réels, susceptibles d'assurer la reproduction naturelle de la population des municipalités et, de façon plus sélective encore, sur les femmes qui appartiennent à ce groupe. En effet, les flux d'emplois imputables à une mauvaise répartition des ressources de santé auraient déséquilibré la répartition géographique de l'offre d'emploi dans un secteur d'activité où les spécialités traditionnelles fondées sur le sexe n'ont pas de pertinence. Or, parmi ces secteurs d'activité économique, celui de la santé et des services sociaux constitue un secteur privilégié.

En clair, les municipalités rurales auraient été évacuées, de façon générale, des jeunes mais de façon particulière, des mère potentielles. C'est pourquoi, selon cette hypothèse, on peut affirmer que l'extinction des communautés sera désormais inscrite dans le cours normal des choses, alors que la diminution de la population totale ne constituerait en fait que le premier symptôme apparent de ce fait accompli.

2. Le second facteur principal serait lié quant à lui à un effet induit de la désintégration des communautés rurales et de la concentration géographique des ressources de santé dans les centres-villes, par injection de transferts fiscaux à la fois récurrents et considérables, mais beaucoup moins considérables encore que l'activité générée par les effets indirects de ces transferts. On parle alors des effets multiplicateurs découlant de l'injection annuellement récurrente dans les centres-villes, des dépenses gouvernementales consacrées au fonctionnement des établissements de santé; or, ces effets représentent plusieurs fois la valeur des transferts directs aux établissements.

Le volume d'activité économique ainsi créé, entretenu et amplifié par l'exode des populations rurales vers les centres-villes, provoquerait rapidement une saturation de l'espace habité et habitable en centre-ville. Et cette saturation serait elle-même responsable de l'exode des populations résidant en centre-ville vers les municipalités de banlieue. Elle contribuerait à expliquer, en fait, la diminution de population dans la ville d'Alma entre 1981 et 1986, où sont concentrées les ressources, de même que l'accroissement démographique des municipalités de banlieue situées autour (Saint-Bruno, Saint-Gédéon, Delisle) entre 1981 et 1986. Mais, de la même manière et à une toute autre échelle, elle contribuerait à expliquer la chute démographique

qu'a subie la région du Montréal-Métropolitain entre 1971 et 1981
(7 % de la population totale, soit à peu près l'équivalent de la population totale de la région du Bas-Saint-Laurent–Gaspésie) et, simultanément, la croissance démographique très considérable des deux régions
de banlieue situées en périphérie immédiate (Montérégie avec 26 %,
et Laurentides–Lanaudière avec 35 % d'accroissement démographique, entre 1971 et 1981) [22].

Par la suite, l'exode des payeurs de taxes hors des centres-villes
contraindrait les autorités en place à accroître les taxes municipales
pour compenser les effets de cet exode, et cet accroissement en spirale
accentuerait mécaniquement l'incitatif à l'exode des centres-villes
vers les banlieues. Par la suite, et en vue de ramener les payeurs de
taxes vers les centres-villes, les gouvernements municipaux concernés seront contraints à lancer des projets de réfection domiciliaire et
de construction de résidences de luxe (subventionnées par l'État provincial et fédéral) pour personnes âgées bien nanties (à mettre en
parallèle avec le développement du Vieux Port dans la ville de Québec et la réfection du centre de Montréal). Il ne serait donc pas
incohérent, dans cette perspective, de constater que l'exode dans les
centres-villes évolue de pair avec la concentration des ressources de
santé.

En clair, plus le centre d'Alma (comme celui de Montréal) dispo-
sera de ressources de santé, plus sa population diminuera rapidement
au profit de zones de banlieue sans ressources, alors que la contradiction apparente tient au fait que les titulaires des emplois disponibles à
Alma ne sont pas nécessairement et seulement des résidants d'Alma.
Or, ceci explique de la même manière le fait qu'à Montréal, par
exemple, le rapport emploi-population est plus faible que dans les
régions de Laurentides–Lanaudière et de Montérégie où, par contre,
une très forte proportion de la main-d'œuvre occupe un emploi dans
le centre-ville de Montréal. Or, Alma, qui n'est qu'en début de processus, accuse déjà cette particularité d'avoir un rapport emploi-population un peu plus faible que ses municipalités de banlieue sans ressources (voir les tableaux 13 et 14).

3. Le troisième facteur explicatif de cette contradiction apparente
est sans doute le plus important: la dissymétrie des flux démographi-

ques, dont quelques aspects généraux ont été mis en lumière à la fin du chapitre 4. Lorsqu'on affirme que «parmi ceux qui quittent un endroit pour aller habiter ailleurs, il y en a certains qui...», le sens du mot «ailleurs» demande à être précisé; car ce mot ne réfère pas nécessairement à la ville d'à côté. Dans le cas de ceux qui quittent les municipalités situées dans le secteur nord de la M.R.C., un certain nombre pourront s'établir à Alma, mais aussi à Roberval ou à Chicoutimi, à Québec, à Montréal, à Toronto, aux États-Unis, en France ou ailleurs.

Et lorsque les mêmes facteurs d'attraction démographique, vérifiables dans la M.R.C., sont généralisables à l'ensemble du Québec (par municipalité, à l'intérieur des M.R.C., par M.R.C. à l'intérieur des régions, par région à l'intérieur du Québec, etc.), on peut donc déduire que la dislocation des municipalités rurales de la M.R.C. est attribuable, dans une certaine mesure, à la concentration des ressources à Alma, certes, mais aussi dans tous les pôles d'attraction du Québec, dont certains sont beaucoup plus considérables qu'Alma (Québec et surtout Montréal, entre autres).

Dans cette perspective, on peut également faire l'hypothèse que Alma est elle-même un centre «sous-développé», comparativement aux autres centres du Québec. Dès lors, son effet sera seulement de ralentir l'exode des jeunes hors de la M.R.C., plutôt que de l'enrayer. Dans cette perspective, il serait même plausible de constater que le mouvement démographique des jeunes vers la zone d'attraction, constituée des villes de banlieue encerclant Alma, ne manifesterait pas un accroissement démographique de jeunes provenant d'Alma et des parties rurales de la M.R.C.: la situation démographique relativement meilleure des villes de banlieue serait simplement caractérisée par un exode des jeunes un peu moins rapide dans les municipalités de banlieue, que dans les autres parties de la M.R.C. En clair, toutes les municipalités de la M.R.C. seront tôt ou tard en désintégration démographique, alors que cette éventualité serait déjà inscrite de façon inexorable dans le cours normal des événements. Or, à une beaucoup plus grande échelle, il s'agit ici du même processus qui expliquerait la désintégration des régions du Québec, et qui signifierait, le cas échéant, que la désintégration éventuelle des régions n'a pas pour origine la désintégration des M.R.C. qui les subdivisent, mais bien la déstabilisation des municipalités qui subdivisent les M.R.C., et donc les régions auxquelles elles appartiennent.

En conséquence, la solution du problème de la désintégration se situerait à l'échelle des municipalités, et non pas à celle des M.R.C. Dans cette perspective, Alma ne sera jamais la «Las Vegas» de la M.R.C. Lac-Saint-Jean-Est, car elle serait elle-même un pôle d'attraction économique en voie de désintégration. On peut alors concevoir que tenter d'enrayer la dislocation des régions en regroupant les activités dans les centres locaux et régionaux aura l'effet contraire et contribuera plutôt à accélérer le processus.

4.   Un quatrième facteur explicatif de l'apparente contradiction entre la théorie économique et les faits vérifiables sur le plan démographique, tiendrait à l'influence compensatoire qu'a pu exercer jusqu'ici le secteur privé sur l'évolution de cette M.R.C. Par contre, si les hypothèses qui viennent d'être énumérées s'avèrent vérifiées dans les faits, alors ce «rôle tampon» s'amenuisera au fur et à mesure que l'évolution démographique fera son œuvre. En fait, la M.R.C. se retrouvera dans une situation inverse de celle qui décrit les conditions optimales que recherchent les gens d'affaires (et qui a été décrite au paragraphe 4.3), et que révèle l'écroulement du marché intérieur des biens et services accompagné de l'appauvrissement continu des populations résidantes. En effet, selon les conditions qui viennent d'être décrites par anticipation, tôt ou tard on retrouvera réunis, dans la M.R.C., tous les ingrédients pour une faillite assurée des entreprises privées, comme cela se produit ailleurs au Québec, en situation comparable.

5.   Le cinquième et dernier facteur explicatif de la contradiction apparente découle de l'étroite symbiose qui existe entre les mesures de croissance économique et les mesures de croissance démographique.

Parmi les principaux arguments qui pourront être invoqués pour contester le caractère foncièrement «anti-redistributif» du système de dépenses gouvernementales du Québec, on compte le fait que les paiements d'assurance-chômage, d'aide sociale et de pensions de vieillesse atteignent principalement les municipalités les plus économiquement démunies, en compensation du chômage créé par ailleurs.

À ce sujet, il y aurait lieu d'apporter quelques nuances: contrairement aux établissements de santé et de services sociaux, les paiements de transferts aux individus n'atteignent pas de façon sélective les municipalités. En d'autres termes, il pourrait même arriver que les transferts directs aux individus à Alma représentent des sommes plus importantes que celles qui sont consenties à l'ensemble des autres communautés, simplement parce qu'il y aurait numériquement plus de chômeurs et d'assistés sociaux à Alma, bien que la proportion de chômeurs et d'assistés sociaux y soit plus faible que dans toutes les autres municipalités réunies, ou séparément (à 2 exceptions sur 16).

Mais le principal argument pour contredire cette hypothèse est d'un tout autre ordre comme on l'a déjà vu. En effet, la contribution des municipalités en désintégration à l'essor économique des autres territoires ne s'explique pas seulement par un flux récurrent des masses monétaires et des emplois via les taxes et les impôts (conformément à la théorie de la croissance et du développement économique), mais plutôt et surtout par une conséquence du flux des emplois, consécutif à l'exode des masses monétaires: soit par l'exode des payeurs de taxes eux-mêmes, ceux qui doivent émigrer pour aller occuper ailleurs les emplois qui ont été prélevés chez eux.

Et ce facteur constitue d'ailleurs l'explication principale du fait que Saint-Ludger-de-Milot et les autres ne soient pas aujourd'hui dans une situation comparable à celle du Bangladesh: sans l'exode démographique des jeunes, le nombre d'emplois disponibles aurait dû être partagé entre un bien plus grand nombre de personnes, impliquant par le fait même que le rapport emploi-population aurait été beaucoup plus faible dans les municipalités en désintégration qu'il ne l'est actuellement.

En fait, l'exode des jeunes hors des communautés en désintégration constitue dans cette perspective le mécanisme naturel par lequel est rétabli, année après année, l'équilibre économique rompu par les inégalités de transferts fiscaux entre les municipalités. Ainsi, la seule différence qui existerait entre les pays du tiers monde et les municipalités en désintégration, serait liée au fait que dans les premiers, les chômeurs et les autres sans travail, seraient forcés de demeurer sur place en raison du cloisonnement des frontières entre les divers pays, contrairement aux municipalités du Québec, où les gens qui n'ont pas d'emploi peuvent facilement émigrer ailleurs de leur plein gré, lors-qu'ils n'y sont pas explicitement encouragés.

Dans cette perspective, il serait donc plausible d'affirmer que, comme pour les régions, l'accroissement des emplois dans les com-munautés en désintégration constitue un phénomène marginal, comparativement au maintien du déséquilibre du rapport emploi-po-pulation entre les municipalités, de 1971 à 1986 (tel que reproduit sur les cartes 1-A, 1-B, 1-C et 1-D).

6.6.2 Vérification des cinq hypothèses

Le tableau 15 contient les données utiles pour les fins de cette vérification. Le tableau reproduit les effectifs de population par grou-pes d'âge quinquennaux pour chaque année de recensement (de 1971 à 1986) et pour chaque municipalité habitée de la M.R.C. Lac-Saint-Jean-Est (à l'exception de la base militaire de Mont-Apica).

La vérification des cinq hypothèses peut être effectuée globale-ment en comparant l'évolution démographique des cohortes d'âge entre 1971 et 1986, dans les cinq regroupements significatifs de muni-cipalités qui subdivisent la M.R.C. Ces regroupements se distribuent de la façon suivante:

1. Les six municipalités du secteur nord de la M.R.C. qui n'ap-partiennent pas à la zone de banlieue située autour de la ville d'Alma: Saint-Ludger-de-Milot, Sainte-Monique, Saint-Henri-de-Taillon, L'As-cension, Lamarche et Labrecque;

2. La ville d'Alma;

3. Les cinq municipalités du secteur sud qui n'appartiennent pas à la zone de banlieue située autour de la ville d'Alma: Desbiens, Métabetchouan, Lac-à-la-Croix, Hébertville et Hébertville-Station;

4. Les quatre municipalités de banlieue situées autour de la ville d'Alma: Delisle et Taché, au nord; Saint-Gédéon et Saint-Bruno, au sud;

5. Enfin, l'ensemble des municipalités de la M.R.C.

TABLEAU 15

Distribution des effectifs démographiques par groupes d'âge quinquennaux dans les municipalités de la M.R.C. Lac-Saint-Jean-Est, entre 1971 et 1986

Municipalités	0-4 ans				5-9 ans				10-14 ans				15-19 ans				20-24 ans				25-29 ans				30-34 ans			
	1971	1976	1981	1986	1971	1976	1981	1986	1971	1976	1981	1986	1971	1976	1981	1986	1971	1976	1981	1986	1971	1976	1981	1986	1971	1976	1981	1986
Alma	2010	2010	2355	1930	2710	1985	1955	2275	3945	3005	1960	1935	3340	3725	3010	2000	2270	2860	3180	2375	1910	2105	2550	2675	1620	1810	2030	2290
Delisle	225	320	485	410	400	280	395	460	460	415	325	375	400	445	425	290	315	365	425	345	220	270	465	390	120	255	320	445
Desbiens	125	115	90	90	175	125	110	100	270	200	130	105	255	215	190	110	140	180	140	125	110	115	130	110	90	95	95	115
Hébertville	240	180	210	190	300	210	190	215	500	310	215	195	445	385	300	205	225	280	275	225	140	185	205	210	210	120	180	205
Hébertville-Station	110	120	140	110	145	105	130	120	175	190	115	140	165	195	180	100	70	130	160	135	85	105	110	135	75	90	110	115
L'Ascension	120	145	190	210	195	140	170	210	280	210	150	175	235	230	145	145	100	175	185	120	60	80	150	115	90	105	120	150
Labrecque	110	105	125	125	135	100	120	135	170	150	100	110	115	155	145	90	100	100	120	110	65	70	105	115	55	60	75	105
Lac-à-la-Croix	75	70	85	105	130	70	75	95	225	135	75	70	210	170	130	75	75	125	120	80	65	45	100	95	50	60	65	100
Lamarche	60	55	70	65	95	55	50	60	95	90	55	45	65	90	80	50	45	45	80	70	25	25	50	55	30	25	45	40
Métabetchouan	185	205	320	255	330	205	250	285	390	325	235	235	355	365	360	220	255	300	380	270	190	235	310	295	170	185	265	295
St-Bruno	195	200	270	265	320	210	200	260	385	295	205	185	330	335	380	175	245	250	325	275	165	165	260	285	125	150	205	225
St-Gédéon	115	120	150	195	175	120	125	155	285	210	135	125	260	245	210	125	160	185	175	160	90	140	155	190	90	100	145	160
St-Henri-de-Taillon	70	55	85	65	100	75	60	90	130	105	80	70	85	105	90	70	60	60	80	70	20	40	60	70	40	35	40	70
St-Ludger-de-Milot	85	65	80	60	105	95	70	70	120	120	90	55	85	110	105	80	40	70	70	80	55	45	55	75	35	65	45	50
Ste-Monique	75	75	100	100	100	65	65	90	195	110	75	75	195	140	125	65	80	105	105	90	55	60	90	90	40	30	70	75
Taché	170	145	245	225	260	185	165	230	370	270	185	140	265	290	280	150	195	200	230	205	90	135	225	200	110	95	140	225
Total	3970	3985	5000	4400	5675	4025	4155	4830	7995	6140	4130	4035	6805	7200	6155	3950	4375	5430	6050	4735	3345	3880	5020	5170	2950	3245	3950	4665

Sources:

Recensements canadiens de 1971, 1976, 1981, 1986.

Système J36 MSSS.

Données à territoire constant de 1986.

TABLEAU 15 - suite

Municipalités	35-39 ans				40-44 ans				45-49 ans				50-54 ans				55-59 ans				60-64 ans				65ans et plus			
	1971	1976	1981	1986	1971	1976	1981	1986	1971	1976	1981	1986	1971	1976	1981	1986	1971	1976	1981	1986	1971	1976	1981	1986	1971	1976	1981	1986
Alma	1555	1540	1765	1935	1485	1525	1505	1770	1090	1475	1450	1440	850	1080	1425	1375	660	815	1040	1340	580	630	760	940	860	1095	1335	1650
Delisle	140	165	250	305	135	160	195	240	140	145	160	175	105	150	140	155	85	110	140	130	60	80	105	120	95	165	160	210
Desbiens	90	95	85	90	110	90	100	85	75	100	90	90	95	85	90	75	65	90	80	75	45	55	75	70	105	120	140	165
Hébertville	155	155	135	170	145	145	150	135	125	140	130	140	110	115	135	125	85	95	105	125	105	65	85	125	160	160	205	215
Hébertville-Station	65	80	90	110	65	60	80	80	55	60	70	80	50	65	70	65	40	45	70	60	30	45	35	60	65	65	95	110
L'Ascension	85	80	95	120	65	75	80	95	60	60	85	90	55	60	70	80	40	45	60	65	30	30	35	65	60	80	95	110
Labrecque	50	45	70	75	60	45	50	60	50	50	50	45	35	45	50	55	15	35	35	50	50	20	35	40	70	55	65	85
Lac-à-la-Croix	60	35	65	75	65	45	30	60	55	50	45	40	45	50	50	35	35	40	45	50	5	45	40	45	70	80	90	100
Lamarche	30	30	20	45	25	30	30	20	30	25	30	30	20	25	25	25	20	25	15	25	5	10	25	10	25	5	20	35
Métabetchouan	170	160	210	235	145	165	175	195	120	160	155	160	115	145	175	165	100	115	145	165	110	110	95	145	270	310	335	365
St-Bruno	145	120	155	180	125	130	130	135	105	100	140	125	80	95	100	135	45	80	80	110	55	40	80	80	85	95	115	145
St-Gédéon	110	85	110	120	75	65	80	100	80	70	90	70	75	80	80	95	55	70	75	80	35	45	60	75	95	95	110	130
St-Henri-de-Taillon	35	40	50	35	45	40	35	45	15	40	40	40	25	20	35	35	5	20	25	35	35	15	20	35	35	35	35	45
St-Ludger-de-Milot	55	40	65	35	30	55	40	55	30	35	45	40	25	25	30	40	10	25	20	35	20	30	25	25	15	50	40	40
Ste-Monique	60	25	35	75	40	45	35	35	30	40	40	30	50	35	45	40	25	30	45	40	25	25	20	35	45	60	60	60
Taché	105	105	105	130	70	95	110	85	85	75	100	95	70	80	90	75	30	60	80	80	45	25	55	75	65	65	75	100
Total	2910	2800	3305	3735	2685	2795	2825	3195	2145	2625	2720	2690	1805	2155	2610	2575	1315	1700	2060	2465	1265	1270	1550	1920	2120	2530	2975	3565

Sources:
Recensements canadiens de 1971, 1976, 1981, 1986.
Système J36 MSSS.
Données à territoire constant de 1986.

Rappel: on a déjà vu à ce sujet que l'étude de l'évolution des cohortes d'âge permettait de mesurer l'importance relative des bilans migratoires des populations par groupe d'âge selon le regroupement de population désiré.

On devrait donc s'attendre à ce que, conformément aux cinq hypothèses, l'exode démographique des jeunes soit supérieur dans le secteur nord (le premier groupe de municipalités sans ressources), suivi des municipalités du secteur sud (avec un peu de ressources), suivi de la ville d'Alma (avec «beaucoup de ressources»), suivi enfin des municipalités de banlieue (sans ressources), moins affectées, et qui bénéficieraient même de l'exode démographique des jeunes hors de toutes les autres municipalités de la M.R.C., incluant Alma.

L'évolution de la population de la M.R.C., à cet égard, fournit une mesure synthétique de tous ces mouvements réunis et de l'importance de l'attraction exercée sur l'ensemble de la M.R.C. par les autres pôles situés un peu partout au Québec.

Or, comme on l'a vu par ailleurs à propos des régions, le profil des migrations démographiques des jeunes devrait évoluer dans l'espace de la M.R.C., conformément au regroupement des municipalités selon le rapport emploi-population.

Afin de vérifier la pertinence des cinq hypothèses, le tableau 16 illustre la distribution des quatre regroupements de municipalités de la M.R.C. – les quatre municipalités de banlieue, Alma, les six municipalités du secteur nord et les cinq du secteur sud – selon la vitesse de l'exode démographique dans chacune des populations correspondant à ces regroupements, alors que la vitesse de l'exode y est mesurée par le taux d'accroissement des cohortes d'âge quinquennales entre 1971 et 1986.

OBSERVATIONS

1. Conformément à l'hypothèse 1, l'exode démographique, en particulier celui des jeunes, est moins rapide dans les municipalités de banlieue et à Alma que dans le secteur nord et dans le secteur sud de la M.R.C. (lignes 1 et 2 *versus* lignes 3 et 4). Or, cette observation est

TABLEAU 16

Taux d'accroissement des cohortes d'âge en pourcentage* entre 1971 et 1986 dans quatre groupements de municipalités de la M.R.C. Lac-Saint-Jean-Est (année de référence 1971)

Âge en 1971	0 - 4	5 - 9	10 - 14	15 - 19	20 - 24	25 - 29	30 - 34	35 - 39	40 - 44	45 - 49	50 - 54
Âge en 1986	15 - 19	20 - 24	25 - 29	30 - 34	35 - 39	40 - 44	45 - 49	50 - 54	55 - 59	60 - 64	65 - 69
4 municipalités de banlieue	+ 5.0	- 14.7	- 29.0	- 15.9	- 14.0	- 0.9	+ 4.5	- 8.0	- 1.2	- 14.6	- 16.7
Ville d'Alma	- 0.5	- 12.4	- 32.2	- 31.4	- 14.8	- 7.3	- 11.1	- 11.6	- 9.8	- 13.8	- 21.2
6 municipalités du secteur nord	- 3.8	- 30.1	- 40.9	- 37.2	- 14.1	+ 10.7	- 5.2	- 12.7	- 5.7	- 2.3	- 26.2
5 municipalités du secteur sud	- 3.4	- 19.9	- 45.8	- 42.0	- 15.2	- 5.9	- 14.3	- 13.9	- 10.4	- 2.3	- 21.7
M.R.C. Lac-St-Jean-Est	- 0.5	- 16.7	- 35.3	- 31.4	- 14.6	- 4.5	- 8.8	- 11.5	- 8.2	- 10.5	- 21.1
Région Sag.–Lac-St-Jean	- 5.6	- 16.6	- 27.2	- 22.1	- 12.5	- 6.7	- 10.8	- 12.0	- 13.3	- 15.9	- 22.6
Province de Québec	- 1.0	- 3.7	- 10.8	- 6.7	- 3.2	- 6.5	- 5.7	- 8.2	- 9.8	- 13.9	- 19.8

* En 1971, on retrouvait dans les quatre municipalités de banlieue, 705 enfants âgés entre 0 et 4 ans. Or, 15 ans plus tard en 1986, on en retrouvait 740 âgés entre 15 et 19 ans. Ceci représente un accroissement de 5% de la cohorte des 0-4 ans de 1971, dans les municipalités de banlieue.

Source: Compilation à l'aide des données du tableau 15.

corroborée par la distribution géographique du rapport emploi-population entre les municipalités de la M.R.C.

2. Conformément à l'hypothèse 2, l'exode démographique, en particulier celui des jeunes, est moins rapide dans les quatre municipalités de banlieue qu'à Alma (ligne 1 *versus* ligne 2). Cette observation est corroborée, elle aussi, par la distribution du rapport emploi-population.

3. Conformément à l'hypothèse 3, aucun des sept regroupements territoriaux rapportés au tableau ne subit l'exode démographique des jeunes au même rythme que les autres; alors que les quatre premiers regroupements réfèrent à des territoires mutuellement exclusifs, tous

les quatre constituent des parties des trois suivants, lesquels sont emboîtés les uns dans les autres. Ceci illustre le profil dissymétrique des flux démographiques applicables à toutes les parties du territoire québécois.

4. Contrairement à l'hypothèse 1, l'exode démographique des jeunes est légèrement moins rapide dans le secteur nord que dans le secteur sud, sauf pour la cohorte des 5-9 ans en 1971 (20-24 ans en 1986). Par contre, dans les autres cohortes la différence entre les deux demeure relativement faible. Il semble y avoir lieu ici de tenir cette différence comme insuffisante pour infirmer la relation générale entre le déséquilibre dans la répartition des emplois et l'acuité des bilans migratoires, qui se vérifie partout ailleurs conformément aux attentes.

5. Conformément aux hypothèses 1 et 5, tous les secteurs géographiques de la M.R.C. ont subi les effets de l'exode des jeunes à un point suffisant pour affirmer qu'aucun d'entre eux n'est désormais à l'abri de l'extinction. Pour s'en rendre compte, il suffit de comparer l'évolution des cohortes d'âge dans chacun des quatre regroupements de municipalités à celle qui caractérise la région du Saguenay–Lac-Saint-Jean [21], (ligne 6) et dont les conclusions en ce sens ont déjà été rapportées en première partie de cet ouvrage.

6. Conclusion: il n'y a pas contradiction entre la théorie du développement économique et le profil d'évolution démographique des populations. Seules quelques légèretés académiques propices à engendrer des insuffisances d'interprétation concernant les relations explicatives entre les deux, font perdre de vue au spécialiste du développement économique québécois, le «postulat de la survie» que l'homme de Néanderthal connaissait déjà quelques millénaires avant lui, et qu'il devait sans doute formuler en ces termes: «Lorsque le mammouth se fait rare ou plus difficile à chasser qu'ailleurs, la horde se déplace.»* Pour faire plus moderne, on n'a qu'à remplacer la viande de mammouth par des masses monétaires, puis les arcs et les flèches par des emplois servant à capturer les masses monétaires.

---

* Traduction libre du néanderthalien.

Examinée à la lumière de la théorie de la croissance économique, la surconcentration de l'activité économique dans les pôles d'attraction se voit alors comme un effort visant à concentrer dans un même pacage tous les mammouths, dans le but d'aider ces derniers à se reproduire plus rapidement. Par contre, cette pratique a le fâcheux inconvénient d'acculer à la famine les mammouths qui ne vivent pas à proximité du pacage, tout en forçant ceux qui l'habitent à émigrer en banlieue, de peur de se faire piétiner par ceux qui y circulent librement (sans compter les dommages infligés à l'écologie du pacage et dont on imagine l'étendue, lorsque la densité de mammouths et de chasseurs est trop élevée). Vue de cette façon, la théorie de la croissance et du développement économique pourrait être appréhendée de la même manière que l'opposition millénaire qui caractérise le point de vue de l'éleveur et celui du chasseur.

Une opposition vieille comme le monde, mais qui cessera le jour où le foin fera défaut pour nourrir tous les mammouths empilés dans la pacage: le jour où l'éleveur devra redevenir chasseur pour survivre. Le jour où les ressources du secteur public québécois auront fini d'épuiser le «foin» disponible dans les campagnes et dans les régions périphériques, ce jour-là, gare aux mammouths affamés (surtout si on habite en banlieue, sur la ligne de passage du troupeau en furie)!

6.6.3 L'enclenchement des autres causes de la désintégration

Mais laissons là les métaphores sur l'écologie du mammouth, pour revenir à des préoccupations plus immédiates.

L'exemple de la M.R.C. Lac-Saint-Jean-Est a permis de démontrer l'existence d'un lien organique entre les inégalités dans la répartition géographique des ressources immobilières de santé, les inégalités dans la répartition des transferts fiscaux, les transferts de richesse collective de certaines parties du territoire vers d'autres parties, les inégalités chroniques dans la répartition des emplois et, enfin, l'exode démographique des jeunes qui en découle.

Or, le processus de la désintégration n'est pas encore complet. En effet, l'exode démographique des jeunes que subissent les municipalités de la M.R.C. Lac-Saint-Jean-Est aura laissé des séquelles qui rendent désormais la désintégration irréversible. Ces séquelles peuvent être déduites à partir du graphique 5, qui illustre l'évolution des effectifs de population par groupes d'âge dans l'ensemble de la M.R.C., entre 1971 et 1986.

GRAPHIQUE 5
Évolution de la population totale de la M.R.C. Lac-Saint-Jean-Est par groupes d'âge quinquennaux entre 1971 et 1986

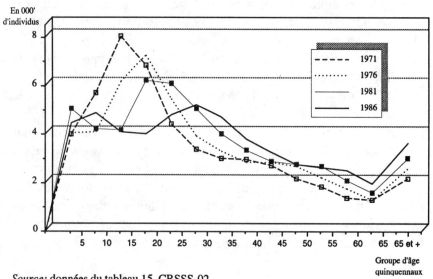

Source: données du tableau 15, CRSSS-02.

OBSERVATIONS ET COMMENTAIRES

On parle beaucoup de dénatalité au Québec. Pourtant, le graphique 5 montre que depuis 1971, le nombre d'enfants âgés entre 0 et 5 ans dans la M.R.C. est demeuré relativement stable, sauf entre 1976 et 1981, où il a augmenté d'environ 1 000 individus, pour revenir à des quantités plus «normales» pour la M.R.C., en 1986. Cette anomalie apparente entre le discours et la réalité s'explique par le fait que malgré l'exode des jeunes, le nombre de futurs parents n'a jamais cessé de croître dans la M.R.C. depuis 1971 (voir l'accroissement des effectifs dans les groupes d'âge compris entre 20 et 40 ans).

On peut alors constater que l'exode des jeunes n'a jamais été

assez important, jusqu'à maintenant, pour entamer la capacité de reproduction naturelle de la population de la M.R.C.; l'accroissement
du nombre de parents potentiels et réels compensait jusqu'ici la chute
de la natalité.

Cependant, en suivant la courbe de 1986, on pourra constater que,
le vieillissement naturel aidant, le nombre d'individus en âge d'avoir
des enfants diminuera progressivement, par rapport à leurs effectifs
actuels: la population en âge d'avoir des enfants n'est plus au rendez-
vous! (Voir les effectifs dans les groupes d'âge inférieurs à 25 ans, en
1986.)

Ceci aura pour effet de multiplier par deux les conséquences de la
dénatalité sur l'accroissement naturel de la population: dans un avenir
quasi immédiat, le nombre d'enfants nés dans la M.R.C. tombera
inexorablement en chute libre. Cette décroissance affectera sous peu
les effectifs d'enfants d'âge scolaire.

Le réseau scolaire deviendra vite périmé (faute d'enfants pour en
justifier l'existence). Les fermetures d'écoles primaires qui s'ensui-
vront* auront non seulement pour effet de créer du chômage (chez les
enseignants), mais surtout de réduire encore davantage l'importance
des transferts fiscaux vers les municipalités affectées. Ce sera ensuite
le tour des écoles secondaires, puis de l'université, et pour terminer,
celui des programmes d'éducation aux adultes**.

On pourra alors déduire que le déséquilibre initial imputable au
secteur de la santé aura entraîné dans son sillage les ressources du
secteur de l'éducation, contribuant ainsi à accélérer le déséquilibre
économique et démographique initial décrit antérieurement à l'aide
du modèle théorique de la croissance et du développement économi-

---

* Comme cela s'est produit récemment dans la municipalité de Sainte-Monique faisant
partie de la M.R.C. Lac-Saint-Jean-Est

** L'absence d'université dans la M.R.C. Lac-Saint-Jean-Est contredit cette affirmation à
l'évidence même. Cependant, le profil d'évolution démographique de la M.R.C. étant
identique à celui de la région 02, ce commentaire n'épargne pas l'Université du Québec à
Chicoutimi, ni l'université de Bras-d'Apic dans la région Beauce-Appalaches.

que. Par contre, dans les autres municipalités de banlieue, où on manque d'écoles en raison de la croissance constante de parents potentiels et réels venant d'un peu partout au Québec, le besoin d'institutions scolaires devient de plus en plus criant.

Les habitants de la M.R.C. assisteront alors à ce triste événement: le réseau scolaire que les communautés se sont donné et qui, dans une large mesure, date d'avant la réforme des années 1960, leur sera enlevé pour être relocalisé à l'extérieur de la M.R.C., voire de la région.

Comment faire pour attirer de futurs parents dans les communautés en désintégration, le jour où le réseau scolaire ne sera plus disponible sur place? Cet effet prévisible de la déstructuration démographique des communautés apparaît désormais inéluctable. Il est inscrit dans le cours normal des événements, à moins, bien entendu, que les données des recensements soient fausses!

Ainsi tombera l'un des principaux remparts ayant permis jusqu'ici à la M.R.C. Lac-Saint-Jean-Est de contenir la progression du mouvement de la désintégration: la présence d'institutions scolaires dans toutes les municipalités qui la subdivisent.

La M.R.C. réunira alors tous les ingrédients défavorables à l'essor du secteur privé, en ce qui a trait à la production et à l'achat de biens et services: chute démographique, appauvrissement continu de la population, manque de services essentiels. Ce sera la fin! Seuls ceux qui s'obstineront à rester pourront témoigner que ce coin du pays fut jadis suffisamment prospère pour faire vivre la population de plus d'une quinzaine de communautés, et le même commentaire va «comme un gant» à la région du Saguenay–Lac-Saint-Jean prise comme ensemble, ainsi qu'à toutes les autres régions en désintégration au Québec!

Par ailleurs, les courbes qui décrivent l'évolution démographique de la M.R.C. Lac-Saint-Jean-Est prise globalement démontrent que (contrairement à l'exemple semi-fictif qui a servi jusqu'ici à illustrer le processus) la déstructuration des municipalités de la M.R.C. n'a pas servi la ville d'Alma, qui en subit plutôt les contrecoups. En détruisant les municipalités qui la subdivisent, on a détruit la M.R.C. tout entière; et dans ce contexte, les tentatives artificielles de stabilisation de la population globale dans le pôle d'Alma ne feront qu'accélérer le processus de déstabilisation de la M.R.C.

Ce n'est pas tout: pendant ce temps, le nombre de personnes âgées s'accroîtra sans cesse, à mesure que disparaîtra progressivement le réseau naturel d'aide aux personnes en besoin demeurant à résidence, d'où une surcharge anticipée des services publics dans le secteur de la santé et des services sociaux, attribuable à la plus grande stabilité de la population âgée de plus de 40 ans en 1986 (à moins qu'un accroissement de la mortalité précoce ne contribue à alléger le fardeau des services publics).

ADDENDA

En guise de complément, le tableau 17 montre les rapports de masculinité qui opposent, en 1986, les populations du secteur nord de la M.R.C. à la ville d'Alma. Dans les municipalités du secteur nord, on compte 110,4 hommes pour 100 femmes âgées de 15 ans et plus, contre 96,8 hommes dans la ville d'Alma, soit un écart de 14 %. Les hommes d'un bord, les femmes de l'autre! Drôle de quadrille en vérité! Mais comment lutter désormais contre les conséquences de l'exode démographique des jeunes par une hausse de la natalité dans la population restante, lorsque les hommes et les femmes âgés de plus de 15 ans ne demeurent plus au même endroit? En important des cigognes, peut-être?...

TABLEAU 17
Comparaison entre le rapport de masculinité de la population âgée de 15 ans et plus résidant dans le secteur nord de la M.R.C. et celui de la ville d'Alma en 1986 (selon le recensement)

	Masculins A	Féminins B	Rapport de masculinité A/B x 100
Alma	9655	9975	96,8
Le secteur nord	2230	2020	110,4

6.7 Conclusion

L'exemple de la M.R.C. Lac-Saint-Jean-Est montre comment la répartition déséquilibrée des ressources de santé et des services sociaux suffit pour déséquilibrer la répartition des ressources scolaires, puis celles du secteur privé; bref pour enclencher toutes les autres causes auxquelles on peut attribuer la décroissance économique et démographique des populations. Dans les limites des théories et des données à l'appui, il apparaît donc impossible qu'un revirement de tendance puisse désormais s'opérer à partir des forces internes de la population de la M.R.C. Lac-Saint-Jean-Est.

Par ailleurs, il est illusoire de s'attendre à ce que le processus soit infléchi de l'extérieur, compte tenu des modalités actuelles prévues par les lois et règlements du Québec, qui régissent la redistribution des fonds publics entre les municipalités.

La question qui se pose alors est la suivante: D'où la solution peut-elle venir et quelles sont les avenues possibles? Mais d'abord, en quoi consiste-t-elle, cette solution?

Elle consiste tout simplement à restabiliser les communautés locales en désintégration, en y ramenant les effectifs démographiques qu'elles ont perdus au cours des ans, au profit d'autres communautés du Québec. Il s'agit là d'un objectif qui doit être atteint à court ou moyen terme, et qui exige maintenant beaucoup plus que le rétablissement des équilibres économiques rompus depuis 1971: **il faut que les dégâts d'ordre démographique infligés aux localités depuis cette date soient réparés.**

À cette fin, on pourrait penser que l'instauration de gouvernements régionaux permettrait d'assurer une meilleure redistribution des fonds publics, non seulement entre les M.R.C. de la région du Saguenay–Lac-Saint-Jean, mais encore entre les municipalités qui les subdivisent.

Pour se convaincre du contraire, il suffira de comparer les illustrations des graphiques 1 et 5, pour constater que la région du Saguenay–Lac-Saint-Jean, prise comme ensemble, est confrontée à la même réalité que celle qui se vérifie dans la M.R.C. Lac-Saint-Jean-Est.

Pour constater également, à l'aide des faits rapportés en première partie de cet ouvrage, que l'ensemble des régions périphériques, auquel le Saguenay–Lac-Saint-Jean appartient, est au Québec ce que les municipalités du secteur nord sont à la M.R.C. Lac-Saint-Jean-Est; que les régions du centre du Québec–Estrie, Trois-Rivières et Québec–sont au Québec ce que les municipalités du secteur sud sont à la M.R.C.; que les régions de Montérégie et Laurentides–Lanaudière sont au Québec ce que les municipalités de banlieue, Delisle, Taché, Saint-Bruno et Saint-Gédéon, sont à la M.R.C.; et, enfin, que la seule région de Montréal-Métropolitain est au Québec ce que la ville d'Alma est à la M.R.C.

Par la suite, il suffira de prendre connaissance de l'article 2 de la Loi sur la santé et les services sociaux, portant sur l'application de la loi, et qui stipule que «la présente Loi et les règlements s'appliquent à tout établissement, quelle que soit la loi qui le régit et nonobstant toute loi générale ou spéciale». Il s'agit alors des établissements prévus à l'article 1, paragraphe 1, de la loi (hôpitaux, centres d'accueil, C.L.S.C., CSS).

Dans ce contexte, comment, sauf erreur, le ministre de la Santé et des Services sociaux pourrait-il déléguer aux instances régionales ou locales – on pense aux M.R.C. –, l'autorité nécessaire pour répartir les fonds publics entre les municipalités, alors que lui-même ne dispose pas du pouvoir de le faire pour n'importe quel territoire, même les régions? (Ce pouvoir étant limité aux établissements.) Comment serait-il justifié de financer des municipalités qui n'ont pas d'établissements sur leur territoire?

Dans le contexte qui prévaut actuellement, il faudrait même ajouter que l'instauration de tels paliers de gouvernement régionaux et locaux, équivaudrait ni plus ni moins à accorder aux pouvoirs locaux ou régionaux le triste privilège de gérer eux-mêmes la désintégration de la collectivité qu'ils représentent.

7. GÉNÉRALISATION DE L'EXEMPLE DE LA M.R.C. LAC-SAINT-JEAN-EST

7.1 Comment rater un projet

Parmi les moyens qui ont fait leurs preuves pour garantir le passage assuré d'une situation périlleuse à une situation désastreuse, on peut retenir:

1. L'optimisme à tout crin: «Au fond, les choses ne peuvent pas être aussi pires!»;
2. Le pessimisme impuissant: «Vaut mieux tout laisser tomber!»;
3. Exiger l'aide de ceux qui sont aussi mal pris, sinon plus mal pris que soi;
4. Se tromper de solution, en s'attaquant à un vrai problème;
5. Appliquer une vraie solution à un faux problème.

Dans ce contexte, le sujet dont traite ce document peut être qualifié de «très inhabituel», donc être très peu considéré parmi les causes de sous-développement d'une nation. Les effets d'une mauvaise répartition des ressources de santé entre les territoires comme phénomène à l'origine de leur déstructuration démographique, sont plutôt susceptibles de passer inaperçus.

Mais dans l'hypothèse où des erreurs théoriques hors de notre contrôle ne faussent pas le rapport entre cette conclusion et les faits vérifiables dans la réalité, alors l'exemple de la M.R.C. Lac-Saint-Jean-Est fournit les arguments suffisants pour croire que la solution du problème passe, entre autres choses mais avant tout, par un rééquilibrage entre les municipalités du Québec, des fonds publics dépensés dans le secteur de la santé.

Et comme il s'agit alors d'une solution de très grande envergure, on est en droit de s'interroger pour savoir si l'exemple de la M.R.C. Lac-Saint-Jean-Est peut être généralisé aux autres territoires du Québec. Or, pour le démontrer, il serait à l'évidence impossible, de reproduire, pour chacune des 92 M.R.C. du Québec, de même que pour les communautés urbaines et territoires conventionnés non compris dans les M.R.C., une monographie identique à celle de cette M.R.C., afin de démontrer pièce par pièce qu'il s'agit bien d'un exemple, et non seulement d'un cas particulier érigé en cas d'espèce. Par contre, la généralisation du rapport entre la répartition géographique des ressources de santé et du rapport emploi-population est, elle, facilement démontrable, de même que l'ampleur des inégalités existantes dans la répartition des ressources disponibles.

7.2 L'ampleur des disparités intra et interrégionales de ressources de santé et de services sociaux au Québec

Aux fins de cette illustration, les tableaux 18 et 19 reproduisent tour à tour pour la région du Saguenay–Lac-Saint-Jean, par district de C.L.S.C., puis, pour chacune des régions du Québec, l'ampleur des inégalités de transferts fiscaux observées entre les municipalités dotées et non dotées d'établissements de santé et de services sociaux.

Les données portent sur l'année financière 1982-83 et proviennent de source officielle. Elles reproduisent le volume de dépenses réalisées par les établissements de santé au cours de cette année financière, par rapport au nombre total de personnes résidant dans les municipalités concernées en 1981.

Pour fins de comparaison, les dépenses d'établissements se chiffraient à cette époque à 4,66 milliards de dollars pour 6,4 millions d'habitants au Québec, soit 725 $ par habitant. Aujourd'hui, ces dépenses sont de l'ordre de 7 milliards, et, en ajoutant les dépenses de la RAMQ, l'ordre de grandeur se chiffre à 10 milliards de dollars pour 6,5 millions d'habitants, soit environ 1500 $ par habitant. En outre, les dépenses des installations relevant de ces établissements sont incluses dans les données, et sont imputées à la municipalité où l'établissement est implanté. Enfin, le fait que les données de ces tableaux n'aient pas été actualisées à 1990 ne change rien à la nature des disparités géographiques, car les établissements sont, par définition, immobiles dans l'espace.

Pour lire ces tableaux, prenons l'exemple de Bagotville–Port-Alfred. Le district de C.L.S.C. compte huit municipalités différentes (colonne 3), dont une seule est dotée d'établissements (colonne 1).

TABLEAU 18

Distribution géographique en 1982-83, des dépenses du réseau des Affaires sociales, imputables à la localisation des établissements dans les municipalités des districts de C.L.S.C. de la région du Saguenay–Lac-Saint-Jean

Les districts de CLSC en 1982-83 dans la région 02	Municipalités ou paroisses			% de la population des districts résidant dans une municipalité ou paroisse non dotée d'établissement	Dépenses moyennes par habitant dans les municipalités ou paroisses dotées d'établissements en 1982-83	Dépenses moyennes par habitant dans les districts de CLSC en 1982-83
	Dotées d'établissements	Non dotées d'établissement	Total			
	Col. 1	Col. 2	Col. 3	Col. 4	Col. 5	Col. 6
Bagotville/Port Alfred	1	7	8	18.2	360 $	204 $
Chicoutimi-Nord	1	6	7	38.4	607 $	374 $
Jonquière/Kénogami	1	7	8	19.2	519 $	420 $
Arvida (aujourd'hui fusionné à Jonquière)	1	0	1	0.0	66 $	66 $
Chicoutimi	1	2	3	8.5	1676 $	1534 $
Chibougamau-Chapais	2	0	2	0.0	506 $	506 $
Roberval/St-Félicien	4	8	12	27.2	1645 $	1197 $
Dolbeau/Mistassini	4	12	16	29.6	464 $	327 $
Alma	4	14	18	30.9	796 $	549 $
Total région 02	19	56	75	21.1	834 $	658 $

Sources: Jonction des systèmes J36 et As/471, Service des indicateurs sociaux, MAS.

Références: C. Côté et C. Barriault «Les disparités entre les populations en besoin et la répartition géographique des ressources disponibles».
(Annexe thématique du rapport de la Commission Rochon), 1988 GQ, annexe II.

TABLEAU 19

Distribution géographique en 1982-83, des dépenses du réseau des Affaires sociales, imputables à la localisation des établissements dans les municipalités et paroisses subdivisant les régions du Québec

Régions administratives du Québec	Municipalités ou paroisses			% de la population régionale résidant dans une municipalité ou paroisse non dotée d'établissements	Dépenses moyennes par habitant dans les municipalités ou paroisses dotées d'établissements, 1982-83	Dépenses moyennes par habitant dans les régions, 1982-83
	Dotées d'établissements	Non dotées d'établissement	Total			
	Col. 1	Col. 2	Col. 3	Col. 4	Col. 5	Col. 6
Bas St-Laurent–Gaspésie	25	166	191	57.8	1724 $	728 $
Saguenay–Lac-St-Jean	19	56	75	21.1	834 $	658 $
Québec	99	298	397	40.8	1372 $	813 $
Trois-Rivières	38	159	197	40.5	1096 $	652 $
Estrie	27	103	130	41.0	1387 $	819 $
Montréal-Métro	78	55	133	24.2	1287 $	976 $
Laurentides-Lanaudière	36	157	193	50.9	953 $	468 $
Montérégie	51	192	243	34.8	575 $	375 $
Outaouais	18	68	86	19.7	638 $	512 $
Abitibi-Témiscamingue	14	99	113	41.9	1197 $	695 $
Côte-Nord	11	50	61	38.4	1141 $	641 $

Sources et références: voir tableau 18.

Dans les sept municipalités non dotées (colonne 2), est concentré 18,2 % de la population du district du C.L.S.C. (colonne 4). En d'autres termes, 81,8 % de la population du district recevait sur son territoire 100 % des transferts monétaires (budget et autofinancement) directement attribuables à la présence d'établissements de santé et de services sociaux sur son territoire, alors que pour les autres, la retombée financière directe est nulle (égale à 0). Par contre, les retombées dans la municipalité dotée représentaient 360 $ par habitant (colonne 5).

En comparaison, la moyenne du district s'élevait à 204 $ par habitant (colonne 6), contre 658 $ comme moyenne régionale et enfin contre 725 $ comme moyenne nationale.

Comme dans le cas de la M.R.C. Lac-Saint-Jean-Est, on peut distinguer à l'aide du tableau 18 deux grands niveaux d'inégalités intrarégionales: celles qui opposent d'abord des territoires qui ont beaucoup de ressources à d'autres qui en ont moins. À ce sujet, les deux «capitales» sous-régionales de Chicoutimi et Roberval–Saint-Félicien se démarquent nettement de tous les autres districts de C.L.S.C. de la région (même chose pour le reste du Québec, par opposition à la région du Saguenay–Lac-Saint-Jean). On retrouve ensuite des inégalités qui opposent ensuite des territoires qui ont des ressources à d'autres territoires qui n'en ont pas: cette situation affectait, en 1981, 21% de la population régionale; en l'occurrence, il s'agit de municipalités ou de paroisses et non de districts de C.L.S.C.

Ainsi, on retrouve plusieurs niveaux d'inégalités: des inégalités intermunicipales, interdistricts de C.L.S.C. ou inter-M.R.C., intra-régionales – le Saguenay *versus* le Lac-Saint-Jean – et interrégionales.

Il s'agit évidemment d'inégalités dont les impacts s'amplifient les uns les autres. Mais dans la perspective de l'exemple de la M.R.C. Lac-Saint-Jean-Est, il apparaît nettement que les inégalités manifestes aux niveaux géographiques supérieurs ne font qu'amplifier les impacts des inégalités qui existent entre les municipalités qui subdivisent les régions: entre des territoires qui ont des ressources et d'autres qui n'en ont pas, puis entre ceux qui en ont plus et ceux qui en ont moins.

Dès lors, si l'exemple est généralisable, on devra conclure que la source initiale de même que la solution finale du problème de la désintégration se retrouvent à l'échelle des municipalités de la province, et non à l'échelle des régions, des M.R.C. ou des districts de C.L.S.C.

Le tableau 18 fournit en outre quelques indications qui permettent d'estimer très sommairement le manque à gagner des M.R.C. et de la région en transferts fiscaux dans le secteur de la santé (établissements seulement). Il s'agit, en l'occurrence, du manque à gagner calculé au «per capita brut», ne tenant pas compte du «niveau de besoin» de la population régionale ou locale, ni même des dépenses de la Régie de l'assurance-maladie du Québec.

Par exemple, la M.R.C. Lac-Saint-Jean-Est, dont les limites coïncident exactement avec le district du C.L.S.C. d'Alma, cumulait des dépenses gouvernementales de 549 $ par habitant en 1982-83, contre 725 $ pour l'ensemble du Québec, soit un déficit de 176 $ par habitant.

Or la M.R.C. comptait en 1981, 52 887 individus (incluant Mont-Apica), ce qui représente un déficit en transfert direct de 9,3 $ millions annuellement en dollars de cette époque, et donc 310 emplois directs, à raison de 30 000 $ par emploi en moyenne. En comparaison, le manque à percevoir des six municipalités du secteur nord de la M.R.C., non dotées de ressources, se chiffrait, selon le même barème, à 142 emplois (5 900 x 725 ÷ 30 000). En 1981, le nombre de personnes occupées dans ces six municipalités était égal à 1 485. Ainsi l'ajout de ces 142 emplois aurait permis de majorer de 9,5 % le rapport emploi-population directement; de quoi attaquer sérieusement le processus d'exode des jeunes hors de ce territoire!

Afin d'éclairer encore davantage le caractère généralisable du problème des inégalités, et de la solution en découlant, le tableau 19 reproduit les mêmes données que le précédent, mais cette fois à l'échelle de chacune des régions du Québec.

À partir de données à première vue disparates, ce tableau livre beaucoup d'informations.

A. On remarque, à la sixième colonne, que les huit régions (sur 11) qui accusent des dépenses régionales moyennes inférieures au prorata de la population provinciale (725 $), correspondent aux régions dites «non universitaires» dans le secteur de la santé, car elles n'ont pas d'université où s'effectue de la recherche en médecine. Les trois régions «universitaires» étant Estrie, Montréal-Métropolitain et Québec.

B. À la même colonne, on remarque ensuite que «l'effet en trou de beigne» se constate même au niveau du financement des régions: Montréal-Métropolitain accuse le plus haut taux de dépenses, per capita (976 $), ses deux régions de banlieue (Montérégie et Laurentides–Lanaudière) accusent les niveaux de dépenses les plus faibles (468 $ et 375 $), alors que le reste du Québec se situe entre ces deux extrémités.

C. Excluant ces régions de banlieue, le Saguenay–Lac-Saint-Jean et l'Outaouais accusent les niveaux de dépenses les plus faibles parmi les régions restantes (658 $ et 512 $); dans ce dernier cas, cependant, le versement de ressources financières importantes du Québec aux hôpitaux situés dans la ville d'Ottawa, explique en partie le sous-financement apparent.

D. On remarque ensuite que les disparités interrégionales en ressources de santé ne peuvent pas expliquer (même si elles existent) les inégalités économiques entre les régions et l'exode des jeunes. Par exemple, la région du Bas-Saint-Laurent–Gaspésie est à l'équilibre par rapport au niveau provincial: 728 $ per capita contre 725 $. Pourtant l'exode des jeunes depuis 1981 y a été plus important que dans toutes les autres régions du Québec (toutes proportions gardées). Par contre, le Saguenay–Lac-Saint-Jean, sous-financé de 10 % par rapport à la moyenne provinciale, a subi un exode démographique de 7 % inférieur à celui du Bas-Saint-Laurent–Gaspésie. On remarque donc qu'à l'échelle régionale, la corrélation entre le sous-financement et l'exode démographique ne fonctionne pas nécessairement de la même manière qu'à l'échelle des municipalités. Or ceci, de toute évidence, exige les explications qui suivent.

E. Les données de la colonne 4 reproduisent un certain nombre d'indications relatives à cette anomalie apparente. Dans Bas-Saint-Laurent–Gaspésie, 57 % de la population résidait à l'époque dans une communauté non dotée d'établissements, contre 21% à peine au Saguenay–Lac-Saint-Jean. Il appert que le Saguenay–Lac-Saint-Jean et l'Outaouais se distinguent nettement des autres régions du Québec par le fait que les disparités intrarégionales, à l'échelle des municipalités et des paroisses, y sont environ deux fois moins importantes que dans la majorité des autres régions du Québec. En effet, 6 régions sur 11 comptent plus de 40 % de leur population résidant dans des municipalités non dotées d'établissement.

S'agit-il là d'une indication qui demande à être développée, du fait que la déstructuration des régions serait avant tout liée à celle des municipalités qui les subdivisent? Si tel est le cas, il faut conclure nécessairement que toute intervention visant à contrer la désintégration des régions et même la désintégration des M.R.C., passe d'abord par le niveau géographique local, soit celui des municipalités et des paroisses.

Plus encore, si on réfère à l'exemple de la M.R.C. Lac-Saint-Jean-Est, le fait de rétablir l'équilibre des ressources entre les M.R.C. et les régions sans se préoccuper du niveau local, aurait pour effet d'accélérer le processus de la désintégration du Québec. On peut voir d'ailleurs que les inégalités aux échelles géographiques supérieures sont loin d'avoir l'importance de celles qui se vérifient au niveau des municipalités, opposant celles qui ont des ressources aux autres qui n'en ont pas.

On peut ainsi constater, à l'aide de ce tableau, que le risque d'apporter une fausse solution à un vrai problème est imminent, alors que celui d'apporter une vraie solution à un faux problème est définitivement écarté.

Par ailleurs, pour contrer le problème de la désintégration de sa région, la population du Saguenay–Lac-Saint-Jean ne peut réclamer l'aide des autres régions du Québec qui partagent le même problème (Bas-Saint-Laurent–Gaspésie, Trois-Rivières, Abitibi–Témiscamingue, Côte-Nord, Outaouais, et aussi Estrie et Québec; même si ces deux dernières régions sont «surbudgétisées», comparativement aux autres). Reste!!!

Le Saguenay–Lac-Saint-Jean ne peut donc réclamer, seul, que le

gouvernement du Québec lui octroie la parité des ressources au prorata de la population provinciale, parce que ce faisant, il réclamerait
indirectement cette parité à d'autres régions aussi mal prises que lui.
À l'inverse, il doit s'opposer à ce qu'une autre région du Québec
obtienne une telle faveur, parce que cela reviendrait à permettre aux
autres d'amplifier son propre problème. D'autre part, même si la
région obtenait la parité par une majoration de 10 % de ses ressources,
cette solution serait clairement insuffisante pour contrer le processus
dans lequel elle est engagée.

7.3 Généralisation du rapport entre les inégalités de ressources de santé à l'échelle des municipalités et les inégalités économiques

Pour une raison évidente, cette généralisation ne peut être illustrée
à partir de la situation qui prévaut au Saguenay–Lac-Saint-Jean, car
bien que considérables entre les districts de C.L.S.C. ou les M.R.C.,
les inégalités sont moins prononcées que dans les autres régions, en ce
qui a trait aux municipalités. De plus, le découpage administratif de la
région en M.R.C., de même que le profil d'occupation du territoire
qui prévaut dans la région 02, posent certaines difficultés techniques
rendant plus difficile la production des illustrations utiles.

C'est pourquoi nous avons retenu à cette fin une région où ces
difficultés ne se posent pas. Il s'agit, par surcroît, d'une région en
équilibre financier en matière de dépenses de santé, mais qui présente
la particularité d'être celle d'où les jeunes partent le plus rapidement à
l'échelle du Québec depuis 1971: le Bas-Saint-Laurent–Gaspésie.

La première partie du tableau 20 – les six premières colonnes –
reproduit la distribution de l'indicateur de «croissance» économique
retenu, pour chacune des 10 M.R.C. de cette région, soit le rapport
emploi-population. Les données proviennent du recensement de 1981
et ont été extraites d'une étude réalisée pour le compte du DSC de
Gaspé, portant sur la problématique des inégalités en rapport avec
l'état de santé des populations [6]. En résumé, le territoire de chacune
des 10 M.R.C. qui subdivisent cette région a d'abord été découpé en 3
espaces différenciés selon la disponibilité de ressources de santé et
l'éloignement géographique des populations par rapport à celles-ci.

TABLEAU 20

Relation entre les inégalités de répartition géographiques des ressources du réseau des Affaires sociales et le rapport emploi-population, dans les M.R.C. du Bas St-Laurent–Gaspésie, selon deux niveaux géographiques emboîtés, 1982-83

Les M.R.C. de la région Bas St-Laurent–Gaspésie	Inégalités entre les municipalités des M.R.C.						Inégalités entre les M.R.C. selon REP en 1981	Niveau de financement des M.R.C. par habitant en 1982-83 (1)	Rang selon le	
	Rapport emploi-population en 1981 (REP)			Rang selon le rapport emploi-population (REP)					REP	Niveau de financement
	Espace 1	Espace 2	Espace 3	Espace 1	Espace 2	Espace 3				
Rimouski-Neigette	54.9	50.5	34.8	1	2	3	51.8	943$	1	2
La Métis	50.1	43.6	39.4	1	2	3	46.7	942$	4	3
Matane	45.9	39.0	31.6	1	2	3	42.1	513$	5	7
Denis-Riverin	40.2	38.7	32.5	1	2	3	38.9	816$	7	4
Matapédia	43.3	35.2	32.1	1	2	3	38.4	481$	9	9
Avignon	47.0	32.5	35.6	1	3	2	38.5	784$	8	6
Bonaventure	49.4	40.0	34.7	1	2	3	37.9	130$	10	10
Pabok	49.1	44.5	34.0	1	2	3	41.6	495$	6	8
Côte de Gaspé	49.3	59.5	43.7	2	1	3	49.8	1193$	2	1
Îles-de-la-Madeleine	50.9	50.0	60.5	2	3	1	48.5	802$	3	5

Source: voir tableau 18 et note bibliographique [6].

Le premier espace regroupe les municipalités de chaque M.R.C. où se trouve concentrée la quasi-totalité des ressources de santé disponibles dans la M.R.C. (comme Alma par rapport à la M.R.C. Lac-Saint-Jean-Est). Le deuxième espace est constitué des municipalités situées en périphérie immédiate des municipalités précédentes. Le troisième espace regroupe les municipalités excentriques de chaque M.R.C. par rapport aux ressources disponibles.

Les données sur le rapport emploi-population des populations regroupées dans les espaces ainsi constitués sont reproduites aux trois premières colonnes du tableau. Elles révèlent l'existence d'inégalités économiques considérables entre les municipalités qui subdivisent chacune des M.R.C. de cette région, alors que les trois colonnes suivantes permettent de visualiser la configuration géographique de ces inégalités. Elles révèlent que les inégalités économiques sont directement associées à la répartition géographique des ressources de santé et de services sociaux, et ceci dans chacune des M.R.C. prises indépendamment l'une de l'autre. Ainsi, sauf exceptions, le rapport emploi-population est supérieur dans les espaces dotés d'à peu près toutes les ressources de santé de chaque M.R.C.; il est plus faible en périphérie, et encore plus faible dans les parties excentriques. Conclusion: dans 9 des 10 M.R.C. de la région du Bas-Saint-Laurent–Gaspésie, on observe une relation directe entre le rapport emploi-population et la concentration géographique des ressources de santé, exactement comme dans la M.R.C. Lac-Saint-Jean-Est.

Mais lorsqu'on parle d'inégalités intrarégionales, celles-ci impliquent non seulement les inégalités opposant entre elles les municipalités de chacune des M.R.C., mais également des inégalités entre les M.R.C., indépendamment de celles qui opposent les municipalités qui subdivisent chacune d'entre elles.

Donc, pour compléter le portrait général de cette région, les quatre dernières colonnes du tableau permettent d'illustrer la relation entre le rapport emploi-population et le niveau de financement *per capita* en santé et services sociaux, de chacune des M.R.C. prises globalement.

Même à ce niveau géographique supérieur, la corrélation entre les deux dernières colonnes du tableau se vérifie, la corrélation par rang entre les deux distributions étant égale à 83 %.

Enfin, pour dissiper toute ambiguïté résiduelle, le tableau 21 corrobore le rapport entre les indicateurs de croissance économique et le financement des territoires via les ressources de santé. Il reproduit en effet la distribution des revenus moyens des particuliers par espace (tel que défini précédemment) et par M.R.C., dans la région 01, conformément à la théorie de la croissance et du développement économique. La répartition des populations selon le revenu moyen et la répartition des ressources de santé corroborent la relation établie à partir du rapport emploi-population. Les effets sur la démographie ont déjà été vérifiés par ailleurs.

Mais, s'interrogera-t-on, les relations entre le revenu moyen et le niveau d'emploi (mesuré indifféremment par le rapport emploi-population ou le taux d'inoccupation) se vérifient-elles seulement dans les régions du Bas-Saint-Laurent et dans les municipalités qui les subdivisent?

À ce sujet, il faut dire que s'il en était autrement, la théorie macroéconomique cesserait d'exister (voir le graphique 4 qui précède). Et pour bien nous assurer que nous vivons encore en système économique, les graphiques 6 et 7 présentent, tour à tour, la distribution des 92 M.R.C. et 3 communautés urbaines du Québec, sans oublier les quelques territoires conventionnés, selon leur position relative, d'après le revenu familial moyen et le pourcentage des revenus familiaux provenant de sources publiques, et d'après le taux d'inoccupation en 1981.

On peut constater que plus le taux d'inoccupation est élevé dans les M.R.C., plus le revenu moyen est faible, et vice versa (corrélation de 76,7 %). Parallèlement, plus le taux d'inoccupation est élevé dans les M.R.C., plus le pourcentage des revenus familiaux provenant de sources publiques est élevé, et vice versa (corrélation de 86,2 %).

Ceci convaincra-t-il les quelques travailleurs sociaux qui trouvent plus amusant de faire des techniques quantitatives que de la méthodologie, les professionnels de la santé ou les administrateurs

TABLEAU 21

Relation entre les inégalités de répartition géographique des ressources du réseau des Affaires sociales et le revenu moyen par habitant, dans les municipalités qui subdivisent les M.R.C. de la région du Bas-St-Laurent–Gaspésie en 1981 (1)

Les MRC de la région Bas St-Laurent– Gaspésie	Revenu moyen par habitant en 1981			Rang selon le revenu moyen par habitant		
	Espace 1	Espace 2	Espace 3	Espace 1	Espace 2	Espace 3
Rimouski-Neigette	12,450 $	11,237 $	8,875 $	1	2	3
La Métis	10,560 $	8,188 $	8,234 $	1	3	2
Matane	10,782 $	9,276 $	8,850 $	1	2	3
Denis-Riverin	9,604 $	9,294 $	8,261 $	1	2	3
Matapédia	10,625 $	8,811 $	7,935 $	1	2	3
Avignon	10,836 $	9,126 $	8,169 $	1	2	3
Bonaventure	10,836 $	9,641 $	8,096 $	1	2	3
Pabok	11,665 $	9,056 $	7,890 $	1	2	3
Côte de Gaspé	11,149 $	15,612 $	10,713 $	2	1	3
Îles-de-la-Madeleine	10,631 $	9,053 $	8,800 $	1	2	3

(1) Voir note bibliographique [6]

dans le réseau public de la santé et des services sociaux encore récalcitrants après plus de 10 ans de démonstrations de la pertinence de cet indicateur pour mesurer l'état de dépendance des populations? [23]

Il s'agit là d'ailleurs d'un problème qui interroge davantage les êtres humains que les événements qui leur sont extérieurs. À ce sujet, le philosophe Héraclite (540-480 avant J.-C.) écrivait:

> *«De ce discours, qui est toujours vrai, les hommes restent sans intelligence, avant de l'écouter comme du jour qu'ils l'ont écouté. Car, bien que tout arrive conformément à ce discours, c'est à des inexperts qu'ils ressemblent, s'essayant à des paroles et à des actes tels que moi je les expose, divisant chaque chose selon sa nature et expliquant comme elle est. Quant aux autres hommes, ce qu'ils font éveillés leur échappe, tout comme leur échappe ce qu'ils oublient en dormant.»*

Comme quoi l'histoire se répète!

GRAPHIQUE 6
**Relation entre le taux d'inoccupation et le revenu familial moyen
des populations du Québec regroupées par M.R.C., 1981**

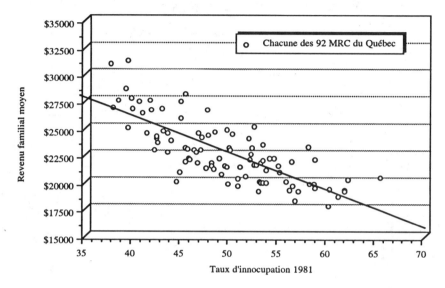

Source: Recensement canadien de 1981.

7.4 Premières grandes conclusions

Les conclusions qu'il convient d'énoncer à partir de ces constats sont les suivantes:

A. Il existe une relation directe entre la répartition géographique des ressources de santé à l'échelle des municipalités, les inégalités économiques et la désintégration des municipalités, des M.R.C. et des régions du Québec;

B. Les inégalités observées à l'échelle des municipalités sont amplifiées au niveau supérieur par celles qui existent entre les M.R.C., puis entre les régions du Québec;

C. Pour contrer la désintégration des régions, le rétablissement des équilibres interrégionaux n'aurait qu'un effet très marginal. Il faut agir à l'échelle des municipalités qui subdivisent les M.R.C., car dans

GRAPHIQUE 7

Relation entre le taux d'inoccupation et le pourcentage du revenu familial provenant de sources publiques dans les populations du Québec regroupées par M.R.C., 1981

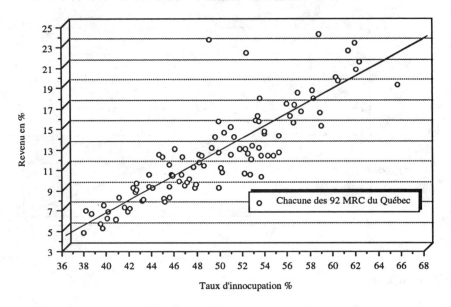

Source: Recensement canadien de 1981.

ce domaine, la centralisation géographique des dépenses gouverne-mentales est une erreur administrative;

D. Quelle différence existe-t-il alors entre les inégalités qui se vérifient dans la M.R.C. Lac-Saint-Jean-Est et celles qui se vérifient dans les municipalités des M.R.C. Bas-Saint-Laurent–Gaspésie? Le fait que presque toutes les municipalités de la région du M.R.C. Lac-Saint-Jean-Est disposent encore pour un certain temps de leur réseau scolaire, contrairement aux autres; ce qui implique nécessairement que les disparités dans le secteur de la santé suffisent à elles seules à enclencher tout le processus de désintégration des régions du Québec, en passant par l'éradication du réseau scolaire, comme un effet secon-daire de cette cause première. On doit donc en déduire que, selon toute vraisemblance, le premier geste à poser pour enrayer le proces-sus passe par la réallocation des ressources financières de la santé et des services sociaux vers les municipalités du Québec, et ceci pour prévenir les conséquences encourues par le secteur privé de la désintégration amorcée par le secteur public*.

E. Notons aussi que les inégalités dans le secteur de l'éducation ne pourraient entraîner dans ce sillage les ressources de santé: une clientèle scolaire étant beaucoup plus facile à dénombrer et à mesurer par un planificateur, que l'état de santé d'une population (et *a fortiori* s'il s'agit des déterminants de l'état de santé comme on verra un peu plus loin).

---

* Cette affirmation sur l'existence d'une solution, si embryonnaire soit-elle, au problème de la désintégration des communautés locales et régionales, ne préjuge en rien de l'existence ou de l'absence d'une volonté pour la mettre en application.

8. LA CROISSANCE DE MONTRÉAL ET DU SOUS-DÉVELOPPEMENT AU QUÉBEC: UNE GÉNÉRALISATION DE LA SITUATION DE LA M.R.C. LAC-SAINT-JEAN-EST

8.1 En fendant les cheveux en deux plutôt qu'en quatre

Vous connaissez le sens de l'expression «fendre les cheveux en quatre»! Certes le fait de fendre le Québec en 12 ou en 16 régions, puis en 92 M.R.C. et 3 communautés urbaines, et enfin, en plus de 1 500 municipalités et paroisses, contribue à mettre en relief une certaine façon de comprendre les causes profondes de la désintégration économique, démographique et sociologique des populations du Québec, depuis le début des années 1970.

Mais cette manière de voir a un défaut: elle masque l'autre perspective que l'on obtient en fendant le Québec en deux simplement: Montréal et le reste.

Or, curieusement, cette autre façon de découper la réalité, qui fait fi des découpages administratifs contemporains, correspond dans les faits à une façon naturelle de se représenter le Québec d'aujourd'hui. Une représentation qui avait même une correspondance administrative au début de la révolution tranquille et jusqu'à récemment: la grande région administrative de Montréal, la région 06, comparativement au reste. Au risque de se répéter, on se souviendra d'ailleurs de cette exhortation tant de fois réitérée au cours des années 1970, selon laquelle «en aidant Montréal, c'est tout le Québec que nous aidons»! Il s'agissait alors de la région 06.

Aujourd'hui, on ne parle plus de la région 06 car celle-ci a été fendue en quatre parties qui correspondent respectivement aux régions des Laurentides, de Lanaudière, de Montréal-Métropolitain et de la Montérégie.

On parle plutôt d'une forme naturelle de regroupement collectif et de représentation de soi-même qu'on désigne souvent par l'expression «le Grand-Montréal».

Or, dans les faits, le «Grand Alma» regroupant les cinq municipalités d'Alma, Delisle, Taché, Saint-Bruno et Saint-Gédéon, est à la M.R.C. Lac-Saint-Jean-Est ce que le Grand-Montréal est au Québec. La configuration spatiale de l'évolution économique et démographique des deux entités coïncide parfaitement depuis 1971.

Ainsi, en 1986, à peine 43% de la population du Québec n'était pas «montréalaise» (c'est-à-dire résidant dans le «Grand-Montréal») contre 30,6 % qui ne résident pas dans le «Grand Alma», comme sous-ensemble de la population de la M.R.C. Lac-Saint-Jean-Est. Mais cette façon particulière de voir la même réalité suscite d'autres genres d'interrogations, dans la perspective de la désintégration des régions du Québec.

Certes, force est de convenir aujourd'hui, qu'en aidant Montréal, nous ne nous serions pas aidés nous-mêmes puisque la majorité des régions du Québec sont engagées aujourd'hui en tant que régions, dans le processus de désintégration démographique. Elles sont en voie de disparaître à plus ou moins grande vitesse selon le cas.

Mais de la même manière, nous serions aussi en droit de nous interroger – en faisant abstraction de nous – à savoir si nous aurions fait œuvre utile en aidant le Québec, tout en nous sabordant par la même occasion. Là encore, il nous faut répondre qu'en tel cas, nous n'aurions pas aidé le Québec qui nous inclut, mais plutôt celui qui nous exclut.

Et en poussant la réflexion un peu plus loin: Avons-nous au moins aidé Montréal? Les apparences nous disent «oui», puisque 57 % de la population du Québec réside aujourd'hui dans le Grand-Montréal. Mais alors comment expliquer ces cris d'alarme que nous lancent les deux paliers supérieurs de gouvernement, pour que nous agissions sur «l'immense pauvreté» qui sévit actuellement à Montréal.

En poussant la réflexion jusqu'à la compassion, se pourrait-il alors que nous ayons pu nuire à Montréal de sorte qu'en toute justice, l'État se voit aujourd'hui dans l'obligation de nous faire payer pour les dommages que nous lui aurions causés en nous sabordant nous-mêmes?

En clair, nous aurions fait à Montréal une sorte de «cadeau de Grec», qui nous aurait coûté en même temps les chances d'assurer notre propre survie en tant que région. S'agit-il là d'un pur délire, ou au contraire d'une hypothèse fondée sur des indications à l'appui? Pour le découvrir, où nous faudrait-il chercher ces faits dans le Grand-Montréal?

8.2 Sur la piste du Cheval de Troie

Dans la M.R.C. Lac-Saint-Jean-Est comme dans les autres territoires du Québec, les choses sont claires et nettes: il existe une relation entre la surconcentration géographique des ressources de santé et la diminution démographique de la population des «capitales» locales et régionales.

Cette relation ne se vérifie pas seulement dans les faits. Elle correspond également à une théorie explicative vérifiée, de la déstabilisation de l'espace résidentiel en milieu urbain au profit de l'expansion des zones commerciales, des services, des milieux d'affaires, etc., par l'injection récurrente de masses fiscales considérables.

Mais à Montréal, ce n'est pas tant la coïncidence entre les mêmes ordres de réalité qui rend plus ardue l'entreprise de débusquer «le Cheval de Troie». C'est plutôt qu'il est particulièrement bien dissimulé. Le cachottier!

Pour le réaliser, a-t-on déjà fait le décompte du nombre de territoires, donc de populations dinstinctes, qu'on pourrait désigner par ce simple nom: Montréal?

Il y a d'abord le Grand-Montréal dont il vient d'être question. Essayez, en comparaison, de parler dans la conversation courante, du «Grand-Alma», question de voir si vous vous ferez comprendre des non initiés.

Il y a ensuite Montréal au sens de «région administrative» ou «sociosanitaire» (la région 06A). Il y a ensuite Montréal au sens de «l'île de Montréal» et qui correspond à la Communauté urbaine de Montréal (la région 06A moins la M.R.C. de Laval). Il y a ensuite la ville de Montréal, une ville qui occupe la partie centrale de l'île de Montréal et qui s'étend du nord au sud de l'île. Il y a aussi le «Montréal avant-dernier-né» qui correspond à une aire sociale située dans le centre de l'île, qu'on désignait autrefois par l'expression: «le T inversé de la pauvreté», devenue aujourd'hui une figure en forme de «S». Et il y a enfin le «Montréal dernier-né», le sud-ouest composé des districts de C.L.S.C. Pointe-Saint-Charles, Saint-Henri, Saint-Paul, qui correspondent à une partie de la branche transversale du «T inversé», et en faveur desquels ont été réclamées et accordées les injections fiscales dont il a été question précédemment.

On conviendra alors de la difficulté considérable qui consiste à débusquer un Cheval de Troie caméléon.

Mais voilà! Fort heureusement, le modèle explicatif qui se vérifie à Alma, de même que dans chacune des M.R.C. du Bas-Saint-Laurent– Gaspésie, comme dans l'Outaouais et ailleurs au Québec, fournit tous les ingrédients nécessaires pour le suivre à la trace, ce cheval; car sa piste est balisée par une baisse démographique, et un rapport emploi-population plus faible dans les communautés les plus piétinées, pour-rait-on dire, comparativement aux autres, alors que ses sabots multi-ples sont précisément les établissements de santé et de services so-ciaux dont on parlait.

Là où on gèle!

On a vu déjà que les deux régions du Grand-Montréal situées en banlieue de Montréal (Laurentides–Lanaudière et Montérégie) affi-chaient des taux de croissance démographique et un rapport emploi-population beaucoup plus élevés que la région du Montréal-Métropo-litain, contre un niveau de transfert fiscal *per capita* entre deux et trois fois moins considérable dans le secteur de la santé et des services sociaux. Ce n'est donc pas dans le Grand-Montréal qu'il faut chercher mais plutôt dans la région du Montréal-Métropolitain. Mais où exac-tement?

Là où on chauffe!

Les cartes 5 et 6 montrent la distribution géographique du taux d'inoccupation (ou si on préfère, au «complément» du rapport emploi-population) et du taux de variation démographique de la population totale entre 1971 et 1981 dans les 39 districts de C.L.S.C. qui subdivisaient la région du Montréal-Métropolitain en 1983. On peut très bien distinguer sur les cartes la trace que laisse le «T inversé de la pauvreté» dans l'espace de Montréal, lequel donnerait lieu de croire, si on s'en tient aux propos qui précèdent, que notre «Cheval de Troie», ce fameux cadeau de Grec, serait embusqué quelque part dans le T, certes...

Là où on brûle!

...mais plus précisément dans la barre transversale du «T».
Ευρηκα! *

À ce sujet la carte 7 reproduit la distribution géographique des dépenses réalisées en 1982-83 par les établissements du réseau de la santé, rapportées à la population totale des districts de C.L.S.C. de Montréal dans lesquels ces établissements sont implantés.

On peut alors constater visuellement qu'en 1982-83, le volume de dépenses *per capita* variait entre les 39 districts de C.L.S.C. qui subdivisaient la région 06A à l'époque, suivant une configuration géographique particulière. Ce volume de dépenses par habitant était extrêmement élevé (entre 1 600 $ et 6 000 $) dans un grand nombre de districts occupant la barre transversale du «T inversé de la pauvreté», diminuant à mesure qu'on s'éloigne vers l'est, l'ouest et surtout vers le nord de la région (entre 0 et 168 $ par habitant). En dépit de ces écarts, la région 06A cumulait alors des dépenses de 976 $ par personne en moyenne (contre 725 $ au Québec) pour une population qui s'élevait alors à 2 028 457 personnes.

On peut ainsi calculer qu'à l'époque, l'excédent de dépenses *per capita* dans la région 06A par rapport à la moyenne provinciale s'élevait à 251 $, soit 509,5 millions $ (251 $ par la population totale

* Mot écrit en grec, attribué à Archimède qui aurait trouvé quelque chose en prenant son bain. Ça se lit eurêka et ça signifie: «j'ai trouvé».

de la région), ce qui représente 10,9 % de l'ensemble des dépenses d'établissements de santé et de services sociaux réalisées au Québec, totalisant alors 4,66 milliards $. Mais par ailleurs, la carte 8 apporte à ce sujet d'autres renseignements complémentaires: dans le territoire identifié de 72 km² de superficie apparaissant sur cette carte (10 % du territoire de la région 06A), résidaient 509 203 personnes selon le recensement de 1981, soit 7,9 % de la population du Québec; or, les dépenses cumulées des 68 établissements de santé et de services sociaux qu'on y retrouvait totalisaient 1 188 milliards $, soit 25,4 % des 4,66 milliards $ de dépenses de santé et de services sociaux réalisées au Québec.

On en déduit donc que dans ce territoire – dont la densité résidentielle moyenne s'élevait à 7 077 personnes au kilomètre carré, les dépenses annuelles de santé et de services sociaux représentaient des investissements publics de 2 333 $ par habitant (ou, si on veut, 16,5 millions $ par km² en moyenne). Si on veut actualiser la comparaison en dollars courants, on n'a qu'à tenir compte du fait que les établissements demeurent toujours immobiles dans l'espace, et que les dépenses des établissements de santé et de services sociaux du Québec sont aujourd'hui de l'ordre de 7 milliards $ au lieu de 4,6 milliards $.

En conclusion, un portrait général des inégalités dans la répartition géographique des ressources financières de santé et de services sociaux par district de C.S.L.C. (en tout 167 considérés sur un total de 169 en 1982-83) au Québec, est fourni au tableau 22. Dans ce tableau, on peut lire qu'au Québec, 8,9 % de la population (colonne E) cumulait 35,4 % des dépenses (colonne F); 19,3 % de la population, cumulait 52,4 % des dépenses, et ainsi de suite. À noter par ailleurs que ces inégalités ne tiennent pas compte de celles qu'on retrouve entre les municipalités et paroisses qui subdivisent chacun de ces districts, lesquelles sont encore supérieures, comme on a pu s'en rendre compte.

Or, on devrait normalement s'attendre à trouver idéalement que 8,9 % de la population cumule 8,9 % des dépenses au lieu de 35,4 %, et ainsi de suite.

CARTE 5
Distribution géographique des districts de C.L.S.C. de la région du Montréal-Métropolitain selon le taux d'inoccupation de 1981
(3 tersiles de 13 districts chacun)

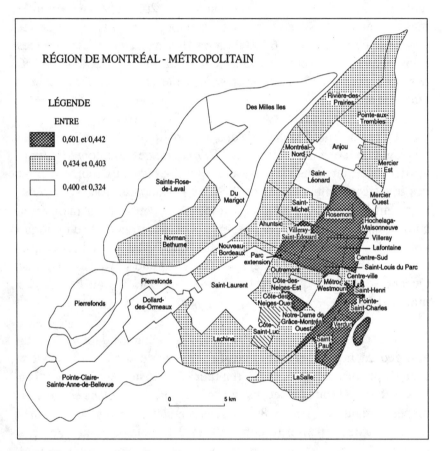

Source: Recensement canadien, 1981.

CARTE 6

Distribution géographique des districts de C.L.S.C. de la région du Montréal-Métropolitain selon le taux de variation démographique entre 1971 et 1981 (3 tersiles de 13 districts chacun)

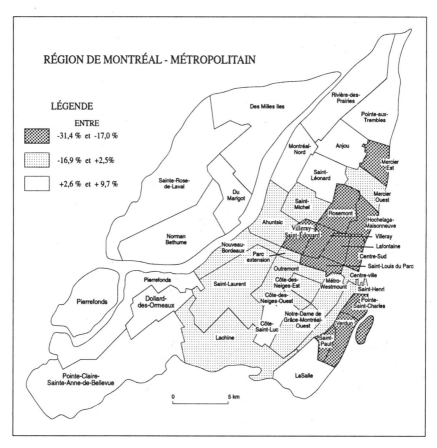

Source: Recensements canadiens, 1976 et 1981.

CARTE 7
Dépenses des établissements du réseau des Affaires sociales rapportées au nombre de résidants des districts de C.L.S.C. subdivisant la région 06A en 1982-83

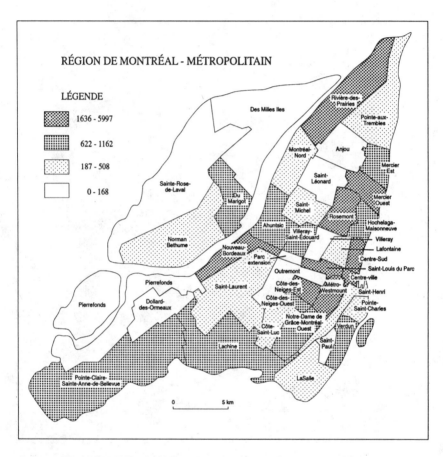

Sources: Système AS/471, MSSS et recensement canadien, 1981.

CARTE 8
Partie du territoire de la région 06A, où les dépenses d'établissements totalisaient en 1982-83, le quart des dépenses d'établissements du réseau des Affaires sociales réalisées au Québec

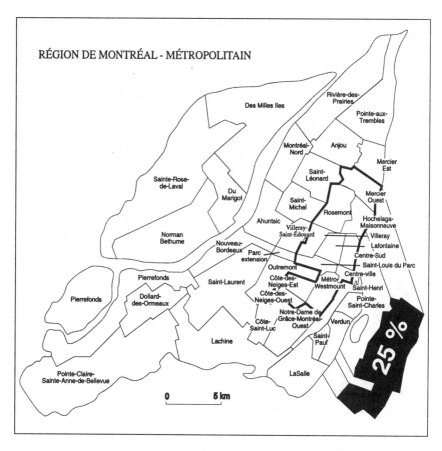

Source: voir carte 7.

TABLEAU 22

Comparaison des écarts relatifs entre le volume des dépenses d'établissements de santé et de services sociaux et le volume de population par district de C.L.S.C.

Classe	Valeurs brutes		Pourcentages bruts		Pourcentages cumulatifs	
en 000 000 $ en 1982-83	Population en 1981	Dépenses en 000 000 $	Population	Dépenses	Population	Dépenses
	A	B	C	D	E	F
90 à 280	571 625	1644,6	8,9	35,4	8,9	35,4
60 à 90	667 268	790,6	10,4	17,0	19,3	52,4
40 à 60	663 290	513,1	10,3	11,0	29,6	63,4
30 à 40	686 188	444,8	10,6	9,6	40,3	73,0
20 à 30	785 026	487,9	12,2	10,5	52,5	83,5
10 à 20	1 225 840	453,8	19,0	9,8	71,6	93,3
0 à 10	1 827 256	316,1	28,6	6,7	100,0	100,0
Total du Québec sans la région 10	6 426 493	4650,9	100,0	100,0	----	---

Source: voir note bibliographique [7], p. 166.

Force est de constater, en comparant les trois dernières cartes, qu'en aidant Montréal depuis 1971, nous avons plutôt contribué à amplifier les problèmes qui sévissaient déjà à cette date dans la ville de Montréal en général, mais aussi, de façon très spécifique, dans la barre transversale du «T de la pauvreté». Un district de C.L.S.C. comme Pointe-Saint-Charles, par exemple, a subi entre 1971 et 1981, en 10 ans à peine, une diminution démographique équivalant à 30 % de sa population totale.

Force est de constater aussi que ce faisant, nous n'avons pas aidé non plus la région du Montréal-Métropolitain en général (incluant Laval). Pendant la même période, sa population totale a diminué de 7%, ce qui représente dans les faits une ponction démographique qui équivaut globalement à la population totale de la région du Bas-Saint-Laurent–Gaspésie.

Par contre, nous avons plutôt contribué à l'essor considérable des régions Montérégie et Laurentides–Lanaudière, et aussi de Laval (comme partie de la région du Montréal-Métropolitain).

Comment? Nous avons vu déjà dans le cas d'Alma, comment une surabondance de ressources dans les zones déjà «surpeuplées» des «grands centres urbains», finissait par enclencher un processus qui se soldait par un exode démographique pouvant être aussi violent, sinon plus, que celui qui se vérifie dans les milieux sans ressources, selon la densité d'occupation résidentielle.

Donc si on résume, depuis 1971, nous aurions servi à Montréal un véritable cadeau de Grec! Nous nous serions rendus responsables, par notre propre désintégration, de celle de la ville de Montréal et de la région du Montréal-Métropolitain que nous voulions pourtant aider! Et si on suit bien le raisonnement, nous avons aussi aidé le Québec à se reconstituer à distance de lui-même, car si les milieux ruraux et les centres-villes qui découpaient le Québec avant 1971, sont pour la plupart en désintégration démographique – depuis cette date tout au moins –, que reste-t-il alors du Québec d'antan? Mais de façon plus urgente, nous devons aussi nous demander s'il est dans notre intérêt de continuer à aider, non pas Montréal, mais plutôt les régions de banlieue qui sont situées de part et d'autre de Montréal, mais toujours dans le Grand-Montréal.

Et le même questionnement s'applique de façon tout aussi pertinente mais à une échelle beaucoup moindre, à Charny, Sainte-Foy, Beauport et la Côte-de-Beaupré, situées en banlieue de Québec, de même qu'à Fleurimont, Lennoxville, situées en banlieue de Sherbrooke, etc.

8.3 De cadeau de Grec en cadeaux de Grecs

Un peu de prospective! Si l'on prend en considération les séquelles de l'immense «banlieuesement» démographique qu'a subi le Québec depuis 1970 – qui s'est développé à l'insu de son intelligentsia –, on constate que le Grand-Montréal est en passe de devenir, grâce à nous, le Québec de demain; et que dans le contexte administratif qui prévaut actuellement, c'est encore nous qu'on sollicitera pour payer la note, ou mieux, à qui on fera payer la note sans faire de sollicitation.

Mais, plus probablement encore, nous ne paierons pas la note, que l'on nous aura sollicitée, lorsque les effets pour le moins spectaculaires des transhumances démographiques qu'a subies le Québec commenceront à poindre à l'horizon des années 1990 dans les régions de banlieue.

Pour s'en rendre compte, il suffit d'abord de constater à l'aide du tableau 19 le déficit considérable en ressources disponibles dans le secteur de la santé, qui oppose les deux régions situées en banlieue de Montréal aux autres régions du Québec, puis de nous interroger sur ce qui se produira le jour où tous ceux qui ont quitté le Québec d'antan pour aller résider en banlieue de Montréal, accéderont brusquement et massivement à l'âge de la retraite (60-65 ans).

À titre indicatif, le tableau 23 et le graphique 8 illustrent pour la M.R.C. l'Assomption située dans la région de Laurentides–Lanaudière, la progression démographique qui la caractérise depuis 1971. Il suffit alors de tasser vers la droite la courbe de 1986 de cinq ans en cinq ans, pour connaître l'année approximative où se produira l'embâcle, de même que son ampleur. On pourra constater alors en faisant le cumul des populations vieillissantes à mesure qu'elles atteindront l'âge de 65 ans, qu'on pourrait fort bien s'attendre à retrouver une situation où, en très peu de temps, leurs effectifs deviendraient supérieurs à ceux de la population âgée de moins de 65 ans.

À cette date, Montréal-Métro aura déjà fort à faire pour utiliser ses propres ressources au bénéfice prioritaire de la population qu'elle dessert, comme cela se fait aujourd'hui. Il lui sera impossible alors de partager ses ressources avec Laurentides–Lanaudière et Montérégie. Dès lors, même si aujourd'hui le Grand-Montréal est en équilibre de ressources comparativement aux autres régions du Québec, pour assumer les besoins de sa population âgée, cet équilibre est à la veille de se rompre.

Et qui sollicitera-t-on alors pour payer la note?

GRAPHIQUE 8
Évolution de la population de la M.R.C. l'Assomption
(région Laurentides-Lanaudière) par groupes d'âge
quinquennaux entre 1971 et 1986 (à territoire constant de 1986)

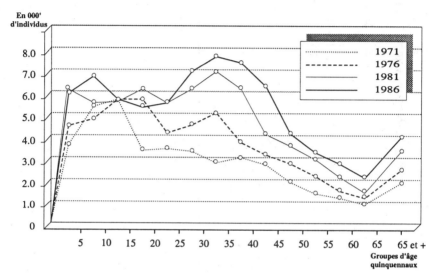

Source: voir tableau 3, lignes 1 à 4.

Vous avez deviné? Comment? Par une hausse des taxes et des impôts, ou un transfert de ressources, imposé à l'ensemble de la population du Québec (la santé étant du domaine public) pour voler au secours de la Montérégie et de Laurentides–Lanaudière dans le besoin!

Pour faciliter la compréhension des choses, demandons-nous, dans un autre domaine d'activités, à qui bénéficierait l'instauration d'une politique familiale à l'échelle québécoise, sachant que depuis 1971 tout au moins, les jeunes quittent systématiquement leur milieu d'origine pour aller résider dans les régions et les zones de banlieue parsemées ici et là en périphérie des grands centres urbains du Québec? À l'évidence même, certainement pas aux milieux démographiques en désintégration, car précisément, ces milieux ont par définition perdu les effectifs démographiques qui regroupent la «clientèle-cible» d'une politique familiale.

TABLEAU 23

Évolution des cohortes d'âge de 1971 à 1986 dans la M.R.C. de l'Assomption (Région Laurentides-Lanaudière)

	0-4	5-9	10-14	15-19	20-24	25-29	30-34	35-39	40-44	45-49	50-54	55-59	60-64	65-69	65 et +	Total
1971 (1)	3615	5315	5735	3375	3610	3265	2875	3010	2715	1985	1470	1225	965	ND	1910	41 030
1976 (1)	4450	4835	5890	5825	4100	4690	5010	3810	3165	2830	2120	1550	1255	ND	2550	52 130
1981 (1)	6010	5505	5490	6095	5545	6110	6995	6175	4085	3300	2955	2100	1525	ND	3275	65 140
1986 (2)	5965	6680	5775	5280	5495	6945	7715	7380	6225	4060	3300	2855	2060	1465	3925	73 665
Taux de variation des cohortes d'âge (en %) entre 1971 et 1986			71-76	+33.7	+10.8	+1.5	+21.4	+29.9	+53.44	+32.5	+5.1	+4.2	+6.8	+5.4		
			71-81	+51.8	+14.6	-3.3	+81.0	+93.7	+89.1	+42.0	+9.6	+8.8	+5.8	+3.7		
			71-86	+46.0	+3.3	+21.1	+128.6	+104.4	+90.6	+41.2	+9.6	+5.1	+3.7	-0.3		

Sources:

(1) Service des indicateurs sociaux MSSS.
Données inédites extraites du système J36, prosuites au mois de janvier 1986 (3).

(2) Service des études opérationnelles, MSSS «La population du Québec selon le recensement canadien de 1986 par groupe d'âge quinquennal et par sexe selon les territoires de CLSC, DSC et RSS» avril 1986 ¬(données extraites du système J36) (3).

(3) Statistique Canada, recensement de 1971, 1976, 1981 et 1986.

Mais restons dans le sujet, et tentons d'anticiper ce qui se produirait dans une telle éventualité. À cet égard, il ne faut pas perdre de vue que Laurentides–Lanaudière et Montérégie regroupent actuellement, toutes proportions gardées, les populations les mieux nanties du Québec, selon l'importance relative du nombre de contribuables potentiels et réels qu'on y retrouve (réf. le rapport emploi-population). Ainsi le fait d'avoir l'impression de payer actuellement les services aux autres régions du Québec, pourrait-il contribuer à faire naître, plus tard, le phantasme que le reste du Québec est en dette envers ces régions, lorsque le besoin se fera sentir, c'est-à-dire lorsque les actuels contribuables accéderont massivement à la retraite.

Mais comme la progression démographique générée par le déséquilibre des emplois entre Montréal et le reste du Québec prive systématiquement le reste du Québec de ses éventuels payeurs de taxes et de sa richesse, alors il faut s'attendre à ce que les futurs appels à l'aide en provenance du sud-ouest du Québec ne reçoivent pas d'écho. D'où l'interprétation selon laquelle la désintégration démographique des régions du Québec est un cadeau de Grec pour les populations des zones de banlieue autant que pour celles des centres-villes.

Il n'y aura plus alors qu'une seule solution pour sortir de l'impasse: privatiser le système de santé (on dira alors «sacrifier les acquis»), et ceci dans une situation où la richesse humaine des régions périphériques aura déjà fui à la remorque de leur richesse monétaire. En clair, dans une situation parmi les plus défavorables pour la mise sur pied des entreprises privées dédiées à la production et à la vente de biens et services. Dans ce contexte, les régions périphériques (entre autres) seront abandonnées à leur sort, après avoir été systématiquement siphonnées de leur solvabilité.

8.4 Solution radicale au problème de la désintégration des régions périphériques

Sous les pressions provenant de divers milieux, les trois paliers de gouvernement ont souscrit à des dépenses gouvernementales qui se chiffrent en centaines de millions de dollars pour s'attaquer à la «pauvreté» qui sévit dans une petite section de la métropole, située au sud-ouest de l'île de Montréal [25]. Et ceci en sus de «l'aide» humaine et financière que les régions périphériques sacrifient depuis 1971 à la croissance de Montréal. Devant cet événement, on se plaît à rêver du caractère incongru d'une demande comparable formulée dans le contexte actuel, visant à s'attaquer à la pauvreté dans les municipalités de Saint-Ludger-de-Milot (Saguenay–Lac-Saint-Jean), de l'Isle-Verte (Témiscouata), de Bras d'Apic (Beauce–Appalaches), de Ripon (Outaouais), de Saint-François-Xavier-des-Hauteurs (Bas-Saint-Laurent), de Weedon (Estrie), de Belcombe (Abitibi), de SanMaur (Haut-Saint-Maurice), des Grandes-Bergeronnes (Haute-Côte-Nord). Tous des noms aux consonances inconnues de la majorité des Québécois, sauf de ceux qui en proviennent ou qui y demeurent, ou presque.

Mais cette incongruité n'est rien comparativement à celle qui consisterait à réclamer une redistribution des ressources financières de la santé vers les municipalités du Québec, pour enrayer le processus de désintégration des régions qu'elles subdivisent.

Or, dans le contexte qui prévaut actuellement, plusieurs régions du Québec – et la nôtre en particulier – ne disposent plus des délais suffisants pour attendre de l'extérieur l'assurance que ce qui doit être fait pour assurer leur pérennité, sera effectivement fait. D'ailleurs, quel poids politique le reste du Québec fait-il devant le Grand-Montréal? Réponse: 43 % à peine. Et la région du Saguenay–Lac-Saint-Jean? 4% (un dixième du reste du Québec pris comme ensemble). Selon notre entendement, ces pourcentages reflètent le nombre de chances qui existent pour que la population du Grand-Montréal finisse par comprendre un jour (qui n'est pas demain) que la croissance de Montréal a virtuellement réduit le Québec à Montréal, excluant quelques avant-postes tels Québec, Chicoutimi, Trois-Rivières, Sherbrooke ou Hull, et quelques sous-avant-postes comme Roberval, Rimouski ou Sept-Îles...

Qu'une déconcentration des ressources publiques (dans une très large mesure regroupées à Montréal) constitue, selon toute vraisemblance, l'unique moyen disponible pour enrayer le processus de la désintégration. Autant les effets déjà en cours dans les régions périphériques que les autres effets anticipés dans les régions de banlieue.

Par ailleurs, et contrairement à ce qu'on tente de nous faire croire et admettre, force est de constater aujourd'hui que la croissance du Grand-Montréal au cours des 20 dernières années a nui au reste du Québec infiniment plus qu'elle ne l'a aidé. En effet, la croissance des emplois qu'ont connue la plupart des régions du Québec a été payée de leur capacité de durer en tant que populations locales et régionales. Il n'y reste plus suffisamment de jeunes pour en assurer la reproduction naturelle. Le déséquilibre des emplois disponibles, en faveur des régions situées au sud-ouest du Québec, les privent désormais de toutes les chances pour que le train des migrations interrégionales soit un jour changé d'aiguillage en leur faveur. Enfin, les effets de ces effets, déjà inscrits dans le cours normal des événements, promettent une accélération du processus de la désintégration (dans le contexte des règles administratives qui guident actuellement la redistribution des fonds publics entre les populations). Conclusion: Avons-nous encore intérêt, dans ce contexte, à partager le même Québec que celui que nous partageons avec le Grand-Montréal? N'aurions-nous pas plutôt tout intérêt à nous redéfinir collectivement et de façon indépendante, de nouvelles règles de partage et d'entraide qui tiennent compte de notre écologie, de notre écoumène et de nos aspirations, lesquelles n'ont plus rien de commun – selon nos perceptions – avec celles qui caractérisent la population du Grand-Montréal?

Des règles davantage orientées vers le «un pour tous» que vers le «tous pour un»?

8.5 Tableau synoptique du processus de la désintégration

Et pour ceux qui veulent vérifier graphiquement comment tout cela s'articule, le tableau synoptique suivant décrit l'enchaînement du processus dans les milieux ruraux, dans les banlieues et les centres-villes.

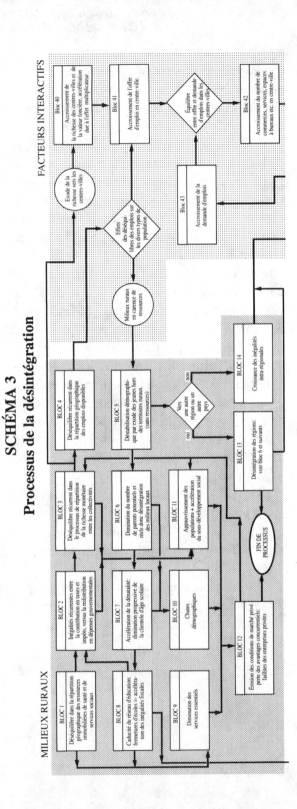

SCHÉMA 3
Processus de la désintégration

FACTEURS INTERACTIFS

MILIEUX RURAUX

Bloc 40
Accroissement de la richesse des centres-villes et de la valeur foncière, accélération due à l'effet multiplicateur

Bloc 41
Accroissement de l'offre d'emploi en centre-ville.

Équilibre entre offre et demande d'emplois dans les centres-villes

Bloc 42
Accroissement du nombre de commerces, services, espaces à bureaux etc. en centre-ville.

Exode de la richesse vers les centres-villes

Effets des déséquilibres des emplois sur les divers types de population

Bloc 43
Accroissement de la demande d'emplois

Milieux ruraux en carence de ressources

BLOC 4
Déséquilibre récurrent dans la répartition géographique des emplois disponibles

BLOC 5
Déstabilisation démographique par exode des jeunes hors des territoires ruraux (sans ressources)

Vers une autre région ou un autre pays

oui / non

BLOC 14
Croissance des inégalités intra-régionales

BLOC 13
Désintégration des régions: voir bloc 6 et suivants

BLOC 3
Déséquilibre récurrent dans le processus de répartition de la richesse monétaire entre les collectivités

BLOC 6
Diminution du nombre de parents potentiels et réels donc désintégration des milieux locaux

BLOC 11
Appauvrissement des populations + accélération du sous-développement social

BLOC 2
Inégalités récurrentes entre la contribution en taxes et impôts, versus la redistribution en dépenses gouvernementales

BLOC 7
Accélération de la dénatalité: diminution progressive de la clientèle d'âge scolaire

BLOC 10
Chutes démographiques

FIN DE PROCESSUS

BLOC 1
Déséquilibre dans la répartition géographique des ressources immobilières de santé et de services sociaux

BLOC 8
Caducité du réseau d'éducation: fermetures d'écoles = accélération des inégalités fiscales

BLOC 9
Diminution des services essentiels

BLOC 12
Érosion des conditions de marché privé perte des avantages concurrentiels: faillites des entreprises privées

163

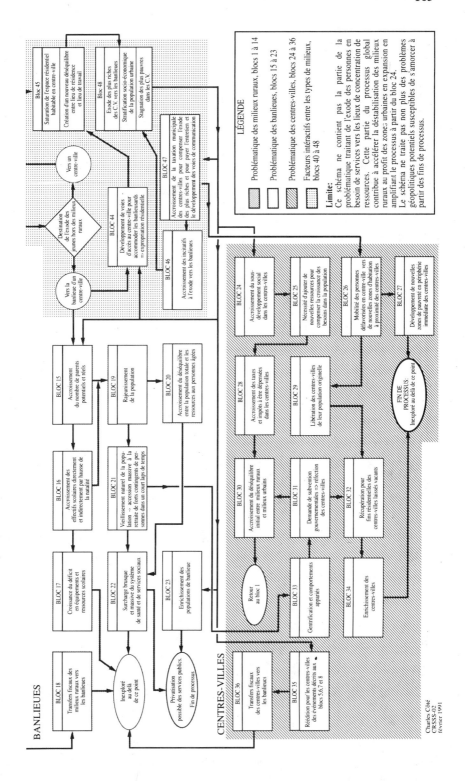

BANLIEUES

Bloc 45
Saturation de l'espace résidentiel habitable en centre-ville

Création d'un nouveau déséquilibre entre lieu de résidence et lieu de travail

Bloc 48
Exode des plus riches des C.V. vers les banlieues

Stratification socio-économique de la population urbaine

Stagnation des plus pauvres dans les C.V.

Vers un centre-ville

BLOC 47
Accroissement de la taxation municipale des centres-villes pour compenser l'exode des plus riches et pour payer l'entretien et le développement des voies de communication

Destination de l'exode des jeunes hors des milieux ruraux

BLOC 44
Développement de voies d'accès au centre-ville pour accommoder les banlieusards => expropriation résidentielle

Vers la banlieue d'un centre-ville

BLOC 46
Accroissement des incitatifs à l'exode vers les banlieues

LÉGENDE

Problématique des milieux ruraux, blocs 1 à 14

Problématique des banlieues, blocs 15 à 23

Problématique des centres-villes, blocs 24 à 36

Facteurs interactifs entre les types de milieux, blocs 40 à 48

Limite:
Ce schéma ne contient pas la partie de la problématique traitant de l'exode des personnes en besoin de services vers les lieux de concentration de ressources. Cette partie du processus global contribue à accélérer la déstabilisation des milieux ruraux au profit des zones urbaines en expansion en amplifiant le processus à partir du bloc 24.
Le schéma ne traite pas non plus des problèmes géopolitiques potentiels susceptibles de s'amorcer à partir des fins de processus.

BLOC 15
Accroissement du nombre de parents potentiels et réels

BLOC 19
Rajeunissement de la population

BLOC 20
Accroissement du déséquilibre entre la population totale et les ressources aux personnes âgées

BLOC 16
Accroissement des effectifs scolaires directement et indirectement par hausse de la natalité

BLOC 21
Vieillissement naturel de la population -> accession massive à la retraite de forts contingents de personnes dans un court laps de temps

BLOC 17
Croissance du déficit en équipements et ressources scolaires

BLOC 22
Surcharge brusque et massive du système de santé et de services sociaux

BLOC 23
Enrichissement des populations de banlieue

BLOC 18
Transferts fiscaux des milieux ruraux vers les banlieues

Inexploité au delà de ce point

Privatisation possible des services publics. Fin de processus.

CENTRES-VILLES

BLOC 24
Accroissement du sous-développement social dans les centres-villes

BLOC 25
Nécessité d'ajouter de nouvelles ressources pour compenser la croissance des besoins dans la population

BLOC 26
Mobilité des personnes défavorisées en centre-ville vers de nouvelles zones d'habitation à proximité des centres-villes

BLOC 27
Développement de nouvelles zones de pauvreté en périphérie immédiate des centres-villes

BLOC 28
Accroissement des taxes et impôts à être dépensés dans les centres-villes

BLOC 29
Libération des centres-villes de leur population originelle

FIN DE PROCESSUS:
Inexploré au delà de ce point

BLOC 30
Accroissement du déséquilibre initial entre milieux ruraux et milieux urbains

BLOC 31
Demande de subvention gouvernementales => réfection des centres-villes.

BLOC 32
Récupération pour fins résidentielles des centres-villes laissés vacants

Retour au bloc 1

BLOC 33
Gentrification et comportements apparentés

BLOC 34
Enrichissement des centres-villes

BLOC 36
Transferts fiscaux des centres-villes vers les banlieues

BLOC 35
Réédition pour les centres-villes des événements décrits aux blocs 5,6,7 et 8

Charles Côté
CRSSS-02
février 1991

TROISIÈME PARTIE

«C'est qui le problème?»

Soyez bonne, douce, gentille. Mais surtout soyez très tendre!

Recommandation d'un renard à une poule.

9. DES OPINIONS JUSQU'AUX GESTES

9.1 Le cadre théorique

Voici deux scénarios parfaitement plausibles dans le contexte actuel:

Le premier: vous avez recours aux services d'un électricien pour réparer une défectuosité électrique dans votre demeure. La réparation est inadéquate et provoque un incendie au cours duquel tous vos biens s'envolent en fumée. Il va sans dire que de façon automatique votre réparateur sera tenu responsable des dommages que vous aurez encourus et personne ne verra quoi que ce soit à redire contre les poursuites légales que vous entreprendrez en vue d'obtenir réparation.

Le second: il existe au Québec une panoplie considérable de groupes de recherche subventionnés pour éclairer les décideurs en matière de développement économique. Or en 20 ans, personne semble-t-il n'a songé à vérifier si dans les faits et conformément à ce qu'on dit, la création d'emplois dans les régions contribue véritablement à stabiliser les populations locales et régionales, et conséquemment à enrayer l'exode démographique hors des régions. En parallèle, à l'exception des programmes d'aide sociale et d'assurance chômage et quelques autres, personne non plus ne semble se préoccuper des effets de la redistribution des fonds publics entre les territoires sur le développement économique des populations, même si environ la moitié de la richesse collective des Québécois est redistribuée sous forme de dépenses de l'un ou l'autre des trois paliers de gouvernement (fédéral, provincial et municipal).

Conséquence du second scénario: dans l'ensemble du territoire québécois, on assiste à la normalisation d'un processus de désintégration des communautés et des régions, dont l'existence n'est révélée qu'au moment où il est déjà trop tard pour intervenir à l'intérieur des voies usuelles. Or contrairement au premier scénario, personne ne considérera approprié de réclamer réparation contre ce qu'il faut bien appeler une erreur de gestion des fonds publics. Dès lors, dans l'hypothèse où le second scénario est fondé dans la réalité, on pourrait en conclure que dans notre société, l'échelle des valeurs est ainsi inversée que l'ampleur des préjudices encourus par les citoyens est inversement proportionnelle au degré de responsabilité de ceux qui les commettent. Ainsi, dans notre société, un préjudice individuel sera considéré bien plus grave qu'un préjudice qui affecte une ou plusieurs collectivités, si importantes soient-elles.

Mais en matière de valeurs, les choses ne s'arrêtent pas là. En effet il est devenu coutume de lorgner du côté des Élus pour toute question relevant, comme on dit, de l'intérêt public. Mais selon toute vraisemblance, comment les Élus pourraient-ils être tenus responsables de faits qui n'auraient pas été portés à leur connaissance? De faits qui leur auraient été mal rapportés, ou même sciemment dissimulés?

À ce sujet le discours endossé par ceux qui se réclament de la Charte d'Ottawa sur la santé est on ne peut plus illustratif du genre de problème mis en évidence par le processus de désintégration des communautés du Québec; et à cet égard il y a lieu de se questionner sur les implications de la citation rapportée précédemment. On disait en effet que:

> *«La promotion de la santé va bien au-delà des soins. Elle inscrit la santé dans l'ordre du jour des responsables politiques des divers secteurs en les éclairant sur les conséquences que leurs décisions peuvent avoir sur la santé, et en leur faisant admettre leur responsabilité à cet égard.»*

Or cette citation permet d'approcher l'évidence d'une contradiction lorsqu'on la replace dans le contexte des objectifs poursuivis par les réformes de la fin des années «60» au Québec, des moyens qui ont été mis en œuvre pour leur donner suite au cours des années «70 et 80», et enfin des résultats en découlant, et que l'on peut apprécier aujourd'hui en 1990.

Selon le point de vue développé ici, le premier niveau de responsabilité politique ne loge pas du côté de ceux qui prennent des décisions mais plutôt du côté de ceux qui informent les décideurs. Car sur le plan des valeurs, notre société a changé: non seulement les préjudices individuels sont-ils devenus plus conséquents que les préjudices collectifs, mais encore la responsabilité encourue par ceux qui prennent des décisions est devenue infiniment plus considérable que la responsabilité de ceux qui font prendre des décisions aux autres.

Malgré le ferment de contradiction qui apparaît en recadrant les propos véhiculés par les promoteurs de la Charte d'Ottawa pour la promotion de la santé dans l'énoncé des faits qui caractérisent l'évolution de la société québécoise des 20 dernières années, il n'en reste pas moins que la délicate question faisant l'objet de cette troisième partie, à savoir: «C'est qui le problème?», s'inspire intégralement de l'esprit de la Charte. En effet il y a lieu de rappeler à ce sujet que:

> *«La politique de promotion de la santé suppose l'identification des obstacles gênant l'adoption des politiques publiques saines dans les secteurs non sanitaires, ainsi que la détermination des solutions. Le but doit être de rendre les choix sains les plus faciles pour les auteurs des politiques également.»*

9.2 Jugements de pairs et de paires

9.2.1 Jugements d'experts

L'État du Québec assume-t-il avec application la fonction qui lui est dévolue par les électeurs? Une meilleure surveillance des activités gouvernementales aurait-elle pu prévenir l'enclenchement du processus de la désintégration des communautés et des régions? Le déclenchement d'une élection changerait-il quelque chose au processus? Mais ces questions ont-elles, même, une importance? Lorsqu'on se targue de bien faire ce qu'on nous demande de faire, encore faut-il avoir l'assurance préalable de faire les bonnes choses!

Car au sens de l'éthique, rien n'est plus dommageable en effet, que de bien faire les mauvaises choses (du moins peut-on l'imaginer aisément)! À ce sujet, le rapport entre l'ampleur du processus en cours au Québec et les relations de cause à effet qui se vérifient autant empiriquement que théoriquement, suscite certaines interrogations sur la capacité de ceux qui ont la charge d'informer les décideurs au sujet des dysfonctions du système social dans son entier.

Sinon, alors comment pourraient-ils simplement imaginer l'existence d'un tel problème ou, plus difficile encore, reconnaître l'existence possible ou probable d'un problème de développement économique, lorsqu'ils voient des distributions de données illustrant des inégalités persistantes? Économistes et démographes s'intéressent-ils aux inégalités économiques et à leurs impacts sur les bilans migratoires à une autre échelle qu'interprovinciale? Les études de cohorte font-elles encore partie de leur «coffre d'outils»? Mais en faisant abstraction des économistes et des démographes, n'y aurait-il pas lieu d'adresser le même genre de questionnement aux sociologues et plus spécifiquement à ceux qui œuvrent dans le secteur des Affaires sociales?

En 1971 était institué le ministère des Affaires sociales (M.A.S.) qui reçut comme mandat d'assurer la dispensation des soins de santé et les services sociaux dans les établissements du réseau des affaires sociales, et de gérer la politique de sécurité du revenu du gouvernement; bref, d'assumer la fonction de soutien envers les Québécois appartenant à l'«humanité souffrante et dépendante».

Si l'on comprend bien le rapport entre le nom du ministère et la tâche qui lui était dévolue à l'époque, on doit alors convenir, selon toute vraisemblance, que la politique sociale de l'État consistait à assumer un rôle de soutien des personnes dans le besoin, et à assurer que les services adéquats leur soient dispensés conformément à leur état.

Mais une simple vérification de la signification du mot «social» au dictionnaire français, celle du *Petit Robert*, est fort explicite à ce sujet, permet de pressentir qu'il n'y aurait aucun rapport entre ce genre de tâche et la signification de ce qu'on pourrait vouloir dire en utilisant l'expression «une politique sociale».

On trouve en effet que le mot «social» signifie: «Relatif à un groupe d'individus, conçu comme une réalité distincte», et pour dissiper toute ambiguïté, on croit même nécessaire d'ajouter: «Opposé à individuel, biologique et psychique». Mais en quoi le sens des mots du dictionnaire apporte-t-il un éclairage particulier à l'explication de la désintégration des populations du Québec, se demandera-t-on à juste titre? En guise de réponse, lorsqu'on constate la progression de désintégration des populations de communautés et des régions qui évolue allègrement au Québec depuis 1971 au moins, soit depuis l'adoption de la législation instituant le MAS et les fonctions particulières qui lui sont dévolues dans le domaine de la santé et des services sociaux, il semble y avoir lieu de questionner les sociologues du Québec et en particulier ceux qui œuvrent dans le secteur des Affaires sociales, de la même manière que les démographes et les économistes. Pourquoi en effet ne s'est-on pas encore rendu compte qu'il n'y avait pas de rapport entre la tâche dévolue à cet organisme gouvernemental, et une politique sociale. Les sociologues ont-ils une meilleure maîtrise du mot «social» que les économistes et les démographes, du mot «développement»?

Mais peut-être aussi est-ce parce qu'on ne s'est pas encore compris sur la signification et la portée d'un autre mot qu'on retrouve au dictionnaire français: le mot «population», au sens de «ensemble d'individus qui habitent un espace, une terre, etc.». Or à ce sujet, on ne peut tout de même pas nier que toute population, que ce soit celle de Saint-Ludger-de-Milot, celle du Saguenay–Lac-Saint-Jean ou de Bras-d'Apic, constitue un «groupe d'individus que l'on conçoit naturellement comme une réalité distincte» de celle de l'Abitibi ou de Montréal! Et que par conséquent, la désintégration de ces populations signifie qu'il n'y aurait pas eu davantage de politique sociale au Québec qu'il n'y a eu de politique de développement économique depuis 1971!

Et les administrateurs gouvernementaux en matière de santé publique ne seraient-ils pas, eux aussi, sujets aux mêmes genres de questionnements? Ainsi, par exemple, la Commission Rochon [26], affirme que, selon l'Organisation de coopération et de développement économique (O.C.D.E.), il n'existe pas de relation entre l'état de santé des populations et les ressources disponibles dans le secteur de la santé; et dans la foulée du Rapport Rochon, le Rapport Brunet affirme la même chose, attribuant cette constatation à l'Organisation mondiale de la santé (O.M.S.) plutôt qu'à l'O.C.D.E. [27]

Or, selon les mêmes organismes, la santé serait une fonction de la «capacité de l'individu de s'intégrer harmonieusement à son milieu et d'y fonctionner de façon adéquate». À ce sujet, le Rapport Brunet recommande même que, dans le futur, des efforts considérables soient consentis pour favoriser cette intégration des individus à leur milieu; telle est selon lui et bien d'autres, l'orientation que devrait poursuivre désormais le système de santé québécois. Mais l'existence même du processus de la désintégration des communautés pose un certain nombre de problèmes insolubles dans la poursuite d'une telle orientation. En effet, comment serait-il logiquement possible comme individu de s'intégrer harmonieusement à un milieu qui se désintègre?

Mais si l'on a bien suivi jusqu'ici les explications concernant le processus de la désintégration des communautés au Québec, il doit certainement exister une contradiction entre le discours de certains et la réalité vérifiable; en effet, conformément à la définition même de la santé à laquelle souscrivent à la fois la Commission Rochon, le Rapport Brunet, l'O.M.S., et l'O.C.D.E., il doit logiquement et nécessairement exister une relation entre l'état de santé des populations et les ressources de santé, sinon, de deux choses l'une: ou bien la définition de la santé de l'O.C.D.E. et de l'O.M.S. est fausse, ou bien les relations vérifiées entre la distribution des ressources de santé et la désintégration des communautés est fausse: il n'y a pas d'alternative. Comment expliquer alors leurs affirmations selon lesquelles il n'y a pas de rapport entre l'état de santé et les ressources de santé?

En effet, si le déséquilibre dans la répartition des ressources de santé contribue à la désintégration des milieux de vie dans les milieux ruraux et dans les centres-villes, alors que la définition de la santé implique la capacité de s'intégrer à un milieu de vie, il doit nécessairement exister une relation entre les ressources de santé et l'état de santé des populations!

Mais en tel cas, quelle serait donc la nature de ce rapport entre les ressources et l'état de santé des populations? À ce sujet, on a vu déjà que dans les communautés rurales, le processus de désintégration était une fonction de l'éloignement des populations des ressources de santé; alors que dans les centres-villes, le processus de désintégration était au contraire une fonction de la surconcentration des ressources de santé.

Par conséquent et en toute logique, on devrait donc observer dans les communautés rurales en désintégration, que la santé des populations est plus détériorée suivant l'éloignement des ressources de santé, alors que dans les centres-villes, elle devrait au contraire être plus détériorée suivant la surconcentration géographique des ressources de santé. Or, dans ce dernier cas, la surconcentration des ressources de santé ne serait pas neutre, comme l'affirment les organismes précités: elle serait même destructrice de l'état de santé des populations.

Dès lors, si cette hypothèse était fondée dans la réalité, il faudrait d'abord s'interroger pour savoir si ceux qui ont œuvré à la Commission Rochon et au Rapport Brunet avaient une connaissance suffisamment approfondie de la situation des communautés du Québec, pour pouvoir établir le rapport entre les faits de la réalité et leur propre définition de la santé. En clair, dans quelle mesure le système de santé québécois est-il le reflet des impressions du moment et de décisions arrêtées à la sauvette, sans prendre la peine de relever les contradictions évidentes entre le discours et la réalité vérifiable?

Pour en avoir le cœur net, voyons ce que nous disent les faits à ce sujet. En consultant la carte 9 et en la comparant à la carte 8, on pourra constater qu'à Montréal, plus on s'éloigne de la barre transversale du «T» de la pauvreté – où on retrouve la plus forte concentration de ressources de santé au Québec – plus l'état de santé des populations mesuré par l'espérance de vie à la naissance s'améliore, et plus le processus de désintégration des milieux diminue d'intensité. On doit donc en déduire que, contrairement à ce qu'affirme l'O.M.S., l'O.C.D.E et les autres, il existe une relation entre l'état de santé des populations et les ressources de santé à Montréal, sauf que cette relation est négative.

Et à l'inverse, en consultant le tableau qui suit, on pourra constater que dans la région du Bas-Saint-Laurent, plus on s'éloigne des ressources de santé, plus la mortalité augmente chez les personnes âgées de moins de 45 ans, donc plus l'état de santé des populations est détérioré. Par ailleurs, la mortalité chez les personnes plus âgées serait alors directement fonction de la concentration géographique des ressources de santé (les centres d'accueil, les centres hospitaliers de soins prolongés dont la clientèle est constituée presque exclusivement de personnes âgées). Or la concentration spatiale des «mouroirs» n'apporte rien de véritablement exceptionnel à l'explication de la surmortalité des populations concernées!

CARTE 9
Disparités sociales d'espérance de vie par quartier,
Montréal, 1976

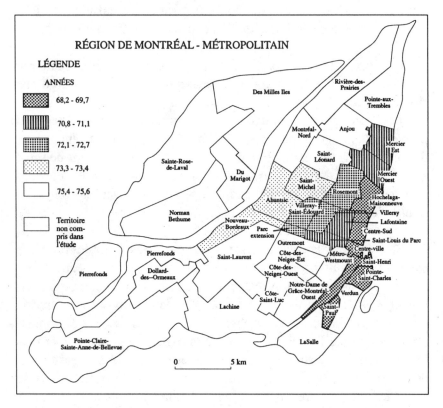

Source: WILKINS, Russell, *L'espérance de vie par quartier à Montréal, 1976: un indicateur social pour la planification*, Montréal, Institut de recherches politiques, avril 1979.

Parmi les questions qui en découlent, on peut d'abord s'interroger sur la pertinence de la pratique administrative qui consiste à s'appuyer sur les figures d'autorité de niveau international et les modèles administratifs développés en Finlande, en Argentine ou à Tombouctou, pour décider de ce qu'il est bon de faire chez nous. Quel rapport existe-t-il entre le modèle suédois, les déclarations de l'O.M.S. et ce qu'il faut faire pour améliorer l'état de santé de la population de Bras-d'Apic? Pourtant, s'il faut en croire les corollaires découlant logiquement de la définition de la santé à laquelle tout le monde souscrit et dont la pertinence se vérifie dans les faits, l'amélioration de l'état de santé de la population du Québec passe d'abord par celle de la population de Bras-d'Apic, un milieu de vie pour un certain nombre de personnes qui habitent au Québec!

TABLEAU 24
Distribution du taux de mortalité par âge et par sexe dans les zones de district de C.L.S.C. de la région du Bas-St-Laurent– Gaspésie entre 1975 et 1981

		Taux de mortalité par 10 000 habitants par sous-territoire de M.R.C.			Rang de la zone selon le taux de mortalité		
		Espace 1	Espace 2	Espace 3	Espace 1	Espace 2	Espace 3
Taux de mortalité par sexe dans les groupes d'âge inférieurs à 45 ans.	**Taux de mortalité masculine**						
	1 - 14 ans	7	8	7	2	1	2
	15 - 24 ans	22	24	25	3	2	1
	25 - 44 ans	22	23	29	3	2	1
	Taux de mortalité féminine						
	1 - 14 ans	4	4	6	3	3	1
	15 - 24 ans	5	6	7	3	2	1
	25 - 44 ans	8	10	11	3	2	1
Taux de mortalité par sexe dans les groupes d'âge supérieurs à 45 ans.	**Taux de mortalité masculine**						
	45 - 64 ans	123	107	123	1	3	1
	65 ans et plus	621	523	528	1	3	2
	Taux de mortalité féminine						
	45 - 64 ans	55	47	58	2	3	1
	65 ans et plus	421	351	390	1	3	2

Source: voir note bibliographique [6].

Autre question: a-t-on déjà pris la peine de vérifier au dictionnaire français le sens du mot «méthode»? soit: «Un ensemble de démarches que suit l'esprit pour découvrir et démontrer la vérité».

En d'autres termes, un ensemble d'activités d'aspiration éthique (la vérité) plutôt que scientifique (un moyen) visant à décrire correctement les faits, et à chercher le «pourquoi» des choses que l'on observe et qui se vérifient dans la réalité. Mais si l'on ne s'est pas encore donné la peine de vérifier l'existence d'une relation possible entre les ressources et l'état de santé, on comprend mieux alors pourquoi on ne s'est jamais donné la peine de chercher à expliquer cette relation. Et dans le même ordre d'idée, qu'est-ce que les contribuables du Québec et surtout les résidents des communautés en désintégration devraient penser de ce mode de gestion des fonds publics par l'O.M.S. et l'O.C.D.E. interposés? Comme si les affirmations de ces organismes portant sur «ce qui devrait être» étaient les reflets de ce qui existe dans la réalité qui est la nôtre?

Autre question: à l'évidence même, notre système de santé consiste en une organisation destinée à dispenser des soins aux personnes dont l'état physique et psychique justifie le recours à des services professionnels. Pourtant, lorsqu'on parle de l'état de santé des populations, on ne réfère visiblement pas à l'état de santé des personnes qui ont recours aux services. Ainsi, n'aurait-on pas arbitrairement réuni sous une même rubrique deux ordres de réalité fondamentalement différents, en confondant un système de santé avec un système de soins? En confondant un système destiné à corriger les dysfonctionnements individuels avec sa contrepartie sociale (relative aux groupes conçus comme des réalités distinctes de la somme des individus qui en font partie)? Mais si en 1971 on confondait déjà «ministère des Affaires individuelles» avec «ministère des Affaires sociales», alors est-il vraiment nécessaire d'aller plus loin?

Autre question: quel est le degré de permanence des succès enregistrés par les professionnels de la santé et des services sociaux, lorsqu'ils interviennent auprès de personnes résidant dans des milieux de vie qui se désintègrent? Dans un tel contexte, la pauvreté ne risque-t-elle pas de devenir l'explication «passe-partout» des insuccès du système de soins chargé d'intervenir sur un des dysfonctionnements du système social?

Dans ce contexte, l'incidence des «burn-out» et de l'absentéisme au travail dans le réseau des Affaires sociales, ne peut-elle pas être interprétée comme une sorte de mesure de «l'impuissance», devant la nécessité de corriger des problèmes sociaux par des interventions individuelles, biologiques et psychiques? Même à Montréal, où il y a surconcentration de ressources dont la compétence ne peut être mise en doute pour expliquer la relation entre la surconcentration des ressources et l'état de santé plutôt précaire des populations environnantes?

Et par-delà ces questions de niveau primaire, il y en a d'autres, par exemple, celles qui portent sur la relation entre l'état de santé des populations et celui des individus: sur la relation entre le social et l'individuel; mais ces questions ne peuvent être abordées que dans la mesure où on «pressent» d'abord l'existence d'une différence entre les deux termes, un préalable pour imaginer l'existence d'un problème de compréhension et d'explication à résoudre, et qui loge à cette adresse. Or, cet aspect de la problématique ne fait pas partie des sujets traités dans ce document-ci.

9.2.2 Jugement d'experts pairs

Au début des années 1980, le ministère des Affaires sociales (MAS) était rebaptisé «ministère de la Santé et des Services sociaux (MSSS)».

Cet événement est beaucoup plus important qu'il n'y paraît à première vue, lorsqu'il est replacé dans le contexte général de la désintégration des communautés du Québec et de la contribution à ce résultat du mode de répartition des ressources financières dans ce secteur.

Car quoi qu'on en pense, et malgré le changement d'appellation, le ministère de la Santé et des Services sociaux n'a toujours pas cessé de faire des «affaires sociales», c'est-à-dire de contribuer indirectement à entretenir le processus de désintégration des communautés.

Par contre, le nouveau nom qu'il s'est donné réduit la légitimité des préoccupations courantes dans le secteur de la santé, à la problématique des soins aux individus et à la gérance des activités du réseau dédiées à la dispensation des soins et des services.

Ainsi, il n'existe plus au Québec d'organisme pour s'occuper spécifiquement «d'affaires sociales», c'est-à-dire de la partie des activités gouvernementales qui concerne la redistribution des fonds publics entre les localités qui le subdivisent, et par voie de conséquence, les facteurs d'équilibre et de déséquilibre qui font la différence entre la survie des régions et leur disparition.

Ainsi les prétentions véhiculées au sujet de «l'équité» interrégionale, en matière de répartition des ressources dans le secteur de la santé et des services sociaux, apparaissent, à la lumière des démonstrations qui précèdent, comme des écrans de fumée vides de sens: «l'équité» à l'échelle des régions, lorsqu'elle n'est pas accompagnée d'une préoccupation similaire à l'échelle des localités qui les subdivisent, ne corrige en aucune manière le processus de désintégration des régions. Et quoi qu'il en soit, aujourd'hui les chances de durer en tant que populations régionales sont hypothéquées au point d'exiger la réparation des dégâts d'ordre démographique et économique infligés aux régions au cours des 20 dernières années.

Le changement de nom du M.A.S. permet donc d'illustrer que, dans les limites du sujet traité dans ce document, les sociologues québécois ne sont pas moins responsables que les économistes et les démographes. Les sociologues du Québec se préoccupent-ils seulement de commenter les modes du moment ou de parfumer d'un langage apparemment critique, le cautionnement de la destruction de la société québécoise?

Comme le montre la similitude des points de vue des architectes du Rapport Castonguay-Nepveu et des endosseurs de la Charte d'Ottawa, le langage tenu par tant de monde au sujet de «ce qui doit être fait» en matière d'affaires sociales et de santé, n'a pas changé d'un iota en 20 ans. Alors comment expliquer que l'incohérence dans les moyens mis en œuvre pour réaliser les objectifs en matière d'affaires sociales soit passée inaperçue? Pourquoi cette opposition flagrante entre les objectifs et les moyens employés pour les atteindre – entre la réthorique et les gestes – n'a-t-elle pas été relevée par ceux-là même dont le métier les appelle à assumer cette fonction essentielle au sein de la collectivité? Car à défaut de réponse, il est permis de s'interroger de façon tout à fait différente sur la signification réelle de cette anomalie. Ainsi: peut-on encore qualifier de démocratique une société dont les citoyens ont perdu leur droit exclusif de se prononcer sur la pertinence des moyens mis en œuvre pour assurer le devenir de la collectivité à laquelle ils appartiennent?

Peut-on encore qualifier de démocratique une société dont l'avenir est programmé par l'application mécanique de règles juridico-administratives, appliquées ou entretenues de façon discrétionnaire par les administrateurs des grands réseaux gouvernementaux?

Et pour jauger le poids de cette question, combien d'Élus au Québec soupçonnent que viendra le jour où, dans le contexte de la problématique de la désintégration, le comté ou la municipalité qu'ils représentent perdra sa légitimité d'exister, faute de population suffisamment nombreuse pour en justifier l'existence?

Comment expliquer que dans les Affaires gouvernementales, il soit possible d'utiliser en toute impunité, les concepts des sciences sociales comme autant d'écrans de camouflage pour maquiller, sous de bonnes intentions affichées, les conséquences létales pour les populations locales et régionales des gestes administratifs posés ou omis depuis 20 ans? Dans 15 ou 20 ans, quel sera le poids politique des régions situées à l'extérieur du Grand-Montréal au sein de la «démocratie» québécoise? Quelle est la puissance du maire ou du député qui n'a plus droit de regard sur l'univers des moyens, et à qui sont soigneusement dissimulés les faits de la réalité, autant que les clés pour en comprendre la signification? Où s'arrête l'imputabilité des Élus dans notre société, devant les citoyens qu'ils représentent?

Dans ce contexte, la problématique de la désintégration peut être vue comme un témoignage, un exemple: la désintégration est essentiellement le produit d'une évacuation, ou plus précisément d'une récupération de la «critique sociale» par les institutions administratives, alors que les représentants des diverses disciplines des sciences sociales en sont devenus les instruments complaisants, sinon les acteurs privilégiés.

Il ne faudrait cependant pas interpréter ces questions comme autant d'allusions en faveur de la sociologie comme étant la discipline qui aurait fait de la critique sociale sa spécialité exclusive au sein des sciences qui se disent «sociales». En effet, la problématique de la désintégration, vue à travers ses aspects mécaniques, se comprend et s'explique beaucoup plus facilement par le biais de disciplines telles l'économique et la démographie, mises en lumière par divers aspects du droit administratif, de la géographie et même de l'histoire. Par contre, il appert que la sociologie peut fournir, pour sa part, un élément essentiel de l'ensemble des faits qui convergent dans la même direction: leur signification.

Sauf erreur, il apparaît en effet que la sociologie soit la seule discipline des sciences sociales qui se soit déjà préoccupée de la désintégration sociale en tant que phénomène. Or il semble évident, dans ce contexte, que la désintégration sociale doive constituer un objet central de préoccupation pour tous ceux qui ont la prétention d'agir dans le domaine des Affaires sociales. Or, sous réserve des propos qui suivent, la contribution de la sociologie à l'édifice de la désintégration se réduit à une question très simple: comment les sociologues œuvrant dans le secteur des Affaires sociales réagissent-ils à l'accroissement continu du taux de suicide qui caractérise la société québécoise des 20 dernières années?

9.2.3 Jugements d'un ex-père.

En 1897, celui qu'on surnomma le «Père de la sociologie», Émile Durkheim, écrivait ce qui suit pour la postérité: *«Si les statistiques (du suicide) n'étaient pas aussi récentes, il serait facile de démontrer à l'aide de la même méthode que cette loi s'applique aux sociétés politiques. L'histoire nous apprend, en effet, que le suicide, qui est généralement rare dans les sociétés jeunes, en voie d'évolution et de concentration, se multiplie au contraire à mesure qu'elles se désintègrent* [28]*.»*

Une première question suscitée par ce court extrait est la suivante: sachant qu'au Québec, le taux de suicide augmente depuis 1965, combien de fois depuis les 20 dernières années, a-t-on vu sous la plume de quelque sociologue québécois, le mot «désintégration» appliqué à la société québécoise?

Car il faut préciser ceci: en sociologie, DURKHEIM n'est pas un quelconque auteur de seconde zone. Il est à la sociologie ce que furent Newton et Einstein à la physique. Son œuvre maîtresse: *Le Suicide*, est celle avec laquelle l'étudiant universitaire, dès le premier semestre de la première année, prend contact avec cette discipline. On ne peut l'ignorer lorsqu'on se targue d'être ou d'agir en sociologue.

Mais pourquoi, se demandera-t-on, «le suicide» occupe-t-il une place aussi particulière parmi les préoccupations des sociologues? Parce qu'au-delà des drames individuels qui aboutissent au suicide, Durkheim avait démontré que l'incidence de ce geste, si intime en apparence, est en réalité une mesure de l'état général d'une société quelle qu'elle soit: le taux de suicide est à peu près l'équivalent d'une jauge, d'un cadran, d'une lampe témoin qui informe de la «performance» de chaque société humaine à intégrer les individus qui en font partie, et le cas échéant, qui avertit lorsque cette société est en train de perdre les attributs qui font d'elle une société (c'est-à-dire lorsque les individus qui la composent ne parviennent plus à s'y intégrer).

En ce sens, l'accroissement du taux de suicide dans une société signifie, pour le sociologue, à peu près la même chose que la perte de la capacité de remplacement de la population, pour le démographe: soit l'extinction de la société concernée à plus ou moins brève échéance.

«*La simple addition de tous les suicides imprévus et individuels fait surgir une réalité nouvelle en tous points différente des événements singuliers qui la composent. Douze mille drames se convertissent en un point d'une courbe continue; l'imprévisible entre dans l'ordre de la prévision; l'événement échappe au destin individuel pour s'inscrire, au même titre que la production des céréales ou le volume des exportations, parmi les grandeurs collectives qui permettent de décrire une société entière* [29].»

Mais, se demandera-t-on enfin, qu'est-ce qui avait suggéré à Durkheim cette idée selon laquelle la dimension collective ou sociale du suicide révélait l'existence d'un ordre de réalité tout à fait particulier et indépendant de la somme des événements psychologiques, singuliers, qui la composent (intéressant, de ce fait, davantage le sociologue que le psychologue)?

La constatation suivante: Durkheim avait remarqué que chaque société était caractérisée par un taux de suicide qui lui est propre, alors que ce taux propre à chaque société est invariant dans le temps et sur de très longues périodes.

«Non seulement ce taux est constant pendant de longues pé-
riodes de temps, mais l'invariabilité en est même plus grande
que celle des principaux phénomènes démographiques. La
mortalité générale, notamment, varie beaucoup plus souvent
d'une année à l'autre, et les variations par lesquelles elle
passe sont beaucoup plus importantes [30].*»*

COMMENTAIRES

Ces propos qu'on apprend dans les livres d'école un peu plus
spécialisés, sembleront sans doute passablement décrochés de la réalité quotidienne du lecteur québécois.

D'abord, si le suicide est censé être invariant sur de longues
périodes et dans toutes les sociétés, comment expliquer le fait que les
journaux régionaux et nationaux ne cessent d'annoncer qu'il est en
croissance? Si Durkheim écrivait cela en 1897, on doit donc en conclure que les sociétés occidentales ont aujourd'hui le même taux de
suicide qu'à l'époque de Durkheim (il y a 100 ans). Sans quoi, de
deux choses l'une: ou bien leur taux de suicide a augmenté entre
temps sans qu'elles ne se désintègrent, ou bien elles se sont désinté-
grées sans que leur taux de suicide n'augmente entre-temps; ce qui
dans les deux cas est suffisant pour invalider la théorie de Durkheim
sur le suicide et, avec elle, une bonne partie de la théorie sociologique!

RÉPONSES AUX QUESTIONS

Le tableau 25 reproduit intégralement les taux de suicide par million d'habitants des différents pays d'Europe à l'époque de Durkheim,
entre 1866 et 1878 (12 ans d'intervalle). On y remarque l'invariance
des taux dont parle Durkheim, reflétée en particulier par le rang constant des pays à chacune des 3 périodes qui subdivisent l'intervalle de 12
ans. Puis, à l'aide du graphique 9, regardons maintenant ce qu'il en est,
100 ans plus tard, dans quelques-uns de ces pays, dont les taux de
suicide sont comparés à ceux du Québec contemporain (1965 à 1981).

Pour les fins de cette comparaison, on doit diviser par 10 les taux
avancés par Durkheim (par million d'habitants) pour les ramener à des
taux par 100 000 h. comme ceux qui sont reproduits sur le graphique.

TABLEAU 25
Taux de suicides par million d'habitants dans divers pays d'Europe

Pays	Période 1866-70	1871-75	1874-78	Numéros d'ordre à la		
				1re période	2e période	3e période
Italie	30	35	38	1	1	1
Belgique	66	69	78	2	3	4
Angleterre	67	66	69	3	2	2
Norvège	76	73	71	4	4	3
Autriche	78	94	130	5	7	7
Suède	85	81	91	6	5	5
Bavière	90	91	100	7	6	6
France	135	150	160	8	9	9
Prusse	142	134	152	9	8	8
Danemark	277	258	255	10	10	10
Saxe	293	267	334	11	11	11

Source: DURKHEIM Émile, *Le Suicide*, Presses Universitaires de France, 1960, p. 6.

On peut alors remarquer que les taux en France, en Angleterre et en Italie, sont encore aujourd'hui à peu près égaux année après année, à ce qu'ils étaient il y a 100 ans. Par ailleurs, une carte géographique de la répartition des taux de suicide en l'Allemagne de l'époque de Durkheim [31], permet d'étendre la même conclusion à la population de ce pays. Or, fait à noter, tous ces pays ont eu en commun une histoire fort perturbée entre l'époque de Durkheim et la période contemporaine: la guerre de 1914-1918, puis la Crise, puis la guerre de 1939-1945. Or, aucun de ces événements n'a réussi à altérer la stabilité de leur taux de suicide (sauf en France, mais à partir de 1976 seulement). L'exception à la règle: le cas du Québec depuis 1965. Et nous ne sommes ni en guerre ni en crise à ce qu'on sache!

Mais par contre, une question s'impose: serions-nous donc la seule société au monde qui soit en désintégration? Est-il logique de croire que cette tendance ait pris naissance chez nous en 1965 au tout

GRAPHIQUE 9
Taux brut de mortalité par suicide (pour 100 000 habitants) depuis 1965 dans quelques pays occidentaux et au Québec

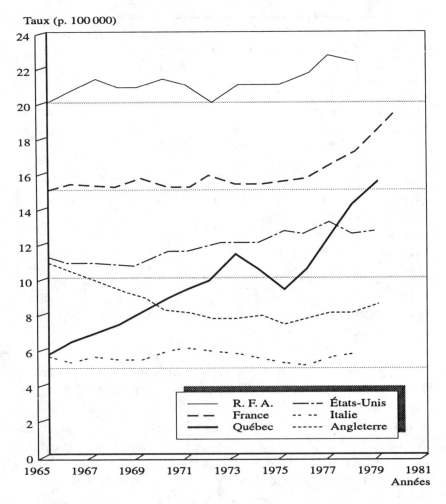

Taux (p. 100 000)

Années

Sources:
Population et sociétés, mai 1981, nº 147, sauf: États-Unis, 1978 et 1979:
Monthly Vital Statistics Report, vol. 29, nº 13, 1981.
Québec: Morissette (1982), tableau A.4 (annexe), p. 101.
Morissette Denis et Bourbeau Robert, *Le suicide et l'âge au Québec*,
Cahier québécois de démographie, vol. 12, nº 1, avril 1983, pp. 7-28.

début de la révolution tranquille? Mais comment expliquer alors que les sociologues du Québec ne s'en soient pas encore rendu compte, même si c'est l'ABC de leur métier, en particulier les sociologues qui œuvrent dans le secteur des Affaires sociales, où pourtant on se préoccupe beaucoup plus qu'ailleurs de «prévention du suicide»?

PLUSIEURS QUESTIONS, PLUSIEURS RÉPONSES

Parmi les explications généralement avancées de l'accroissement du taux de suicide au Québec, circulant dans les officines gouvernementales, on retrouve: les suicides déguisés en accidents, les sous déclarations des coroners (pour éviter de compromettre le remboursement des primes d'assurances-vie et autres raisons du même ordre), etc., qui auraient contribué à minimiser l'importance du suicide dans notre société, aux époques antérieures. Si on comprend bien, si le taux de suicide augmente au Québec, c'est parce que la qualité de nos données sur le sujet s'améliore d'année en année. Mais comment expliquer alors que l'Allemagne, la France, l'Italie et les autres, qui ont vu se succéder plusieurs générations de fonctionnaires et, par conséquent, plusieurs manières différentes de compiler les chiffres, affichent aujourd'hui les mêmes taux de suicide qu'il y a 100 ans? On a beau croire que le fonctionnaire est le prototype de l'invariance, mais de là à s'imaginer que cette invariance transcende la retraite, et même la mort!!! Le fonctionnariat serait-il donc devenu entre-temps un fait génétique?

Dans un autre ordre d'idées, est-il imaginable que ce soit la révolution tranquille qui soit à l'origine du désastre? Là-dessus, Durkheim semble assez explicite (même s'il était déjà mort à l'époque, sans jamais avoir appartenu à la société québécoise):

«On a parfois écrit, dit-il, que les grandes commotions politiques multipliaient les suicides. Mais Morselli a bien montré que les faits contredisent cette opinion. Toutes les révolutions qui ont eu lieu en France au cours de ce siècle ont diminué le nombre des suicides au moment où elles se sont produites [32].»

Suivent dans le texte d'autres exemples pour l'Allemagne, le Danemark, etc.

Même si on trouve dans cette citation «l'explication» du fait que le taux de suicide augmente au Québec bien que nous ne soyons pas en guerre, y aurait-il lieu de croire alors, que les événements que nous représentons synthétiquement par l'expression «révolution tranquille», n'avaient rien à voir avec une «révolution»? En référant plutôt aux facteurs explicatifs du processus de la désintégration des communautés, ne pourrait-on pas croire que l'expression «récupération tranquille» aurait mieux convenu pour désigner cette suite d'événements? Mais peut-être est-ce notre appartenance à l'ensemble canadien qui fait toute la différence?

À ce sujet, le graphique 10 fournit quelques éléments de réponse à cette question: comment expliquer que les autres régions du Canada aient, contrairement à nous, un taux de suicide relativement stable, alors que le nôtre ne prend de l'expansion (si on peut dire) que depuis 1965 seulement?

Comment expliquer que, conformément à la théorie du suicide, les populations des autres régions du Canada aient toutes des taux de suicide différents, même si dans chaque cas elles sont à majorité anglophones? Mais s'il existe chez nous une coïncidence chronologique entre les deux séries d'événements, augmentation du suicide (désintégration sociale) et désintégration démographique par l'exode des jeunes, quel rapport explicatif existerait-il entre les deux?

Ici, le lecteur très perspicace pourrait déduire l'existence d'un fait extrêmement important, à partir des propos rapportés jusqu'ici sur le suicide: la théorie sur le suicide ne serait pas complète. En effet, comme aucune société occidentale ne semble avoir connu un accroissement progressif de son taux de suicide, Durkheim n'a donc jamais pu vérifier de visu le processus de la désintégration d'une société. Il fut obligé, pour en traiter, de référer à des documents historiques portant sur la Rome et la Grèce antiques [33]. Peut-être faut-il voir là une raison faisant que les sociologues québécois hésitent, depuis 25 ans, à souscrire à cette idée que l'accroissement progressif du taux de suicide dans la société québécoise révélerait qu'elle est en pleine désintégration depuis un quart de siècle environ? Ou peut-être est-ce parce qu'ils ont oublié ce qu'ils ont appris sur les bancs d'école? Quoi qu'il en soit, *Le Suicide* de Durkheim fait désormais partie du bagage intellectuel des gens cultivés; et il est désormais de bon ton d'en causer dans les salons entre gens bien, comme du dernier Marguerite Duras.

Donc, revenant à nos moutons, pour décrire les aspects particuliers du suicide dans une société en désintégration, une approche consisterait à vérifier les différences entre le profil d'accroissement du suicide dans la société concernée et les faits sur lesquels Durkheim appuyait sa théorie.

GRAPHIQUE 10
Taux brut de mortalité par suicide (pour 100 000 habitants) dans quelques provinces canadiennes et au Canada, 1926 à 1979

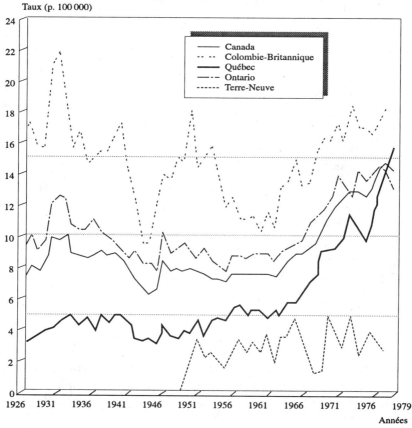

Sources: 1926 - 1950: Dominion Bureau of Statistics (cat. 84-511).
1951 - 1968: Statistique Canada (cat. 84-528).
1969 - 1979: Morissette (1982), tableau A.6 (annexe), p. 103, Québec,
1926 - 1979: Morissette (1982), tableau A.4 (annexe), p. 101.

PREMIER ESSAI

À ce sujet, on fait remarquer très souvent et avec exactitude (tableau 26), que les hommes au Québec se suicident en moyenne de trois à quatre fois plus que les femmes. Pour trois hommes qui se suicident, une femme seulement se donne la mort. En conséquence, on pourrait penser, et plusieurs l'affirment d'ailleurs, que les hommes auraient assez difficilement encaissé la montée du mouvement féministe dans notre société.

TABLEAU 26
Distribution par sexe du taux de suicide par 100 000 habitants au Québec entre 1975 et 1987

	1975-1977	1979-1983	1985-1987	Taux d'accroissement 1975-1987 (en %)
Sexe masculin	19,3	25,2	27,3	+ 40,9
Sexe féminin	7,4	8,0	7,3	- 0,4
Sexes réunis	13,3	16,5	17,1	+ 28,6
Pour une femme qui se donne la mort, combien d'hommes ?	2,6	3,1	3,7	+ 42,3

Source: MAS, voir le tableau 27.

Or, à ce sujet, Durkheim avait démontré, il y a 100 ans, que:

Bien loin que leur aptitude à la mort volontaire soit ou supérieure ou équivalente à celle de l'homme, il se trouve que le suicide est une manifestation essentiellement masculine. Pour une femme qui se tue, il y a, en moyenne, quatre hommes qui se donnent la mort. Chaque sexe a donc pour le suicide un penchant défini qui est même constant pour chaque milieu social [34].»

Il faudrait donc croire que la montée du féminisme n'a aucun effet direct sur l'accroissement du taux de suicide dans notre société, et qu'il existe au moins un sujet sur lequel persiste une différence atavique entre les sexes. D'ailleurs, les mêmes rapports de trois à quatre contre un se vérifient chez nous autant après qu'avant la révolution tranquille. La «guerre des sexes» constitue donc une fausse piste explicative.

DEUXIÈME ESSAI

Parmi les autres facteurs les plus déterminants retenus par Durkheim et qui contribuent à réduire l'importance du taux de suicide propre à une société donnée (donc pour prévenir le suicide), on retrouve l'affiliation active à une religion intégratrice (sur un continuum partant des juifs jusqu'aux athées en passant par les catholiques et les protestants), le fait d'être marié plutôt que célibataire, et le fait d'être jeune plutôt que vieux [35].

On peut évidemment se passer de démonstration pour comprendre que nous réunissons aujourd'hui, contrairement à hier, toutes les conditions inventoriées par Durkheim pour avoir un taux de suicide élevé dans notre société. Faut-il dès lors s'arrêter là et tout mettre sur le compte des fourre-tout explicatifs standards du style: «la nouvelle culture»?

Si oui, alors il faudrait convenir que les faits attestant du rapport mécanique entre le sous-développement économique, l'exode démographique des jeunes et la mauvaise distribution des ressources de santé, sont aussi des traits de valeurs et de culture, plutôt que des déterminants extérieurs aux individus exerçant sur ces derniers le pouvoir coercitif de les faire agir dans une direction donnée!

TROISIÈME ESSAI

En consultant attentivement les graphiques 11A et 11B, on pourra réaliser qu'avant 1966 le taux de suicide augmentait régulièrement avec l'âge conformément à la théorie de Durkheim; mais qu'après cette date, le profil des taux de suicide selon l'âge s'inverse progressivement. En 1976, il avait tellement augmenté chez les jeunes garçons (tout en demeurant stable chez les plus vieux) que maintenant, le profil est totalement inversé: les jeunes se suicident davantage que les vieux, alors que chez les femmes le taux de suicide augmente-rait au contraire davantage chez les plus âgées. Il faudrait donc cher-cher l'explication de notre désintégration sociale du côté des événe-ments qui affectent à la fois les jeunes hommes et les femmes plus âgées du Québec, et qui se produisent depuis 1966.

Mais comme on se plaît à le répéter, le Québec est un vaste pays, même si 57 % de sa population est entassée dans le Grand-Montréal. Et il importe donc de déterminer de façon beaucoup plus précise les lieux exacts où se produisent les événements qui manifestent notre désintégration comme société, notre désintégration sociale.

À cette fin, le tableau 27 reproduit les taux de suicide de chacune des régions du Québec à trois moments d'une période comprise entre 1975 et 1987, de même que le taux d'accroissement du taux de suicide dans chaque région. Or, pour apprécier les informations qu'il contient à leur juste valeur, il y a lieu de mentionner et de rappeler un certain nombre de corollaires qui découlent logiquement des propos qui précèdent.

A. Comme on l'a déjà vu, le mot «social» s'oppose aux mots «individuel, biologique et psychique» comme deux ordres de réalité fondamentalement distincts et indépendants l'un de l'autre; pour le démontrer, retenons d'abord qu'il existe, à n'en pas douter, une infi-nité de preuves que pourraient avancer psychiatres et psychologues, attestant des troubles mentaux dont souffrent la plupart des gens qui projettent de mettre fin à leur jour. Ce qui donne lieu de croire que les suicides sont dus à des troubles mentaux et qu'on peut infléchir les taux de suicide par des interventions appropriées à ce genre de dysfonctionnement (créer des centres de prévention du suicide par exemple).

Mais en revanche, si l'on ne retient que cette explication médicale du suicide, on est forcé d'admettre, par la même occasion, que les Allemands sont systématiquement sept fois plus instables mentalement que les Italiens, car depuis plus de 100 ans, si on en croit les données de Durkheim corroborées par les données contemporaines, les taux de suicide de ces deux ethnies s'opposent l'une à l'autre dans les mêmes rapports. En faisant abstraction du fait que les Allemands pourraient

GRAPHIQUE 11-A
Taux de suicide pour 100 000 habitants de sexe masculin, selon l'âge, Québec 1931-1976

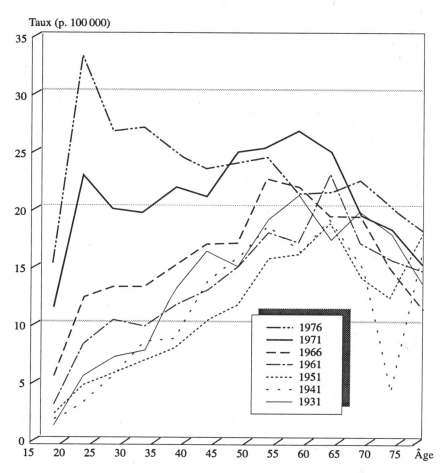

Source et référence: voir Graphique 9

se sentir ulcérés de l'apprendre, faudrait-il alors en déduire que la maladie mentale est une maladie transmissible génétiquement au sein des mêmes sociétés? Ou encore une maladie transmise par la langue peut-être? Dans la même veine, serait-il tout aussi hasardeux d'interpréter l'accroissement du taux de suicide dans les régions du Québec comme la manifestation d'une «épidémie de maladies mentales»? Si oui, où est le virus?

B. Mais dans la même veine aussi, on doit réaliser que le taux de suicide qui caractérise une société donnée n'a aucune importance, car dans le contexte de la désintégration, ce qui compte véritablement est de savoir si le taux de suicide augmente ou non de façon continue, et à quelle vitesse, le cas échéant. Quelle est après tout l'utilité fondamentale de savoir que la culture allemande est sept fois moins intégratrice socialement que l'italienne? À moins, bien sûr, d'entretenir le projet de transmuter les Allemands en Italiens ou, de façon plus réaliste, les Jeannois et les Saguenéens en Montréalais, comme on aura pu le constater en première et deuxième parties de cet ouvrage.

GRAPHIQUE 11-B
Taux de suicide pour 100 000 habitants de sexe féminin, selon l'âge, Québec 1931-1976

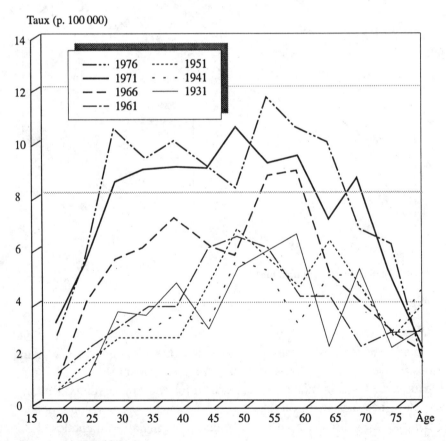

Taux (p. 100 000)

Source: voir Graphique 9

TABLEAU 27
Extrait d'un tableau [1] **portant sur l'évolution du taux de suicide**
pour 100 000 habitants entre 1975 et 1987 au Québec
(sexes réunis)

RÉGIONS SOCIOSANITAIRES		Taux de suicide			Taux d'accroissement 1975-87 (%)
		1975-77	1979-83	1985-87	
Périphérie	Bas Saint-Laurent–Gaspésie 01	8,7	13,5	15,8	+ 81,6
	Saguenay–Lac-Saint-Jean 02	7,7	13,8	16,3	+ 111,7
	Abitibi–Témiscamingue 08	24,2	28,5	24,4	+ 0,8
	Côte-Nord 09	6,3	13,4	19,5	+ 209,5
Centre	Trois-Rivières 04	12,4	17,5	20,4	+ 64,5
	Québec 03	14,2	18,8	19,3	+ 35,9
	Estrie 05	10,3	18,5	16,9	+ 64,1
Sud-ouest	Laurentides–Lanaudière 06 B	10,5	16,6	18,6	+ 77,1
	Montérégie 06 C	11,2	12,9	16,5	+ 47,3
	Montréal-Métro 06 A	15,2	16,6	14,7	- 3,3
	Outaouais 07	17,3	17,4	19,8	+ 14,5
Le Québec incluant la région 10		13,3	16,6	17,1	+ 28,6

Source: Service des études sociosanitaires DGPE, MSSS. Planif-1/Région./06/03/90.

À la lumière de ces précisions, voyons maintenant les renseignements contenus dans le tableau 27.

1. Trois des quatre régions périphériques ont enregistré les taux d'accroissement régionaux les plus rapides: la Côte-Nord (209 %), suivie du Saguenay–Lac-Saint-Jean (111 %) et du Bas-Saint-Laurent–Gaspésie (81 %).

2. En 1987, les deux régions qui affichaient les taux de suicide les plus élevés du Québec étaient l'Abitibi–Témiscamingue et Trois-Rivières. On retrouve donc en tête de rang, les cinq régions du Québec qui ont perdu la plus forte proportion de leurs jeunes entre 1971 et 1986 (voir le tableau 9).

3. En 1975-1977, Montréal-Métropolitain se situait au deuxième rang des régions d'après l'importance de son taux de suicide (juste derrière l'Abitibi–Témiscamingue). Or, 10 ans plus tard (1985-1987), elle affiche le dernier rang: non pas parce que le taux de suicide y a diminué de façon significative (-3%), mais plutôt parce que les taux de suicide ont augmenté de façon extrêmement significative dans toutes les autres régions du Québec, l'Abitibi à part.

Question: si on en croit la théorie du suicide, les Montréalais seraient-ils les seuls à être intégrés à la société québécoise?

Sous-question: vu le nombre d'immigrants qui sont demeurés confinés sur l'île de Montréal en raison des déséquilibres existants dans la répartition des emplois disponibles entre les autres régions du Québec, ne pourrait-on pas croire qu'ils en seraient arrivés à être mieux intégrés à la société québécoise que les Québécois eux-mêmes? Qui oserait, dans les circonstances, accuser les Grecs de nous avoir fait ce cadeau de Grec? Ne vaudrait-il pas mieux lorgner un peu plus du côté de la prise en charge des Affaires sociales du Québec par ceux qui «n'ont pas d'affaires» en Affaires sociales?

POST-SCRIPTUM

En nous évadant dans les hautes sphères de la théorie du suicide chez Durkheim, vue à l'échelle des nations et des régions, aurait-on oublié la M.R.C. Lac-Saint-Jean-Est perdue dans son coin de pays? Qu'on se rassure à ce sujet! Après avoir résisté héroïquement jusqu'en 1979 à l'érosion sociale qui affecte le Québec dans son entier, la M.R.C. assume depuis cette date son honnête contribution à l'essor du suicide au Saguenay–Lac-Saint-Jean, comme en témoignent les données du tableau 28. Or, il appert qu'au-delà des limitations régionalistes et même provincialistes, l'évolution de la situation sociale de la M.R.C. Lac-Saint-Jean-Est se compare «avantageusement» à celle de la France contemporaine, du moins si on s'en tient à ce qu'affirment les Français lorsqu'ils traitent de la question du suicide dans leur propre société.

À ce sujet, les Français qui apparemment détiennent une bonne centaine d'années d'avance sur nous en matière de suicide (on parle ici de la connaissance du sujet, et non de l'accroissement du taux de suicide où manifestement leurs performances ne supportent pas de comparaison avec les nôtres), n'hésitent pas pourtant à concevoir l'exode des femmes hors des milieux ruraux comme un facteur privilégié de désintégration sociale:

> *«De citadin qu'il était au siècle dernier, affirment-ils, le suicide est devenu rural (en France). Parallèlement, le paysan «empaysanné» devient un marginal; non seulement il ne part pas en vacances, mais il éprouve aussi les plus grandes difficultés à se marier, les villageoises quittant la campagne pour rallier les valeurs dominantes de la civilisation. Les départements où le suicide a baissé sont aussi les départements industriels et tertiaires où coexistent toutes les ressources de la sociabilité moderne... le Midi faisant toujours coexister culture paysanne et culture urbaine [36].»*

Comme quoi il est vain de prétendre que les démographes, les économistes et les sociologues se contredisent ou se «contretaisent»!

TABLEAU 28
Nombre de suicides par année dans la région 02 et ses divisions de recensements

	1970	1971	1972	1973	1974	1975	1976	1977	1978	1979	1980	1981	1982	1983	1984
Région-02	11	13	13	14	11	14	26	21	22	32	37	54	43	48	59
Chicoutimi					6	9	12	12	13	18	20	31	23	25	31
Lac-Saint-Jean-Est					3	3	6	4	4	3	7	11	8	9	13
Lac-Saint-Jean-Ouest					2	1	4	4	4	8	9	9	7	14	15

Sources:
Les données de 1970 à 1978 sont tirées du travail *Le suicide au Québec* de M.F. Charron (1981, 1983).
Les données de base pour 1979 à 1983 nous ont été fournies par le ministère de la Justice, Direction des affaires criminelles.
Extrait de Goderre J.-G., *La santé mentale et la prévention du suicide*, CLSC Le Norois, Alma, 1989, p. 20.

En guise de conclusion, n'y aurait-il pas lieu de faire précéder les jugements de pairs et d'experts par un procès, en répondant à cette question que l'on pose ouvertement dans le secteur des Affaires sociales: «Le chômage est-il suicidogène? [37]» Eh! bien oui, lorsqu'il révèle une amplification des inégalités de croissance économique chroniques entre les régions et sous-régions d'un même pays, plutôt qu'une chute de croissance économique qui se manifeste à l'échelle du pays tout entier. Ainsi, on a vu le taux de chômage doubler dans certains pays comme l'Angleterre et l'Italie, sans que le taux de suicide ne bronche d'aucune manière [38]. Ainsi, entre deux maux, il apparaît préférable de subir une décroissance économique équilibrée plutôt qu'une croissance économique déséquilibrée. De toute façon, poser la question ne coûte pas cher, dans l'optique où on ne décèle aucune envie manifeste d'enrayer le processus de désintégration démographique et sociale qui en résulte.

9.2.4 Le corps du délit

Comment qualifier l'acte posé par un technocrate ou décideur politique qui réside à l'extérieur de la municipalité, voire de la région à laquelle on appartient comme citoyen ou citoyenne, et dont l'effet consiste à oblitérer à moyen ou à long terme cette même communauté, par la mise en place d'un mécanisme administratif aveugle?

Sauf erreur, le mot de la langue française dont la définition semble la plus adéquate pour signifier «l'éradication des groupes naturels que constituent les populations locales et régionales de chez nous», est le mot «génocide», que le *Petit Robert* reconnaît lorsque employé au sens extensif de «extermination d'un groupe important de personnes en peu de temps». Le mot s'emploie aussi comme adjectif pour qualifier un acte «qui pousse au génocide» ou «qui tient du génocide».

Certes il peut paraître exagéré au lecteur de voir utiliser ce mot lorsque les réalités qu'il sous-tend n'évoquent pas des événements spectaculaires tels des meurtres en série ou des pogroms, mais au contraire, des événements qui pour la plupart se produisent sans esclandre ni tapage excessif, tels les exodes démographiques et les suicides d'individus. Mais il n'en demeure pas moins que les conséquences de ces événements, telles qu'elles se vérifient au Québec, conduisent tout droit à la disparition des groupes naturels que constituent les collectivités locales et régionales, et qu'en accord avec la définition du mot retenu (génocide), il apparaît conforme et sensé de qualifier «d'actes génocides» les gestes qui contribuent directement et indirectement à la production de ce résultat.

En contrepartie, il apparaîtrait pour le moins inadéquat et disproportionné de ne pas qualifier comme il convient la portée éthique du processus de la désintégration des populations locales et régionales, pour une raison aussi discutable que: «Il n'existe pas de mot pour qualifier un tel geste» ou «il n'y a pas assez de morts pour justifier d'employer ce mot».

Dans les limites de cette indétermination sémantique, les pérégrinations «sherlocosmiques» dans l'univers du «social québécois» des 20 ou 30 dernières années ont permis d'établir un rapport entre une sorte de délit peu usité dans les sociétés bien-pensantes – qui se commet à notre endroit et à notre insu – et le moyen par lequel il est perpétré: le processus de la désintégration des communautés de chez nous, qui a été décrit en première et en deuxième parties.

Sur ces considérations, nous entrons maintenant dans le vif du sujet, qui devrait en principe nous préoccuper non pas en tant qu'être de science ou administrateur public, mais d'abord comme citoyen d'une quelconque localité ou région du Québec affectée directement ou indirectement par le processus; et ensuite comme être humain doté d'un certain sens de l'éthique.

À cette fin, admettons d'abord que s'attaquer aux effets d'un acte ne peut avoir à l'évidence aucune répercussion sur l'acte lui-même. Il existe d'ailleurs suffisamment de faits et d'évidences démontrant que les interventions directes réalisées sur le sous-développement social et ses attributs (la pauvreté, l'état de santé détérioré des populations par exemple) ne peuvent avoir les effets escomptés, car ils contribuent dans une large mesure à s'accommoder de l'effet plutôt qu'à en corriger la cause.

Par ailleurs, dans l'hypothèse où nous chercherions à enrayer l'évolution du «génocide» dont nous faisons l'objet, on sait pertinemment qu'il serait stupide de nous attaquer à l'instrument par lequel il est perpétré. L'efficacité d'une arme comme moyen pour atteindre les fins qu'il poursuit étant d'abord fonction de l'adresse de son utilisateur. Pour vous rendre compte, imaginez-vous en train de vous défendre en cour de justice sur la base d'un plaidoyer du style: «C'est pas moi, c'est mon gun!» D'où la question posée au début de cette troisième partie: «C'est qui le problème?»

9.3 L'hydre à sept têtes, ou la vraie nature de la «bête»

9.3.1 Description anatomique: les quatre premières têtes

Pour quelle raison obscure les Grecs de l'Antiquité se seraient-ils donné la peine d'inventer le mythe de l'hydre à sept têtes, cet animal fabuleux dont les têtes repoussaient à mesure qu'on en coupait une? Pourquoi un animal à sept têtes, plutôt que sept à une tête?

Gageons que les Grecs auraient voulu décrire le caractère quasi invulnérable d'un être dont la multiplicité des organes de commandement reliés entre eux de façon fonctionnelle sont assujettis au service d'une même entité, l'hydre. Ils voulaient sans doute montrer qu'un tel animal ne peut être neutralisé, à moins de pouvoir réduire à l'impuissance tous ses organes en même temps. Mais en essayant de couper une tête, on prenait le risque de se faire mordre par les six autres!

Et si, par ailleurs, il est de l'essence même de l'hydre de se régénérer après mutilation, comme le ver que l'on a sectionné, alors il n'y a qu'une seule avenue possible pour vaincre un tel monstre: chercher le point faible où on peut atteindre un des centres vitaux de l'ensemble. Or, comme le rapporte la légende, c'est l'exploit qu'auraient réussi Jason et les Argonautes.

Moralité: pour vaincre l'hydre, il faut se défendre contre les têtes qui cherchent à mordre, sans chercher à les attaquer inutilement, et consacrer toute son énergie à atteindre le point faible. À cette fin, attardons-nous d'abord à comprendre l'anatomie de la bête.

La première des sept têtes de l'hydre québécoise est constituée des très grands centres urbains qui se nourrissent de la substance vitale des autres centres du Québec et des autres localités de moindre importance. Or, en imputant la désintégration des régions à ces grands centres, les résidents de Montréal et de Québec se défendront en répliquant qu'ils ne sont pas responsables des effets mécaniques des décisions administratives parachutées de Québec ou d'Ottawa, même s'ils en ont largement bénéficié depuis 20 ans; et pour donner le change, on brandira le spectre de la pauvreté à Montréal.

Mais, pendant que vous attaquerez sur ce front, vous subirez sur votre travers les assauts de **la deuxième tête**, dont la gueule est armée de dents: en l'occurrence, une armée de sociologues et d'économistes qui vous convaincront, preuves à l'appui et sans difficulté, que le salut de Montréal pèse plus lourd que celui de Bras-d'Apic pour asseoir l'avenir du Québec sur l'échiquier international.

Or, ce qu'attend de vous la première tête, c'est précisément que vous entriez dans ce genre de débats en opposant à ce discours les séquelles laissées chez-vous par la révolution tranquille. La première tête a alors le champ libre et tout le temps nécessaire pour bouffer votre substance vitale, avant que vous ne vous rendiez compte de la stérilité du débat. Vous avez perdu!

Vous pourrez alors choisir de ne pas engager le combat avec la première et la deuxième têtes, préférant plutôt porter vos coups à **la troisième tête**, soit le ministère des Affaires sociales, dont relève, en théorie, la répartition des ressources dans le secteur de la santé. Là, vous «frapperez un nœud», car le ministre responsable ne dispose pas des pouvoirs nécessaires pour répartir les ressources financières ailleurs que dans les établissements de santé et de services sociaux, c'est-à-dire dans les municipalités comme vous le souhaiteriez*. Vous serez alors tenté d'accepter un compromis en souscrivant à ce que les équilibres budgétaires soient rétablis sur la base des régions seulement plutôt que sur celle des municipalités. En tel cas, vous êtes triplement mort: d'abord, comme vous aurez pu le constater, votre gain régional sera minuscule, alors que la source du processus de la

---

*. À noter à ce sujet qu'un ministre ne détient pas le pouvoir autonome de légiférer. Ce pouvoir appartient à l'assemblée des Élus (l'Assemblée législative) dont chacun des membres représente une collectivité locale: en l'occurrence un comté.

désintégration se situe à l'échelle des municipalités: un tel compromis contribuera à accélérer le processus. En effet vous ignorez sans doute que concernant «*le pouvoir de faire des choix budgétaires et forcément celui de la réallocation, le législateur dans le partage des rôles constitutionnellement déterminé, n'a pas conféré ce pouvoir à un autre niveau que celui de l'exécutif du gouvernement, ni à d'autres assemblées délibérantes*» [39]. En clair, vous vous serez trompé de cible, commettant ainsi une erreur fatale.

Ensuite, vous subirez *ipso facto* les assauts d'**une quatrième tête**: celle de l'armée des professionnels de la santé et des services sociaux, soutenus et encadrés par les corporations professionnelles qui les représentent. On vous opposera, avec fondement d'ailleurs, les conséquences considérables que subiront inévitablement les patients des hôpitaux et centres d'accueil de Montréal, découlant, bien sûr, des coupures budgétaires qui devraient être consenties chez eux, pour enrayer le processus de la désintégration chez vous. Et, avec un peu d'habileté à manier le pathos, on parviendra même à vous faire sentir coupable de défendre votre propre peau. Par surcroît, vous subirez les foudres de la deuxième tête pour les raisons déjà vues et, pendant que dureront les palabres, la première achèvera de vous bouffer. On voit donc que la première tête est une brute aveugle qui tire sa puissance de son pouvoir de phagocyter les substances qui passent à sa portée, alors que les trois suivantes sont beaucoup plus dangereuses: elles tirent leur puissance de leur capacité de présenter honnêtement des choses vraies, fondées sur une vision non déformée mais très partielle et partiale de l'intérêt public.

Or, les deux têtes qui suivent sont encore beaucoup plus dangereuses lorsqu'elles agissent au service de l'hydre: paradoxalement, elles ont pour fonction de soutenir l'emprise de l'hydre, en émettant dans l'atmosphère environnant un je-ne-sais-quoi de soporifique, juste assez pour endormir les raisons et les consciences, à la manière des serpents qui paralysent leurs proies avant de les gober.

Dans le langage courant, les blessures qu'elles infligent portent de curieux noms: tantôt on les appelle des «choix de société», tantôt des «choix politiques», lesquels, on l'aura remarqué, ne sont que rarement les émanations des collectivités et de leurs représentants élus. Or ces expressions sont fondées car il s'agit bien, en l'occurrence, de «choix de société». Mais, au sens où une société est choisie pour survivre, alors qu'une autre est choisie pour disparaître; et, par surcroît, il s'agit bel et bien aussi de choix politiques, mais au sens où le rôle réservé aux gens de politique consiste à entériner des décisions déjà arrêtées de l'extérieur par des non-élus. Comment?

9.3.2 Un acte «génocide», ou les méfaits des têtes cinq et six

Il existe en théorie et en pratique, plusieurs manières de commettre une désintégration sociale, dont un certain nombre ont déjà été expérimentées avec succès au Québec. Notons, entre autres, les critères d'allocation de ressources arrêtés au niveau administratif; les mesures de prévision démographique qui ne tiennent pas compte de la mobilité intérieure, etc. En traiter obligerait cependant à entrer dans des considérations d'ordre méthodologique qui n'ont pas lieu de figurer dans cet ouvrage.

Par ailleurs, un sujet aussi important qu'une désintégration sociale perpétrée sur nous-même, oblige à traiter du sujet de la façon la moins abstraite possible, sans allusion détournée, mais plutôt à la lumière des faits bruts, démonstratifs et empiriquement vérifiables.

C'est pourquoi l'exemple qui a été retenu pour en traiter devra être considéré comme un exemple, sans plus, et non comme un cas d'espèce. Il sera présenté ici avec l'intention avouée de démontrer tout au moins que le problème existe, et que par conséquent des choix de société et des choix politiques peuvent être réalisés à l'insu des citoyens et des Élus, par des non-élus.

D'abord, la mise en situation. Au fond, le truc est assez simple. Il suffit de savoir que dans divers domaines d'intérêt public, le rôle de l'Élu consiste à choisir entre plusieurs options, celle qui lui paraît la plus avantageuse dans l'intérêt du public; et de savoir ensuite qu'il ne lui appartient pas de faire personnellement l'inventaire des options, de leurs avantages et de leurs inconvénients. Ce rôle étant réservé à des organismes ayant pour mission de conseiller l'État dans l'exercice de ses fonctions. C'est d'ailleurs la raison pour laquelle plusieurs de ces organismes portent explicitement le nom de «conseils». Il existe aussi d'autres genres d'organismes de recherche, dont les fonctions les amènent à comparer «ce qui existe» à «ce qui devrait exister», et qui, pour cette raison, sont appelés «services» ou «direction d'évaluation», œuvrant au sein des organisations ministérielles. Leur rôle est en tous points comparable à celui des conseils, à quelques variantes près. Or, dans ce contexte, il suffit, par le truchement d'un tel organisme de recherche, de présenter à l'Élu une seule option, pour se mettre en situation de devenir véritablement celui ou celle qui fait des choix de société et des choix politiques par Élu interposé. Il suffira alors de soumettre à l'attention de l'Élu les seuls aspects d'une décision qui intéressent l'option qu'on préfère qu'il retienne, en taisant tout le reste. À l'aide de ces généralités, nous sommes maintenant en mesure de mieux comprendre le rôle de la cinquième et de la sixième têtes de l'hydre, en faisant l'autopsie d'un tel choix de société et du choix politique qui l'entérine.

QUELQUES FAITS VÉRIFIABLES

En 1986 était publié le rapport de la Commission d'enquête sur l'avenir des municipalités du Québec, où on peut lire le paragraphe suivant:

> «À cet égard, la Commission a été mise au courant de l'analyse qui, depuis déjà quelques années, est conduite par le Conseil des affaires sociales et de la famille et dont les grandes lignes sont résumées dans le Mémoire que le Conseil a présenté à la Commission. Les résultats de cette analyse sont à ce point importants et significatifs pour l'avenir des municipalités, que l'on souhaite que les travaux de recherche du Conseil soient publiés et largement diffusés. Il y a là une description du Québec d'aujourd'hui et des forces qui s'exerceront sur lui demain que l'on ne peut apprécier complètement que dans la mesure où tous les résultats de l'étude sont connus [40].»

Or, conformément aux vœux exprimés dans le rapport de cette Commission, on peut s'interroger aujourd'hui, cinq ans plus tard, pour savoir si effectivement tous les résultats de cette étude ont été portés à l'attention des décideurs et des citoyens. Mais dans le cas contraire, on doit s'interroger aussi pour savoir si les résultats qui

n'auraient pas été révélés jusqu'ici sont précisément les plus déterminants pour l'avenir des municipalités et des régions du Québec.

Or, il appert justement que les sujets traités dans les parties précédentes du document que vous êtes en train de lire font intégralement
partie des résultats de cette étude, mais n'ont pas été révélés publiquement jusqu'ici. Pour comprendre, il faut en référer à des événements
qui se sont produits deux ans après le dépôt du rapport de la Commission d'enquête sur l'avenir des municipalités, soit en 1988.

Cette année-là était publié par le Conseil des affaires sociales
(CAS) l'ouvrage intitulé *Deux Québec dans un*, portant sur le sujet
soumis à la Commission d'enquête, deux ans auparavant. Tel qu'avancé
précédemment, mais contrairement à ce qu'on a écrit sur le sujet, les
travaux de recherche portant sur la problématique traitée dans cet
ouvrage n'ont pas été réalisés par le Conseil des affaires sociales (mis
à part le premier chapitre portant sur des sujets sans rapport avec les
processus internes qui affectent le développement local et régional au
Québec).

Or, comme il a déjà été affirmé, le contenu, l'argumentation et les
illustrations qui y figurent ont été intégralement puisés dans un autre
document reproduisant la synthèse des travaux de recherche réalisés
ailleurs, et dont la table des matières est reproduite en annexe du
présent document. Dès lors et compte tenu des propos qui précèdent,
il est permis au citoyen de s'interroger de la manière suivante:

a) Existe-t-il des différences substantielles entre les faits révélés
dans *Deux Québec dans un* et ceux révélés dans l'ouvrage synthèse
d'où les propos qu'il contient ont été puisés, et qui sont répétés dans
celui-ci que vous êtes en train de lire?

b) Ces différences, le cas échéant, sont-elles suffisantes pour altérer substantiellement le message contenu dans le document synthèse
réalisé ailleurs sur la problématique de la désintégration au Québec?

c) Si oui, quel est le contenu de l'autre message qui n'a pas été
livré par la publication du Conseil des affaires sociales?

d) Quelles sont les conséquences encourues par les populations et les Élus pour ne pas en avoir été informés?

IMPLICATIONS LÉTALES

Pour le bénéfice des citoyens et des Élus, voici quelques différences qui existent entre le message livré dans *Deux Québec dans un* et le message contenu dans le document synthèse qui l'a inspiré. Ces différences peuvent d'ailleurs être déduites des propos contenus dans le présent document. Ce que les deux messages ont en commun tient essentiellement à ceci: comme tout le monde le sait depuis longtemps, il existe beaucoup de pauvreté à Montréal; la mésadaptation sociale y est considérable, la santé de la population y est très détériorée. Et d'ailleurs il en est de même dans le centre-ville de Montréal, comme dans les autres centres-villes du Québec et dans les milieux ruraux, tous des milieux en désintégration, à force de subir l'exode démographique de leurs jeunes. Cette situation est engendrée par l'intervention de l'État.

Ce que les deux messages ont de différent tient essentiellement à ceci:

a) La pauvreté, l'état de santé précaire des populations, la mésadaptation sociale des jeunes, comme tous les autres attributs indissociables du sous-développement social, font partie dans une large mesure de l'ordre des «problèmes apparents», sauf pour les personnes qui en subissent les conséquences. Le sous-développement social des populations et tous les attributs qui en sont indissociables sont essentiellement les effets généraux du vrai problème à résoudre. Et il en est de même pour l'exode démographique des jeunes et dont l'effet est de compromettre la pérennité des M.R.C. et des centres-villes. La principale implication pour ceux qui veulent corriger le cours des événements: ne pas confondre la cause du problème avec la multitude d'effets qui en découlent.

Dans cette perspective, s'attaquer directement à ces effets du problème à résoudre doit être assimilé à une erreur d'intervention. Par ailleurs, s'attaquer aux disparités régionales en faisant abstraction des disparités entre les localités qui subdivisent le Québec contribuerait à amplifier l'erreur préalablement commise en s'attaquant aux effets plutôt qu'à la cause.

b) Les deux messages ont en commun le fait que l'intervention de l'État a été déterminante dans le processus de la désintégration. Mais contrairement aux affirmations de *Deux Québec dans un*, laissant sous-entendre que le problème de la désintégration s'inscrirait dans la suite normale du processus d'urbanisation de la société québécoise, il y a lieu d'affirmer que la cause du problème dont on parle a une origine beaucoup plus récente. Cette cause ne relève pas du rôle de l'État pris globalement; elle dépend plutôt d'une partie spécifique de ce rôle assumée à travers des secteurs d'intervention particuliers, le secteur de la santé et des services sociaux étant suffisant à lui seul à enclencher tout le processus de désintégration.

La problématique de la désintégration exclut même le rôle d'autres secteurs d'intervention par lesquels sont redistribués des fonds publics, telles par exemple l'aide sociale, l'assurance-chômage, les pensions de toutes sortes, par lesquelles les fonds sont redistribués directement aux «bénéficiaires». Par ailleurs, dans ces aspects très généraux, la problématique questionne globalement le rôle de l'État par opposition à celui du secteur privé dans le développement de notre société.

c) À ce sujet, la principale différence entre les deux messages tient à ceci: si nous voulons survivre comme collectivité, alors il y a lieu de concevoir le problème de la désintégration non pas comme un problème dont on peut s'accommoder, mais plutôt comme un problème qui doit être résolu, si douloureux cela puisse-t-il être. À cette fin, on ne doit pas choisir la solution qui fait notre affaire, mais plutôt celle qui convient à la nature du problème à résoudre. Car la cause initiale du problème a la propriété d'enclencher toutes les autres causes auxquelles on peut attribuer le sous-développement d'une collectivité, incluant l'altération des marchés privés pour la production et la vente des biens et services.

Dans ce contexte, compter sur le secteur privé pour écoper des conséquences produites par les «interventions» du secteur public équivaut à mener le secteur privé à sa ruine.

d) Une dernière différence enfin: la dispensation de services aux personnes, pour corriger les effets individualisés d'un problème social, constitue une forme comme une autre d'accommodation du problème de la désintégration. La précarité de la santé d'une population ne se corrige pas en dispensant des soins aux personnes rendues malades, pas plus d'ailleurs qu'on peut altérer l'incidence de la mésadaptation chez les jeunes par des interventions produites *expostfacto* par les intervenants des services sociaux. Par ailleurs, on ne peut corriger la pauvreté des individus en faisant comme si les problèmes de sous-développement des populations locales et régionales auxquelles ils appartiennent, n'étaient que des abstractions conceptuelles, sans égard aux causes qui les génèrent.

e) En guise de conclusion, il existe une nette différence entre les deux messages: soit le message fondé sur l'information intégrale découlant des résultats des recherches déjà produites sur le processus de la désintégration, et celui qui découle d'une accommodation fabriquée à partir d'éléments de contenu. Or ces différences sont suffisamment considérables pour orienter des choix politiques et des choix de société dans des directions diamétralement opposées, par citoyens et Élus interposés*.

Et pour s'en convaincre, près de quatre ans se sont déjà écoulés depuis l'exhortation lancée par le truchement du rapport de la Commission d'enquête sur l'avenir des municipalités, de rendre publique **toute** l'information sur le sujet, alors que les éléments essentiels de cette information n'ont pas encore été livrés publiquement malgré leur disponibilité. Pendant ce temps la désintégration de notre société suit son cours normal comme si de rien n'était!

---

* Pour illustrer ce commentaire, et conformément aux propos des porte-parole du C.A.S. tel que rapportés dans l'édition du *Devoir* du 2 avril 1991, nous ne croyons pas que pour relever les régions en désintégration, que ce soit la «région de Thetford-Mines», celle de la Gaspésie, du Saguenay–Lac-Saint-Jean ou de l'Estrie, il soit suffisant et même pertinent de compter sur les «initiatives économiques» du genre de celles qu'ils prévilégient comme «faire venir des artisans espagnols pour enseigner aux gens de Thetford-Mines l'art de faire des stèles funéraires en granit.

9.3.3 *La tête numéro sept ou le fantôme de Quasimodo*

Et la tête numéro sept dans tout ça?

La septième tête de l'hydre est un spectre sans visage ni apparence; elle est faite essentiellement de la peur d'agir pour se défendre; elle est aussi ce sentiment que connaissent les psychologues, et qui fait qu'à la limite, la victime en arrive à aimer son bourreau.

Ce sentiment que les actions récentes des gens de l'arrière-pays du bas du fleuve semblent avoir mis en évidence en l'exorcisant lorsque réunis dans la cathédrale de Rimouski, ils proclamèrent leur volonté de survivre contre vents et marées [41], et dans des circonstances qui ne sont pas sans rappeler les légendes du Moyen-Âge, alors que les gueux de Paris trouvaient asile dans la cathédrale pour échapper à l'arbitraire des pouvoirs publics. C'est comme si à cinq ou six siècles d'intervalle et quelques milliers de kilomètres de distance, on sentait flotter dans l'air frais du bas du fleuve les fantômes d'Esméralda et du Bossu de Notre-Dame.

9.3.4 *La vraie nature de la bête*

La légende raconte que Jason aurait réussi à vaincre le monstre, après avoir pris conscience de la double nature de la bête: non seulement de la menace émanant de chacune de ses sept têtes, mais d'abord et surtout de la quasi-invulnérabilité des sept têtes agissant ensemble au service du monstre. Ensuite, en réalisant que l'ensemble constitué des sept têtes n'était pas l'essence de la bête; en réalisant, en d'autres termes, qu'il aurait commis une erreur fatale en confondant les sept têtes avec la bête elle-même, laquelle était fort heureusement vulnérable, et ce, pour la plus grande joie de tous ceux qui, depuis la plus hauteAntiquité, préfèrent les histoires qui finissent bien à celles qui se terminent mal.

En guise d'entrée de jeux, à tous ceux qui, au cours des dernières années, s'informèrent de l'existence d'une solution au problème de la désintégration des communautés, une des deux solutions imaginables fut indiquée sans détour. Cependant, en raison des circonstances où il fut possible de traiter de ce sujet (à la sauvette sur des coins de table), il apparaît utopique, avec le recul du temps, de penser que la solution avancée ait pu avoir quelque chance d'être prise au sérieux.

D'abord en raison des difficultés d'application apparemment si insurmontables qu'on aurait plutôt préféré que les événements suivent leur cours. Ensuite, en raison des craintes exprimées de voir s'activer le système de défense de la bête; craintes fondées, comme on vient de le voir à propos des sept têtes qui la coiffent. Enfin, en raison du caractère outrageusement simple de cette solution, qu'on aura volontiers confondue avec une solution simpliste. Aussi simple d'ailleurs que d'introduire un couteau de cuisine dans une motte de beurre fondant.

Mais pour comprendre, il est nécessaire de se détacher de la fascination que suscite inévitablement un animal à sept têtes, en vue de comprendre les autres subtilités anatomiques du monstre. Ainsi, après avoir répondu à la question «Qui n'est pas le problème?» (les sept têtes), attardons-nous maintenant à l'identification du vrai personnage.

D'abord, c'est un dangereux parasite qui, comme tous ceux de son espèce, disparaîtra avec la mort de ceux qui lui assurent sa pitance et son expansion. Si on convient que l'hydre mourra inévitablement, alors la question qui devrait emporter nos préoccupations consiste à savoir si ce parasite disparaîtra seul, ou si nous disparaîtrons avec lui. Comme le cancer qui cesse de progresser avec le trépas de celui qui le porte, ou comme le cancer qui cesse de progresser parce que celui qui le porte réussit à s'en débarrasser avant d'en mourir.

Ensuite il faut se méfier des réflexes naturels. Par exemple quand on pose la question: «C'est qui le problème?», il importe de ne pas concevoir que la réponse réfère nécessairement à une personne ou à un organisme. Or à ce sujet et comme on nous l'a enseigné, l'être humain a toujours éprouvé une tendance particulière, qu'il a manifestée tout au long de son histoire, à vénérer des symboles et même des idoles et des fétiches, se distinguant ainsi des autres animaux qui occupent la planète. On dénombre ainsi des collectivités humaines où on vénère des symboles animés, comme la vache sacrée, par exemple. Puis, dans la catégorie plus triviale des fétiches inanimés et des superproductions cinématographiques, Hollywood nous a fait connaître avec force détails comment se déroulait la cérémonie de l'adoration du veau d'or au temps de Moïse.

Mais dans la seconde moitié du XXe siècle, voici qu'une mutation s'opère dans l'univers des fétiches, avec l'avènement d'une sous-catégorie, ayant le net avantage sur ceux qui existaient au temps de Moïse d'être des fétiches animés: c'est à cette sous-catégorie qu'appartiennent les «gros chars» et «Super Mario Bros».

Or, le fétiche dont on parle est la quintessence même de cette sous-catégorie: «le concept animé». L'hydre, en réalité, n'est pas autre chose qu'un concept, mesuré par un vulgaire indicateur social, qui monte et puis qui baisse entre deux périodes. Ce n'est donc pas un être pensant mais plutôt un être qui fait penser beaucoup de gens, qui sont prêts à tout lui sacrifier. Non seulement des enfants nouveau-nés, comme cela se passait dit-on à Babylone, mais des populations entières comme celle du Saguenay–Lac-Saint-Jean, avec traitement particulier adapté à la situation des jeunes, dans le cas du suicide. Mais avant de dénoncer la bête en la nommant, voici maintenant comment elle fonctionne.

LES ORGANES INTERNES DE LA BÊTE

Malgré qu'elle ne soit qu'un concept, elle fonctionne, comme bien des outils mécaniques, au moyen d'une pompe qui a pour fonction de siphonner la richesse de certaines collectivités dans d'autres collectivités. À quelle fin? C'est précisément ce que le nom de la bête permet de savoir.

Pour les sujets relatifs à la santé et aux services sociaux, deux lois assurent le bon fonctionnement du système de pompage: la Loi sur la santé et les services sociaux et la Loi d'application plus générale sur l' «administration financière» de l'État, qui assigne d'abord au ministère des Finances le rôle de gérer le «fonds consolidé du revenu» (art. 2-C), où sont réunies les sommes nécessaires pour financer le «projet de dépenses de l'État», préparé par le conseil du Trésor et soumis pour approbation à l'Assemblée nationale (art. 2-B).

La loi prévoit également la fonction d'assurer l'État de la conformité des dépenses réalisées, et d'assurer également que le projet de dépenses n'excède pas les recettes. La fonction prévue à cet effet par la Loi sur l'administration financière est assumée par le contrôleur des finances (art. 13).

Le tout se déroule sous l'autorité du ministre des Finances, qui assume aussi la charge de faire faire les recherches visant à conseiller le gouvernement en matière de politique économique fiscale et budgétaire (art. 2-A).

Jusqu'ici, aucune anomalie! Deux points anodins en apparence cependant: pour préparer le projet de dépense de l'État, le conseil du Trésor recueille auprès des ministères les demandes de crédit que ceux-ci jugent nécessaires pour assurer leurs fonctions particulières (art. 23). Ce sont donc les ministères qui, en jouant le rôle qui leur est assigné par la loi, se trouvent indirectement à dicter à l'État la manière de dépenser les fonds publics, alors qu'en cette matière (et en caricaturant beaucoup), le conseil du Trésor n'a qu'un rôle de courroie de transmission des demandes de crédit des ministères vers l'Assemblée nationale (via le conseil exécutif) et ce, indépendamment des contraintes qu'il exerce sur les ministères, en vertu des pouvoirs qu'il détient pour jouer son rôle vis-à-vis l'Assemblée nationale.

On a vu à ce sujet que, dans le cas du M.S.S.S. (le ministère de la Santé et des Services sociaux), la loi limitait l'intervention du ministre responsable à la gérance du réseau de santé (les établissements). Dans ce contexte, le M.S.S.S. prépare lui-même ses demandes de crédits au conseil du Trésor, en réunissant les demandes de crédit qu'il reçoit des 900 établissements de son réseau, de façon séparée. Il s'agit alors de crédits de développement n'impliquant pas de «base récurrente» (ou crédits permanents), c'est-à-dire la reconduction pure et simple des crédits autorisés l'année précédente aux établissements, et qui seront par la suite indexés en vertu des engagements pris par l'État lors des négociations des conventions collectives dans le réseau public et para-public (voir l'article 39 de la Loi de l'administration financière).

Or, si on comprend bien la plomberie du système de pompage, les tuyaux à la sortie de la pompe sont connectés de telle façon que les fonds publics ne puissent être déviés ailleurs que vers les têtes de l'hydre, lesquelles assurent en retour la protection de l'ensemble du système, tandis que les lois et les règlements constituent l'essence même de la pompe et de sa tuyauterie.

Les ministres, quant à eux, ont pour fonction d'assurer le bon fonctionnement de l'ensemble, assistés en cela par un imposant clergé hautement hiérarchisé, la fonction publique, et même, dans certains cas, par une diaspora régionale. Bref, tout un monde travaille fébrilement au service de la pompe, laquelle fonctionne avec la régularité d'un métronome: une systole au moment de la perception des taxes et des impôts, une diastole au moment où sont votés les crédits à l'Assemblée nationale, et un battement par année prévu à horaire fixe, signalé par l'émission de discrets borborygmes qui se font entendre aux environs du 1er avril, marquant le début d'une nouvelle année financière, donc la fin d'une précédente (art. 37).

Mais la pompe, elle, à qui rend-t-elle service? Aux têtes de l'hydre? Un peu facile comme argument! Cette question nous amène d'ailleurs au deuxième «point anodin» dont on parlait, en l'occurrence, un des rôles du ministre des Finances, qui consiste à faire réaliser les recherches sur la politique économique de l'État et à conseiller ce dernier en cette matière (art.1-A de la Loi sur l'administration financière).

À ce sujet, on a pu voir, comme en première et deuxième parties de cet ouvrage – se développer au Québec, depuis près de trois décennies, une curieuse anomalie en matière de politique économique, et qui se manifeste par trois grands symptômes intimement reliés comme les diverses manifestations d'un même syndrome.

Une progression des inégalités de croissance économique entre les diverses subdivisions territoriales du Québec, partant du niveau géographique le plus fin, celui des municipalités. Et, comme conséquence, un mouvement démographique des jeunes à ce point considérable vers les parties du Québec situées au sud-ouest, qu'il a déjà virtuellement compromis la capacité future du Québec d'occuper adéquatement son territoire. Et comme sous-conséquence de cette conséquence, une absence de politique de santé, manifestée par l'incapacité des gens occupant les territoires les plus affectés directement et indirectement, de s'adapter adéquatement à leur milieu de vie.

On pourrait dès lors s'interroger: quels sont les sujets de recherche auxquels s'intéresse l'État en matière de politique économique? C'est cette question qui conduit tout droit à l'identification du fétiche: l'hydre. **Son nom: Un culte immodéré porté à la croissance de notre «produit national brut (PNB)».**

À ce sujet on a vu, en première partie de cet ouvrage, que la concentration géographique des activités économiques contribuait à accélérer la création de richesse, et ce, conformément aux critères découlant de la Loi de l'«expansion économique» universellement expérimentée par le secteur privé. On peut concevoir également que la diversité des marchés privés pour la production et la vente des biens et services est théoriquement illimitée (qu'on songe par exemple à la création de cimetières d'animaux domestiques, à la vente de serpents à sonnettes, de tarentules et autres curiosités du même genre). Une gamme indéterminable de biens et services peuvent être produits et mis en marché par le secteur privé, à la condition qu'il y ait assez de consommateurs suffisamment fortunés pour consommer les produits qui leur sont offerts.

On peut ainsi croire que ce n'est pas la manière de dépenser les fonds publics (en santé, en services sociaux ou autrement) qui constitue le critère justifiant d'établir les fondements d'une différence de nature entre le secteur public et le secteur privé. Ainsi, ce n'est pas parce qu'il assume le quasi-monopole des services de santé et d'éducation, que le système public québécois est fondamentalement différent du système américain (où les mêmes services sont assumés par le secteur privé principalement). C'est plutôt parce que par essence, dans un système public, la production de ces services n'est pas assujettie à la Loi des marchés, comme c'est le cas pour le secteur privé; et que conséquemment, seul l'État peut installer des agents de production de services pour intervenir dans les endroits où les conditions de marché ne sont pas favorables à l'implantation d'une entreprise privée. Or, qu'arrive-t-il dans le cas où l'État lui-même prend à sa charge de faire double emploi avec le secteur privé en adoptant les mêmes critères que lui pour répartir les fonds publics? On obtient alors un

État qui hypothèque sa spécificité, en sacrifiant une partie des populations qui subdivisent son territoire à la croissance de son produit national brut, surnommée ici l'«hydre à sept têtes».

Dans ce contexte, la désintégration de la société québécoise apparaît non pas comme le résultat d'une erreur de tir, mais plutôt comme une exagération dans la recherche de l'intérêt national sur l'échiquier international. Ainsi on semble avoir négligé de prendre en considération deux autres dimensions fondamentales de l'intérêt national: l'intérêt régional qui dépend lui-même de l'intérêt local, et dont dépend en bout de piste, l'intérêt national. Il s'agit en fait d'un manque de perspective dans l'application des théories aux activités de gestion de l'appareil de l'État.

Ainsi croyait-on à juste titre qu'en utilisant les fonds publics comme levier pour favoriser la concentration des activités économiques dans les pôles d'attraction, on pourrait du même coup accélérer la croissance économique du Québec dans son entier. Mais en contrepartie, on semblait croire que cette manière de procéder n'aurait pas d'autre conséquence que le bien-être de la population du Québec. Or, dans les faits, cela se solde par le sacrifice du Québec qu'on voulait aider (les centres-villes, les milieux ruraux en général), tout en vouant à l'extinction 7 des 11 régions qui le subdivisent, et en réalisant par la même occasion l'émergence d'un autre Québec, situé en banlieue des grands centres urbains.

Une autre façon de procéder aurait consisté à utiliser le même levier pour assister les collectivités économiquement plus faibles, le temps nécessaire pour les aider à acquérir l'autonomie économique suffisante pour qu'elles contribuent à leur tour à l'essor économique du Québec, et par la suite au dépannage des autres collectivités plus vulnérables.

Par ailleurs, cette première confusion entre les divers niveaux géographiques et administratifs impliqués dans le processus de la croissance et du développement était elle-même supportée par une autre confusion mettant en relief, au niveau sectoriel, l'opposition de nature entre la dimension sociale et individuelle des phénomènes humains. La dispensation de soins aux individus comme seul moyen prévu pour améliorer l'état de santé des populations constitue une application particulière de cet ordre de confusion à caractère beaucoup plus général.

De cet énoncé, on peut dégager trois principes généraux à respecter en vue de corriger le processus de la désintégration. Le premier implique un partage des rôles en matière de politique économique, où l'État assumerait, à l'intérieur de certaines limites à préciser, la fonction de réduire les inégalités économiques entre les collectivités occupant les territoires, tandis que le secteur privé se chargerait des aspects relatifs à la croissance économique. Une judicieuse coordination entre les deux partenaires permettrait par la suite d'assurer une croissance économique sans engendrer d'inégalité, soit une politique de développement économique applicable au Québec.

S'appuyant sur ce premier principe général, un deuxième principe impliquerait une séparation différente des fonctions gouvernementales entre celles qui relèvent du privilège exclusif de l'État (c'est-à-dire de l'assemblée des Élus locaux) de redistribuer les fonds publics entre les collectivités qui subdivisent la nation, et celles qui relèvent du rôle des ministères à vocation sectorielle, devant contrôler ou superviser la manière de dépenser les fonds publics préalablement redistribués entre les localités qui subdivisent le territoire*.

Enfin et comme conséquence du deuxième principe, un troisième grand principe impliquerait la séparation des ordres d'imputabilité du secteur public: imputabilité de l'assemblée des Élus locaux devant les citoyens, pour toute question découlant des critères retenus par l'assemblée pour répartir les fonds publics entre les collectivités, en l'occurrence la dimension sociale des problèmes humains. Il s'agit spécifiquement des aspects mettant en relief le développement économique, démographique, et le développement social des populations, incluant les disparités sur l'état de santé des populations et autres attributs indissociables.

Ensuite, imputabilité des services publics devant les ministères

---

* Selon ce principe, le pouvoir de faire des choix budgétaires et donc des choix politiques ne pourrait plus être délégué par le législateur à l'exécutif du gouvernement.

sectoriels et les Élus locaux, pour toute question relative aux manières de dépenser les fonds publics préalablement redistribués, incluant les services dispensés aux personnes.

Enfin, imputabilité des ministères sectoriels devant les citoyens et les Élus locaux, pour toute question relative à l'applicabilité des critères portant sur la manière de dépenser les fonds publics au niveau local.

Il suffirait, dans un tel contexte, que les Élus locaux disposent des pouvoirs nécessaires pour favoriser la résidence locale des détenteurs d'emploi permanent et à temps complet dans leur municipalité, pour amorcer le processus qui, avec le temps, devrait mener à l'arrêt du processus de désintégration des communautés du Québec*.

Mais pour la suite de notre propos, on se demandera sans doute quelle est l'importance de tout savoir des détails anatomiques de l'hydre à sept têtes? Pourquoi faire l'autopsie de la bête avant de l'avoir tuée? C'est que, voyez-vous, un détail a été omis à son sujet tout au long de ce récit. La légende raconte en effet que la bête recelait secrètement quelques moyens de défense *post mortem*, par lesquels elle pouvait détruire à son tour ceux qui, contre toute probabilité, seraient parvenus à la détruire.

C'est pourquoi il importe de connaître très précisément le moyen de la mettre à mort, en vue de minimiser le risque de voir s'abattre sur nous les foudres promises par la légende. Or à ce sujet, il importe d'en discerner les deux principaux viscères: le système de pompage que nous venons de voir, pour savoir où et comment lui porter le coup fatal, et le système cérébral, pour savoir comment réagira le monstre à l'agonie.

À ce sujet, la principale curiosité anatomique du monstre-fétiche n'est pas son système cardiaque, mais bien son système cérébral, lequel – contrairement à la plupart des autres êtres vivants, de l'amibe jusqu'à l'homme – est totalement absent. Tel une poupée mécanique,

---

* Il s'agit évidemment d'emplois des secteurs public et parapublic.

le monstre ne peut même pas assumer de façon autonome ses propres fonctions vitales, ayant besoin pour cela d'une armée de thuriféraires qui se chargent d'actionner la pompe une fois l'an entre le premier avril et le 31 mars.

En fait, en ce qui a trait à la redistribution des fonds publics, la loi de l'administration financière consacre en réalité la dépendance de l'État du rôle assumé par certains ministères qui, théoriquement, devraient au contraire relever de lui.

En réalité, l'État n'est pas un maître: il est un esclave du fétiche qui pompe les sous, et qui les redistribue de façon inégalitaire pour augmenter le produit national brut du Québec, contribuant ainsi à l'assassinat du local et du régional par le national. Or cette absence de propriété cérébrale cache un danger suprême: celui de la multiplication du monstre en de nombreux exemplaires (des calamités incarnées dans la légende par «les enfants des dents de l'hydre»).

Essentiellement, le monstre est un être qui a la propriété très étrange d'exercer tous les pouvoirs sur les autres, sans détenir aucun pouvoir sur lui-même. Un vrai fétiche! Or ce pouvoir qu'il détient sur les autres est justement fait du pouvoir qu'il leur a dérobé, et qui doit leur être restitué au moment même de sa mise à mort; ceci sous peine de voir se lever de terre une multitude d'«hydrettes» dont la voracité n'aurait rien à envier à celle de maman. Que voulez-vous, même chez les hydres-fétiches l'hérédité a ses droits! Et pour comprendre, voyons par quel mécanisme très subtil s'est réalisée au cours des ans l'usurpation des pouvoirs, qui fonde aujourd'hui la puissance de l'hydre.

À ce sujet, les théoriciens des sciences politiques nous enseignent que le pouvoir que détient un tiers sur autrui consiste en la possibilité de faire faire à d'autres ce qu'ils n'auraient pas fait sans son intervention (voir le *Petit Robert*). Or dans notre société, ce pouvoir est conféré par les populations aux Élus qui les représentent, et qui détiennent par conséquent le pouvoir de faire faire à d'autres certaines choses, de prendre des décisions en faisant des choix, etc.

Mais si on établit correctement la distinction entre le mot «pouvoir» et le mot «puissance», utilisé ici au sens de: «capacité de changer le cours des événements», on peut alors réaliser que le pouvoir n'est que l'instrument de la puissance, sans laquelle il n'est rien. Or notre hydre a précisément acquis au cours des ans cette capacité de réduire à néant la puissance des Élus, donc la pertinence des pouvoirs qu'ils détiennent des populations qu'ils représentent, pour changer le cours des événements.

Il est connu en effet que la capacité de faire des choix politiques dépend de celle de faire des choix budgétaires. Dès lors, en pompant systématiquement hors des municipalités en désintégration, les taxes autant que les payeurs de taxes, on prive par le fait même leurs Élus de leur capacité d'exercer leur fonction d'Élu: celle de faire des choix budgétaires, et ceci, quelle que soit la limitation de ce pouvoir imposée de l'extérieur. Quelle est alors l'utilité du pouvoir qu'ils détiennent? D'ailleurs, à ce sujet, on remarque que l'Union des municipalités du Québec s'est toujours opposée aux efforts de décentralisation des pouvoirs détenus par le niveau central. Sans une déconcentration des budgets, la décentralisation des pouvoirs constitue un «cadeau de Grecs» d'un nouveau genre, dans le contexte où l'exode des payeurs de taxes et le pompage de la richesse ont déjà sapé la base budgétaire d'un très grand nombre de municipalités du Québec, actuellement en pleine désintégration et devenues insolvables par le fait même.

Dès lors, il appert ainsi que le processus de désintégration des régions ne peut être infléchi sans la mise en place d'un mécanisme institutionnalisé de déconcentration des fonds publics vers les municipalités, assorti d'un mécanisme de décentralisation des pouvoirs des Élus appliqué à la manière de dépenser les fonds publics préalablement redistribués; on dit une déconcentration budgétaire vers les municipalités, suivie d'une décentralisation des pouvoirs de décision sur la manière de dépenser les fonds publics, et imputabilité des décisions devant les électeurs: les populations concernées. Dans ce contexte, les trois principes généraux énoncés précédemment apparaissent être à la base d'une solution au problème de la désintégration des communautés.

9.4 Conclusion

Il faut à tout prix éviter d'interrompre le bon fonctionnement de la pompe. Curieux n'est-ce pas? Comment? Il faut éviter de sectionner le tuyau d'alimentation de la pompe en lui portant le coup fatal. Sinon la richesse déjà accumulée dans les sept têtes de l'hydre y demeurera, sans qu'une seule «goutte» ne soit redistribuée vers les communautés en désintégration. Cette erreur magistrale correspond à la privatisation des services publics, dans le contexte où les conditions de marché ne sont plus réalisées dans les communautés du Québec en désintégration, qui subissent depuis nombre d'années la vampirisation de l'hydre à sept têtes. Ayant perdu leur solvabilité économique, les communautés en désintégration seraient irrémédiablement condamnées à subir, dans le contexte de privatisation des services publics, le sort de Val-Jalbert (un village bien connu au Lac-Saint-Jean pour avoir été jadis autre chose qu'un magnifique musée en plein air assorti d'un terrain de camping non moins magnifique).

C'est plutôt en s'attaquant au tuyau de sortie de la pompe qu'on obtiendra le résultat escompté: la pompe demeure active en syphonnant la richesse accumulée dans les sept têtes – sans qu'elle n'y retourne pour autant –; celles-ci perdent alors leur caractère menaçant. Un loustic dirait que «ce serait comme dégonfler une balloune». Par contre, l'hémorragie devra être rapidement jugulée en recanalisant vers les communautés en désintégration la richesse qui risque de s'écouler. On a gagné!

Comment? Simplement en instituant légalement l'ensemble des corporations municipales (de préférence) comme seules bénéficiaires de la redistribution des fonds publics; celles-ci verront au financement des services publics nécessaires au bien-être des populations qu'elles représentent.

Mais comme toute pompe moderne qui fonctionne en mode automatique, il faut aussi la doter d'une «boîte de contrôle» pour équilibrer les pressions à l'entrée et à la sortie. Ce rôle sera joué par les critères de redistribution des fonds publics vers les municipalités, et par les modalités d'application qu'il sera nécessaire d'adapter aux situations réelles le cas échéant. (Par exemple, dans le cas des municipalités qui ne regroupent plus que quelques centaines de personnes et qui constituent la majorité des municipalités du Québec).

À ce sujet, pour diverses raisons techniques et épistémologiques qu'il n'y a pas lieu de commenter ici, il est très fortement recommandé d'utiliser un seul critère: le prorata de ceux qui n'occupent pas un emploi parmi les personnes âgées de 15 ans et plus résidant dans chaque municipalité du Québec. En d'autres termes, une redistribution des fonds publics fondée sur le taux d'inoccupation, c'est-à-dire au prorata du nombre de personnes de 15 ans et plus qui dépendent d'un tiers pour l'acquisition des biens de première nécessité.

L'effet attendu peut alors être décrit de la façon suivante. En raison des automatismes inhérents à la théorie de la croissance et du développement économique, ceci entraînera une baisse limitée mais immédiate du nombre d'emplois directs et indirects actuellement disponibles dans les centres-villes des grandes agglomérations urbaines telles Montréal et Québec.

Cette chute des emplois aura d'abord pour effet de créer du chômage dans les zones de banlieue de ces centres, là où réside une bonne partie de ceux qui occupent les emplois disponibles dans les centres-villes, créant par le fait même un incitatif à l'exode démographique, tel que cela se vérifie depuis plus de 20 ans dans les régions périphériques et dans les municipalités qui les subdivisent, au profit des grands centres urbains.

Par la même occasion ceci aura pour effet de créer une offre d'emplois dans les communautés actuellement en désintégration, rétablissant de ce fait l'équilibre démographique entre les communautés du Québec.

Avec le temps, les municipalités des régions périphériques entre autres verront s'interrompre l'exode démographique de leurs jeunes, tout en récupérant les effectifs démographiques essentiels à leur survie en tant que populations, qui leur avaient échappé au cours des ans. Elles s'affranchiront ainsi de leur statut de ville ou village fantôme en puissance; leurs citoyens seront heureux et auront peut-être beaucoup d'enfants pour assurer la pérennité de leur coin de planète, comme cela se passe dans tous les royaumes qui se respectent, ce à quoi le Saguenay–Lac-Saint-Jean ne fait pas exception.

Paradoxalement, avec la création de chômage dans les régions de

banlieue où le manque de ressources pour affronter les effets immi-
nents du vieillissement de leur population est devenu «criant», l'emploi de cette procédure aura pour effet de rétablir l'équilibre, en y
doublant le volume de ressources existantes. Il s'agit bien entendu
d'un ordre de grandeur qui ne tient pas compte des pertes démographiques consécutives à l'emploi de cette solution. Le taux
d'inoccupation sert alors de régulateur de l'équilibre entre la répartition équitable de l'emploi – donc du chômage – les ressources publiques, et les effets démographiques et sociaux en découlant.

QUATRIÈME PARTIE

Des solutions, des options et des choix

«Le bon sens triomphera lorsque les autres possibilités auront été épuisées.»
Michel Maziade

«Sire, votre raison est une bien belle raison.»
William Shakespeare

10. DES SOLUTIONS, DES OPTIONS ET DES CHOIX

10.1 Les candidats naturels pour faire des choix de société

Quelle différence existe-t-il entre un conte de fées et une histoire qui se termine bien? À l'instar de «l'habit qui ne fait pas le moine», ce ne sont pas les bardes qui font les guerres, ou les livres qui font l'histoire. Celle-ci appartiendra à ceux qui auront choisi que leur collectivité ait un avenir, contrairement à toute attente; à ceux qui auront choisi qu'elle ait une postérité, au lieu de peser, supputer les risques, mesurer les chances de succès ou d'échec.

Parmi les 6 500 000 choix de société possibles, autant de choix de société qu'il y a de Québécois, il appert qu'un certain nombre de Québécois ne sont pas préoccupés par le sujet. Évidemment, la question ne concerne pas ceux qui auront choisi de ne pas vivre au Québec, parmi lesquels on retrouve d'abord ceux qui auraient choisi de ne pas vivre du tout, c'est-à-dire ceux qui auront choisi de se suicider, et ceux qui auront opté pour une autre société. Pour les autres, ceux qui restent, voici les quatre grandes options qui s'offrent, selon toute vraisemblance, avec leurs avantages et leurs inconvénients respectifs.

10.2 Quatre options de société

10.2.1 L'option «Un Québec dans un autre»

Il s'agit d'une option radicale qui consisterait à confier à une autorité supérieure le sort du Québec en tant que collectivité. Demeurer province canadienne, redevenir province canadienne, offrir notre annexion aux États-Unis pour en devenir le 51e État, font partie d'une même catégorie d'options susceptibles en théorie d'obtenir l'adhésion de nombreux Québécois contraints de choisir le type de société québécoise au sein de laquelle ils préfèrent vivre. Les avantages et inconvénients dépendent alors, en grande partie, de la volonté de l'associé éventuel.

10.2.2 L'option «Deux Québec dans un»

Il s'agit d'une option générale ayant pour objet de maintenir le *statu quo* actuel. Elle comporte comme inconvénient principal l'extinction assurée de très nombreuses communautés régionales. Puis, à plus ou moins long terme, celui de réduire le Québec à la dimension d'un État de l'envergure de la communauté du Grand-Montréal, avec quelques avant-postes disséminés par ci par là, pour entretenir les barrages qui fourniront l'électricité servant à éclairer le Grand-Montréal et pour veiller à l'exportation du bois québécois, question d'avoir accès aux devises étrangères pour permettre aux résidents du Grand-Montréal de prendre des vacances en Floride ou sur les plages de la mer Noire, etc. Cette option se détaille en trois sous-options:

a) L'option «Deux Québec dans un» «au pas de charge», qui consiste à accélérer le mouvement de la désintégration des communautés par la privatisation des services publics, par la levée de nouvelles taxes et d'impôts nationaux visant à corriger les méfaits de la pauvreté à Montréal, ou par l'instauration d'une politique familiale, ou par quelque autre façon maquillée d'accélérer la centralisation;

b) L'option «Deux Québec dans un» «cuisson médium-saignant», qui consiste à ne rien modifier à la situation dont la description a fait l'objet de cet ouvrage;

c) L'option «Deux Québec dans un» «avec anesthésie»: c'est l'option préconisée par la Commission d'enquête sur l'avenir des municipalités en 1986, qui affirmait que la désintégration «perpétrée» sur les communautés «ne constituait pas un motif suffisant pour réallouer les ressources de l'État vers les communautés, car le gaspillage devant en résulter serait par trop exorbitant». Par contre, on s'interrogerait alors sur les moyens de fournir des services à leurs résidents sans toutefois leur octroyer les ressources nécessaires à cette fin, alors qu'en toute logique on ne peut donner des services tout en n'étant pas là pour les dispenser. La solution à cet épineux problème d'ubiquité nous a été récemment livrée par le Conseil des affaires sociales (C.A.S.) qui préconise d'allouer les nouvelles ressources de l'État aux M.R.C. plutôt qu'aux municipalités, afin de venir en aide aux personnes des zones sinistrées. Le truc est simple: seuls les chefs-lieux des M.R.C. (la municipalité d'Alma par exemple) encaisseront les nouvelles ressources, car les municipalités concernées sont les seules à disposer d'établissements du réseau des Affaires sociales.

À ce sujet, on semble avoir veillé à ne pas prendre en considération deux faits importants: les services dispensés aux individus n'ont pas d'effet sur le sous-développement des populations, comme cela peut être vérifié à Montréal et dans les autres centres-villes; et en second lieu, pour survivre, les communautés et les régions en désintégration doivent désormais récupérer les effectifs démographiques qu'elles ont perdus au profit des grands centres urbains.

Ainsi, dans le contexte où les régions sont déjà dans une situation comparable à celle d'un individu inoculé du virus du sida (un mort en sursis), on se trouve ainsi à maquiller l'extinction des collectivités en mesure humanitaire; un acte ajouté à l'autre, consistant à priver les populations et leurs Élus légitimes des informations connues depuis 1986 sur le processus de désintégration de la société québécoise.

10.2.3 L'option «Un Québec dans un»

Il s'agit d'une option fondée essentiellement sur un choix éthique et sur l'espoir réaliste de contribuer à l'élaboration de la «société juste» qu'on nous avait déjà promise avec les résultats que l'on sait. Cette option se différencie fondamentalement de l'autre option assujettie à la croissance immodérée du produit national brut, car elle vise au contraire à favoriser la croissance de tous les produits municipaux bruts du Québec. Une croissance économique de l'ensemble des municipalités, sans création d'inégalités entre les municipalités qui subdivisent le pays. Elle consiste à prévenir que l'État ne fausse les règles du jeu de la loi des marchés par les modes de redistribution des fonds publics qui sont les siens. Elle coïncide avec le résultat attendu de la mise en application du processus de réallocation des ressources de l'État à l'aide du «Taux d'inoccupation», tel que décrit au chapitre précédent. Il s'agit par surcroît d'une option qui évite de subordonner la santé de la population au système de soins aux individus.

Cette option comporte l'inconvénient de bouleverser les assises sociales des résidents des grands centres urbains, bien qu'il s'agisse d'une option nationale fondée sur l'éthique, et dont l'application doit être assortie de moyens visant à prévenir la curée et la piraterie, en évitant le plus possible les dégâts auxquels sont exposées les personnes qui auront à la subir. La mise en application de cette option implique donc, le cas échéant, des devoirs et des responsabilités des communautés en désintégration envers les populations de Montréal et Québec surtout, mais il n'y a pas lieu de les détailler pour l'instant.

10.2.4 L'option «Deux Québec dans deux»

Il s'agit essentiellement d'une option de rechange qui s'offre aux populations des régions, confrontées à un refus de souscrire à l'option «Un Québec dans un».

Selon notre entendement, ce refus témoignerait d'une conception du Québec qui n'est pas la nôtre. Une conception qui prive les collectivités, et la nôtre en particulier, de leur droit légitime d'exister en tant que collectivités; une conception qui ne recule pas devant la désintégration de plus de la moitié des régions du Québec, pour optimiser la croissance économique et démographique de l'autre partie de notre population, et en vain par surcroît.

En effet, jusqu'ici, les Québécois ont dû s'imposer des sacrifices immenses pour mériter le droit à l'autonomie nationale. Or il semble aujourd'hui que plusieurs de ces sacrifices étaient superflus. Ils auraient plutôt contribué à la mise en place d'un régime économique et social qui sanctionne le droit à l'incurie sur le dos des autres. Il n'y a pas assez de jeunes pour assurer la pérennité démographique et l'expansion économique des grands centres? Qu'à cela ne tienne! On ira puiser au Saguenay–Lac-Saint-Jean, en Abitibi, à Trois-Rivières, à Haïti et chez les Grecs de la Méditerranée; et par surcroît, on ira chercher les effectifs démographiques seulement au moment où ils seront fin prêts; seulement après que leurs parents auront sué eau et sang pendant 15 ou 20 ans pour nous les servir tout chauds! Et pour y arriver, la mise en place de règles administratives dont l'application se chargera du sale boulot. Ni vu ni connu!

Dans ce contexte, l'option «Deux Québec dans deux» consiste en un rejet de cette application des principes de la démocratie, laquelle, selon notre entendement, assure la croissance du Grand-Montréal et de Québec, par l'extermination des autres collectivités. Les garanties institutionnelles et législatives correspondant à cette conception devraient-elles perdurer que nous nous verrions contraints de réclamer l'autonomie matérielle, financière et administrative du Grand-Mon-tréal; et ceci, dans les plus brefs délais, car le temps nous est désor-mais compté.

L'option «Deux Québec dans deux» est une option de rechange pour ceux qui ont acquis la conviction qu'en sacrifiant Saint-Ludger-de-Milot, Rochebeaucourt et Bras-d'Apic, ce n'est pas le Québec que nous aidons, mais plutôt Charny, Laurentides–Lanaudière et Montérégie; qu'en sacrifiant la Gaspésie, la Côte-Nord, l'Abitibi, l'Estrie, le Bas du Fleuve, le sud de la région de Québec et Trois-Rivières, c'est au Saguenay–Lac-Saint-Jean et au Québec que nous nuisons!

10.3 Solution du problème en simulation

Briser le cercle de la dépendance! Que voilà un slogan devenu banal! La pauvreté et la dépendance sont en effet des thèmes qui se vendent particulièrement bien lorsqu'il s'agit de réformer des systè-mes politiques et économiques.

L'ennui cependant, vient du fait que les réformes ont le succès qui correspond aux moyens mis en œuvre pour atteindre leurs véritables objectifs. Tout le reste n'est que pure rhétorique, salissage de papier blanc. À ce sujet, la désintégration des régions du Québec n'est que la conséquence d'un problème administratif qu'on a laissé délibérément dégénérer, laissant aux diffuseurs de demi-vérités le privilège d'infor-mer le public et les Élus sur le véritable état de la situation, à savoir qu'au Québec, la pauvreté et la dépendance sous toutes ses formes sont dans une très large mesure les conséquences des politiques ins-taurées par ceux qui préfèrent soigner des problèmes plutôt que les prévenir. Raison pour laquelle d'ailleurs la pauvreté, la santé et bien d'autres caractéristiques de population, sont demeurées, au fil des ans, le cheval de bataille enfourché à la fois par les réformateurs et par les déformateurs.

Mais cette politique de l'autruche peut durer tant et aussi long-temps qu'elle ne compromet pas l'intégrité sociopolitique du pays, ce qui n'est pas le cas chez nous, où l'extinction progressive des commu-nautés locales et régionales compromet désormais l'occupation du territoire. Mais comment les gens des communautés en désintégration peuvent-ils reconnaître, dans l'avalanche de décisions et de discours, une volonté ferme de changer le cours des événements?

Dernièrement, le gouvernement du Québec annonçait une importante décentralisation des effectifs médicaux vers les régions et sous-régions sans ressources. Ce geste qu'il faut, par anticipation, saluer avec grand respect comme le premier effort courageux et sérieux posé en 20 ans pour corriger la situation, demeure pourtant dérisoire comme moyen visant à récupérer les effectifs démographiques perdus au profit des grands centres, par les régions périphériques et les autres régions dont l'avenir est compromis par le processus de la désintégration. Par ailleurs, la question des effectifs médicaux en région a toujours constitué, depuis la seconde moitié des années 1970, le lieu privilégié de l'application de demi-mesures, davantage destinées à favoriser les accommodements et à ménager les susceptibilités corporatistes, qu'à résoudre un problème de société à caractère économique et démographique. Dès lors, pour couper court aux inévitables palabres entourant le sujet, voici le résultat de l'application de la solution «Un Québec dans un» décrite au paragraphe précédent, en faveur des municipalités situées dans le secteur nord de la M.R.C. Lac-Saint-Jean-Est.

Cette solution doit être appliquée sans investir un sou d'argent neuf dans le système, car elle est fondée sur la réallocation des ressources, et non sur l'injection de nouvelles ressources.

SIMULATION

Les six municipalités de Saint-Ludger-de-Milot, Saint-Henri-de-Taillon, Sainte-Monique, Labrecque, Lamarche et l'Ascension regroupent ensemble 2 845 des 2 319 035 personnes sans emploi âgées de 15 ans et plus habitant au Québec (donc selon le recensement canadien de 1986 0,12268 % des personnes « inoccupées» du Québec).

Il s'agit en outre de six municipalités contiguës dont le taux d'inoccupation s'établit (pour l'ensemble des six) à 66,9 %, contre 45,3 % au Québec, et qui ne comptent aucun établissement ni aucun professionnel de la santé et des services sociaux sur leur territoire. En principe et conformément à notre point de vue, les six municipalités devraient donc se voir attribuer 0,12268 % des 10 milliards de dollars de coûts directs bruts que représentent actuellement les dépenses annuelles de santé et de services sociaux au Québec, incluant celles de la R.A.M.Q., soit une somme égale à 12 268 000 $.

Or, ce montant représente l'octroi de 306 emplois directs à 40 000 $ par emploi en moyenne. Compte tenu du chômage inévitable que créerait cette décision dans les centres qui disposent actuellement de ces emplois, et compte tenu de l'offre d'emploi que représenterait cet octroi dans les six municipalités concernées, nous croyons qu'au fil des ans, cette manière de réallocation des ressources serait suffisante pour renverser en leur faveur le processus de désintégration, et cela, de la même manière dans toutes les communautés du Québec aux prises avec le même problème.

Mais pour donner suite à cette recommandation, en totalité ou en partie, ne serait-ce que pour une fraction minuscule de la proposition, il faudrait abroger les lois qui institutionnalisent les corporations d'établissements comme bénéficiaires de la redistribution des fonds publics.

Par ailleurs, sachant que les dépenses de santé sont administrées par programme plutôt que globalement, rien n'empêcherait, par souci de commodité, que ce mode de répartition soit réalisé par programme plutôt que directement sur l'ensemble de la masse monétaire.

Rien n'empêcherait par la suite de procéder de la même manière pour l'ensemble des dépenses de l'État, programme par programme dans un esprit de transition, pour éviter de faire éclater les systèmes de services.

Par ailleurs, le même mode de calcul appliqué cette fois à l'ensemble des municipalités de la région du Saguenay–Lac-Saint-Jean, (par établissement seulement sans compter la R.A.M.Q.), totalise des dépenses qui se chiffreraient à 5,02 % de l'ensemble des dépenses provinciales d'établissements de santé et de services sociaux, comparativement à 4,05 % en 1988-89 (donc une majoration de 24 % des dépenses totales réalisées dans la région).

CINQUIÈME PARTIE

La révision du rôle de l'État

«*And, said Pierre Marc, they adopted Montreal as the place to live and do business. We are only six million in Quebec. We can't afford to have half a dozen small cities, so we have one big one.*»
Pierre-Marc Johnson,
dans l'édition du *National Geographic*, mars 1991, p. 70.

«*N'enclos pas le peuple en d'étroites demeures.
Ne le pressure pas pour ne pas tarir ses moyens d'existence.*»
Lao-Tseu, *Tao Tö King*, Éditions Gallimard, 1967, p. 175.

CONCLUSION

Plusieurs régions du Québec, dont le Saguenay–Lac-Saint-Jean, amorcent actuellement le virage qui les mènera inexorablement à leur extinction démographique. Entre-temps, leurs populations subiront les effets économiques d'une chute démographique continue, soit l'écroulement progressif des conditions de marché favorables à l'achat et à la vente des biens et services tant publics que privés. En même temps, leurs populations seront de plus en plus affectées par la pauvreté et les effets en découlant. Or, cette énumération peut être considérée comme l'aboutissement d'au moins 20 ans d'efforts concertés pour faire évoluer notre société sur la voie du sous-développement durable. Ainsi, lorsqu'on s'interroge sur les causes profondes de la situation actuelle, on découvre que ces causes logent à de très nombreuses enseignes, partant des gestes posés et non posés par les instances décisionnelles «responsables», jusqu'à la crédulité et l'apathie de nombreux citoyens qui, passivement, endossent tout ce qu'on leur suggère de penser et de dire, sans s'interroger jamais sur la pertinence des messages qu'ils sont sollicités de croire et de répéter en écho.

Mais parmi l'ensemble des causes détectables, il en est une qui, plus que toutes les autres, semble avoir contribué à orienter le cours des événements dans la direction devant aboutir obligatoirement à la situation actuelle. Cette cause met en relief le rôle qu'ont joué au cours des 20 ou 30 dernières années, ceux qui ont été investis – directement ou indirectement – de la fonction d'informer les citoyens d'abord et les décideurs ensuite, en ce qui a trait à la pertinence des décisions susceptibles d'orienter l'évolution de notre société dans le sens du développement, ou dans le sens contraire: dans la direction de la pérennité ou dans celle de l'extinction.

Ainsi, chacune des régions du Québec a enregistré une croissance économique aussi considérable que continue au cours des 20 dernières années. Par contre, les inégalités de croissance qui opposaient déjà en 1971 les régions du Québec, n'ont pas été résorbées, mais au contraire, elles n'ont jamais cessé de s'amplifier tout au long de cette période. Par ailleurs, les écarts de croissance économique qui opposent les régions se vérifient de la même manière entre les M.R.C. qui subdivisent les régions; par ailleurs également, les écarts de croissance entre les M.R.C. qui subdivisent les régions se vérifient encore de la même manière entre les municipalités qui subdivisent les M.R.C. En clair, il y a eu amplification du sous-développement, donc du sur-développement économique indépendamment des progrès enregistrés en matière de croissance économique.

Comment fut-il possible de cacher aux citoyens et aux décideurs une réalité aussi lourde de conséquences pour leur avenir, malgré qu'elle s'inscrive dans la suite contraire des choix de société qui avaient été les nôtres durant la révolution tranquille? En laissant croire aux citoyens que «croissance» et «développement» sont du «pareil au même» et que leurs effets sont identiques. Parmi les effets découlant de cette confusion: les efforts considérables qui sont consacrés aujourd'hui au redressement de la situation économique de plus en plus difficile d'un grand nombre de municipalités, M.R.C. et régions du Québec, en comptant sur les interventions du secteur privé, seront irrémédiablement voués à l'échec, et ceci à l'insu des promoteurs de ce type d'intervention.

Les appels lancés aux investisseurs locaux et étrangers, les efforts organisés dans le but de glaner les faveurs économiques de l'État, seront sans effet pour changer le cours des événements; et ceci pour la bonne raison qu'il n'existe aucun rapport entre le genre d'effet attendu de l'intervention du secteur privé, et la nature même du problème à résoudre. En effet, corriger un problème de développement en utilisant les outils qui conviennent à la correction d'un problème de croissance, équivaut pour un menuisier, à utiliser un marteau pour scier une planche. Or il appert par surcroît qu'aucune région du Québec ne semble affectée par un problème de décroissance économique. Ce qui équivaudrait, le cas échéant, à vouloir appliquer une solution à un problème qui n'est pas un problème dans la réalité.

Ainsi, avant de chercher des solutions au problème économique qui affecte les régions, combien d'efforts a-t-on consacrés pour chercher à connaître la véritable nature du problème à résoudre, ses causes et ses effets, en vue de trouver les instruments correctifs appropriés? Dans le contexte où on confond volontiers un problème de développement avec un problème de croissance, il n'y a évidemment pas lieu de consacrer quelque effort que ce soit, car il n'existe qu'un nombre restreint de solutions à tous les genres de problèmes économiques, dont, entre autres, la création d'emplois. Or le moyen particulier qui permet d'intervenir sur un problème de développement par opposition à un problème de croissance, n'est pas de cet ordre: il s'agit en l'occurrence de réduire l'ampleur des écarts relatifs dans la répartition géographique des emplois disponibles.

Lorsqu'on s'interroge sur les causes profondes des problèmes de développement régional, les réponses peuvent être très variées en théorie. Certes, le manque de dynamisme du secteur privé fait partie de l'ordre des possibilités. Mais il en existe d'autres dont les conséquences sont infiniment plus dévastatrices et sournoises, puisqu'elles ont, entre autres, pour effet de rendre caducs tous les efforts de ce secteur. Ce document traite de l'une de ces causes du sous-développement des régions; une cause suffisamment lourde pour pouvoir enclencher à elle seule le processus de désintégration des communautés du Québec, et par voie de conséquence, celle des régions qui les regroupent. Elle met en évidence le mode de financement d'un type de ressource publique, soit les ressources qui dispensent les services de santé et les services sociaux.

Le document traite également de quelques mécanismes décisionnels qui ont contribué à créer cette situation et à l'entretenir pendant 20 ans. Il traite enfin des solutions susceptibles de corriger la situation, ou tout au moins d'aider à y remédier. À ce sujet, l'interruption du processus de désintégration qui prévaut depuis 20 ans ne suffit plus à assurer la survie de plusieurs communautés régionales et locales. Encore faut-il que les dégâts causés au cours des 20 dernières années soient réparés. Dans ce contexte, la solution ne peut être appliquée que par les citoyens eux-mêmes en collaboration avec les Élus qui les représentent au niveau local et régional. Elle ne peut venir du niveau central de prise de décision, comme en témoigne l'indifférence manifestée au cours des deux dernières décennies, pour ce qui concerne pourtant le rôle de l'État dans l'un de ses aspects essentiels: la redistribution de la richesse collective.

À ce sujet, le silence généralisé qui prévaut au chapitre des causes et des effets qui compromettent l'avenir économique, démographique et social de si nombreuses parties du territoire habité, demande lui-même explications. En effet, on comprend mal comment un tel processus a pu évoluer en catimini pendant de si nombreuses années, malgré l'existence de maintes organisations de recherche dédiées directement et indirectement à l'étude des questions relatives au développement et au sous-développement.

Une des explications de ce silence met en lumière une forme généralisée d'erreur méthodologique dont on parle très peu de nos jours lorsqu'il est question de ce genre de sujet. En effet, le mot «méthode» évoque la plupart du temps la partie d'une démarche de recherche qui traite des questions relatives aux techniques de mesure utilisées. En fait, comme on pourra le constater en consultant un bon dictionnaire, le mot «méthode» recouvre beaucoup plus que cela, en particulier les étapes préalables à l'emploi des techniques de mesure, et qui concernent l'opérationnalisation des concepts scientifiques. Or les insuffisances manifestées en cette matière mettent en cause les connaissances qui permettent d'établir la différence entre des chercheurs et des techniciens de recherche.

Il existe en effet deux manifestations principales de ce genre d'insuffisance: la première réside dans une incapacité de poser correctement un problème scientifique dont la solution exige le recours à des techniques de mesure. Ce type d'erreur met en cause la capacité de sélectionner, et d'élaborer au besoin, les techniques qui conviennent à la nature d'un problème de recherche à résoudre, ce qui a pour effet de réduire toute problématique de recherche à une sorte de «rituel technique» portant sur des objets qui n'ont pas nécessairement de rapport avec les préoccupations qu'on prétend avoir. Cette manifestation n'a aucun intérêt pour le sujet traité dans le présent document.

La seconde manifestation est beaucoup plus explicite: elle réside dans l'incapacité d'interpréter des faits susceptibles de revêtir une importance particulière sur le plan scientifique. Par exemple, l'incapacité de reconnaître la différence entre un problème de croissance et un problème de développement; un problème social d'un autre genre de problème; de débrouiller les avatars méthodologiques inhérents à l'interprétation du concept de «population»; de reconnaître la distinction fondamentale qui existe entre les caractéristiques des populations et celles des individus qui en font partie (leur état de santé par exemple), etc.

À un niveau encore supérieur, cette insuffisance mène tout droit à l'incapacité de distinguer entre les catégories du langage courant et celles des concepts scientifiques, puis de distinguer les causes des effets, et enfin d'en reconnaître les manifestations à travers les données quantitatives qui décrivent la réalité.

Plus loin encore, elle conduit à l'incapacité de distinguer entre un problème à résoudre et la manifestation de ce problème, d'où l'impuissance et surtout l'indifférence manifestée tout au long des 20 dernières années, pour trouver les solutions qui conviennent à un problème de sous-développement chronique dont on ignore de toute façon jusqu'à l'existence. Dans les circonstances, comment peut-on espérer que les populations et les Élus soient convenablement informés?

Or, ce type d'insuffisance scientifique est aussi facile à démontrer que son caractère généralisable, et c'est d'ailleurs cette facilité qui a inspiré la méthode retenue pour traiter du sujet de la désintégration des populations locales et régionales au Québec.

Il n'existe en effet aucune raison connue de remettre en cause la pertinence ou l'exactitude des données les plus courantes, les plus accessibles, les plus officielles, les plus généralisables, permettant de démontrer les relations de cause à effet qui existent au Québec entre les divers sujets descriptifs et explicatifs de la problématique du développement. Que ce soit de la problématique étudiée sous l'angle de l'économie, de la démographie, ou sous un angle qui n'a pas été abordé dans ce document: l'angle du «développement social». D'ailleurs les faits mis en évidence dans chacun de ces domaines se corroborent tous mutuellement. Ce sont ces mêmes données officielles qui ont été utilisées ici, et sur lesquelles tout le monde s'entend. Le problème d'information au sujet de ce qui se passe au Québec n'a donc aucun rapport avec la non-disponibilité de données fiables.

Le problème loge plutôt dans l'interprétation des faits révélés par les données usuelles et qui fait justement appel aux connaissances d'ordre scientifique.

En clair, il s'agit expressément d'un autre ordre de problème d'information (par opposition à un problème de données), contre lequel il n'existe pas d'autre explication ou remède que ceux qui logent du côté de la compétence et de la volonté d'informer.

C'est pourquoi la méthode retenue est inspirée de celle qui prévaut pour mettre en évidence un «mensonge». Elle consiste tout simplement à comparer les faits de la réalité révélés par les données les plus usuelles et accessibles à la signification qui leur est conférée dans les discours que l'on entretient à leur sujet.

Cette comparaison a permis de mettre en évidence une série d'invraisemblances entre les faits de la réalité et le discours officiel; des invraisemblances qui expliquent le non-changement par tout autre chose que par l'absence d'objectifs de société, l'absence de données fiables et autres explications faciles, incluant, dans une large mesure, l'absence d'information. Elles expliquent le non-changement par une absence de volonté d'agir, une négligence à prendre les moyens qui conviennent pour donner suite au projet de société qui avait été le nôtre en 1971.

Ainsi le dicton populaire selon lequel «qui veut la fin, prend les moyens», apparaît inapproprié dans les circonstances, comparativement à celui qui affirmerait: «Qui a pris les moyens, voulait la fin». Mais si ce genre d'explication, d'ordre méthodologique ou autre, demeure pertinent pour expliquer le passé et le présent: le sujet demeure d'un intérêt secondaire dans l'optique où il importe désormais de se situer collectivement par rapport au futur. Car quoi qu'il en soit, il appert que nombre de régions et autres «communautés plus locales» sont acculées aujourd'hui à la nécessité expresse de trouver une solution à ce problème qui, désormais, compromet jusqu'à leur existence.

Deux mesures s'offrent à elles. L'une passe par la voie d'une décentralisation, à l'échelle du Québec tout entier, des ressources publiques concentrées dans les centres urbains vers le niveau local, idéalement vers le niveau municipal. Cette conception de la solution au problème des milieux en désintégration s'appuie sur un choix en faveur de la société québécoise, selon lequel la dimension du pays inclut l'ensemble de la société sans être réduite à quelques-unes de ses parties seulement. Mais compte tenu de leur poids démographique trop restreint désormais dans l'ensemble québécois, ce choix ne peut plus être celui des communautés et régions en désintégration.

L'autre mesure passe par la voie d'un affranchissement des règles juridico-administratives par lesquelles les régions les plus concernées ont perdu progressivement leurs moyens d'existence, de même que le poids démographique nécessaire pour leur assurer une prétention à l'existence au sein de l'ensemble québécois. Il s'agit alors d'un choix qui ne peut être arrêté que par les régions qui auront choisi de perdurer et qui seront prêtes à assumer les exigences de leur choix. Sauf erreur, il ne semble pas exister d'autre option que ces deux-là.

Mais au-delà des questions qui s'intéressent à «ce qu'il faut faire pour avoir une chance de durer en tant que collectivité», il existe une autre question à poser, beaucoup plus fondamentale, et qui interroge les chances que des initiatives soient prises, ayant pour objet «de faire ce qu'il faut pour durer».

Ici, les pronostics apparaissent plutôt sombres. Certes la problématique de la désintégration est facile à vérifier, que ce soit par le biais des faits empiriquement vérifiables, des théories explicatives qui en rendent compte, ou par le truchement des opinions et de l'expérience vécue par ceux qui en subissent les conséquences. D'ailleurs cette facilité est de nature à entretenir l'illusion de maîtriser la problématique chez ceux qui n'en connaissent qu'une partie seulement.

Par contre, il est infiniment plus complexe d'arriver à un consensus portant sur les gestes qu'il est approprié de poser pour infléchir le cours des événements dans le sens de véritables correctifs à la situation qui prévaut. Car autant la problématique de la désintégration est vaste et couvre une multitude de champs d'intervention, autant il est difficile de s'y reconnaître lorsqu'il s'agit de distinguer les causes des effets. Pourtant, cet effort mental pour distinguer les causes des effets doit à tout prix être consenti pour éviter de répéter les mêmes erreurs qui, par le passé, ont mené à la situation actuelle.

À ce sujet, certains angles pour aborder des solutions apparaissent aussi séduisants qu'ils sont erronés dans les faits. Par exemple, malgré la multitude d'évidences corroborées par l'expérience et démontrant

le contraire, certains persistent à croire qu'on peut s'attaquer directement à la pauvreté ou au mauvais état de santé des populations
comme s'il s'agissait de phénomènes qu'on peut arbitrairement isoler
de la dynamique sociale prise dans son ensemble. Il est pourtant à la
portée de tous de comprendre que lorsqu'un premier phénomène est
l'effet d'un second, le problème n'est pas ce premier phénomène,
mais plutôt le second.

Dans un tel contexte, il est fort probable que les gestes visant à
assurer le *statu quo* puissent être présentés comme des solutions au
problème de la désintégration, et endossés par ceux-là même qui ont
été jusqu'ici les victimes de ce processus. Et avant qu'on s'en aper-
çoive, des régions complètes auront perdu toute chance de durer.

Par exemple, une campagne bien orchestrée sur le thème du
«misérabilisme», et visant à inciter les populations à se soulever
contre la misère qu'elles subissent, ferait partie des moyens de
récupération. Car les populations qui sont privées de l'information sur
les causes qui ont engendré les situations sociales où elles se trouvent
sont par le fait même privées des informations portant sur les moyens
d'agir qui n'auraient pas pour effet de créer d'autres problèmes s'ajou-
tant à ceux qu'elles subissent déjà.

À titre d'exemple, promouvoir aujourd'hui une déconcentration
de l'ensemble des ressources gouvernementales vers les municipalités
en faisant fi de la répartition des masses budgétaires entre les diverses
missions de l'État, aura nécessairement pour effet d'implanter des
écoles là où il n'existe déjà plus suffisamment d'enfants pour en
justifier l'existence, tout en privant de leurs écoles les milieux où les
enfants sont déjà en grand nombre. Une telle façon de concevoir la
solution serait inapplicable et favoriserait donc le maintien du *statu
quo*.

À l'autre extrémité, les populations se sont révélées jusqu'ici
particulièrement sans défense devant les manifestations les plus courantes et les plus triviales de l'absence de volonté d'agir, et qui
servent en fait de caution à la destruction de pans complets de la
société québécoise. «Pas question de mettre des scanners à
Rochebeaucourt (Abitibi)!» ou encore: «On n'arrête pas le progrès (à

entendre la concentration géographique des activités économiques)»,
font partie de ce genre de manifestations. Comme si le projet de
société auquel nous avons souscrit était articulé sur le thème: «Les
populations faites pour faire rouler l'économie», plutôt que: «L'économie pour aider les populations à vivre au lieu de disparaître».

Mais toutes ces questions relèvent d'un ordre de préoccupations
qui n'a de pertinence que dans le contexte où il y aurait plus d'avantages pour certaines populations régionales à faire partie de l'ensemble
québécois, qu'il n'existe d'avantages pour la population québécoise
elle-même à faire partie de l'ensemble canadien.

Or la problématique de la désintégration locale et régionale dénie
ce prétendu postulat. À l'évidence même, la désintégration de la
société à laquelle on appartient ne peut être envisagée comme un
projet de société pertinent pour quelque raison que ce soit.

Ainsi, il appartient en propre aux populations régionales de savoir
décrypter correctement les signes qui témoignent objectivement des
volontés réelles qu'on entretient quant à leur avenir et, le cas échéant,
de savoir en tirer les bonnes conclusions en vue de choisir librement
le genre de société dont elles veulent faire partie. Car être gérées par
des groupes concentrés à Montréal et Québec comporte-t-il
véritablement plus d'avantages que de l'être par ceux de Toronto et
d'Ottawa, dans le contexte actuel?

Mais si poser la question n'est pas difficile, en contrepartie, il est
beaucoup plus complexe de savoir quoi répondre. En effet, les signes
qui témoignent de la nature véritable des choix de société arrêtés par
d'autres à notre endroit, ne sont pas évidents de prime abord, et
portent la plupart du temps l'empreinte d'une intention vertueuse qui
rend à peu près indétectable la nature des véritables enjeux.

Et pour s'en rendre compte, il y a lieu de considérer objectivement
et d'un certain point de vue la désintégration démographique des
populations comme l'un des moyens les plus efficaces de lutte contre
la pauvreté. Ce moyen repose en effet sur le principe d'un partage de
la richesse collective entre un nombre de plus en plus restreint d'individus; non pas au sens où cela se vit dans les pays du tiers monde,

mais plutôt au sens où il y aura de moins en moins d'individus pour se partager la richesse de la collectivité.

Ainsi peut-on concevoir l'exode démographique, la dénatalité, la surmortalité précoce, incluant le suicide, comme autant de moyens efficaces pour réduire le nombre des «élus au partage» et, par conséquent, comme autant de moyens efficaces pour prévenir et lutter contre la pauvreté.

Dans ce contexte bien actuel, on peut concevoir que la lutte contre la pauvreté n'est pas l'exclusivité des sociétés qui ont fait le choix de durer, car elle peut constituer un objectif tout aussi applicable au cas des sociétés qui ont choisi de disparaître. Même que cette forme inusitée de lutte contre la pauvreté peut s'accommoder sans difficulté de tous les autres discours et gestes témoignant d'une compassion bien réelle et non factice des citoyens envers leurs concitoyens plus démunis, comme en témoignent les faits qui décrivent l'évolution de notre société au cours des 20 dernières années!

NOTES BIBLIOGRAPHIQUES

[1]   Samuelson Paul A., *Economics, an Introductory Analysis*, Mc Graw Hill, New York, 1966, p. 806.

[2]   Siegel Sidney, *Non Parametric Statistics*, Mc Graw Hill, New York, 1956, p. 284.

[3]   CREESOM, Sud-ouest, diagnostic, Montréal, avril 1989, p. 41 et annexes.

[4]   Côté Charles, *Évaluation des politiques et des programmes du MAS–constats généraux* (document 6), MSSS, 1980, p. 19.

[5]   Côté Charles, *Répartition des ressources sociosanitaires: impact sur les variables sociosanitaires et sur la migration*, MSSS, février 1982, et

        Côté Charles, *Pour une politique d'intervention du ministère des Affaires sociales en milieu rural*, MSSS, juin 1981.

[6]   Barriault Claude, *«Série: Portrait de santé de la région 01»* (5 volumes portant sur les ressources, l'emploi, la démographie, les conditions socio-économiques et l'état de santé), DSC de l'Hôtel-Dieu de Gaspé, 1984.

[7]   Côté Charles, et Barriault Claude, *Les disparités entre les populations en besoin et la répartition géographique des ressources disponibles*, (annexe thématique du rapport de la Commission Rochon), Gouvernement du Québec, 1988.

[8]   Harvey Julien *et al*, *«Le Québec cassé en deux»*, (dossier), *Relations*, n° 545, novembre 1988, pp. 264-276.

[9]   Leclerc Yvon, *Deux Québec dans un*, Conseil des affaires sociales et de la famille (CAS), Québec, 1989.

[10] Côté Charles, *L'absence de politique sociale au Québec: les conséquences et les enjeux (livre I), et L'échec de la révolution tranquille au Québec: des premières manifestations jusqu'aux causes premières* (livre II), document de travail (inédit), décembre 1987.

[11] Paiement Guy *et al*, «*Un Québec cassé en deux» (suite): le pouvoir caché*» (dossier), *Relations*, n° 559, avril 1990, pp. 71-86.

[12] Barriault Claude, *Les circonstances démographiques et économiques génératrices d'inégalités sociales, notamment de la pauvreté dans l'Outaouais*, (mémoire) CRSSS de l'Outaouais, Hull, avril 1990, p. 44.

[13] Union des municipalités du Québec, *Rapport de la Commission d'étude sur les municipalités*, 1986, pp. 207-210.

[14] Office de la planification et du développement du Québec, *Québec à l'heure de l'entreprise régionale: plan d'action en matière de développement régional*, octobre 1988, p. 5.

[15] Stone L.O., *L'expansion urbaine au Canada*, Bureau fédéral de la statistique, Ottawa, 1967, cité dans le rapport de la Commission Castonguay Nepveu, Gouvernement du Québec, 1971, Le développement, vol. III, tome I, p. 59.

[16] Voir entre autres, Tremblay Rodrique, *L'économique introduction à l'analyse des problèmes économiques de toute société*, Holt, Reinhart et Winston, Montréal, 1971, pp. 615-621.

[17] Daninos Pierre, *Le Jacassin*, en vente dans toute les bonnes librairies

[18] Hoover Edgar M., *An Introduction to Regional Economics*, A. Knoph 1971, pp. 172-183.

[19] Organisation mondiale de la santé (O.M.S.) *et al., Charte d'Ottawa pour la promotion de la santé*, Conférence internationale pour la promotion de la santé, 17-21 novembre 1986, Ottawa.

[20] Barret Nancy, *The Theory of Macro Economic Policy*, Prentice Hall, New Jersey, 1972, p. 96.

[21] Les définitions de plusieurs régions du Québec peuvent varier d'un ministère à l'autre. Par exemple pour le secteur de la santé et des services sociaux, les municipalités de Chibougamau et Chapais sont incluses dans la région du Saguenay–Lac-Saint-Jean; ce qui ne s'applique pas au secteur de l'éducation, de même qu'aux autres ministères pour lesquels les régions sont des entiers parfaits de M.R.C.

[22] Les sources des données à l'appui de ces affirmations sont indiquées au bas du tableau 10.

[23] Depuis 1980, environ plusieurs documents émanant du réseau des Affaires sociales font état d'une controverse profonde au sujet de cet indicateur comme critère de répartition géographique des fonds publics dans le domaine de la santé; une controverse où les affirmations gratuites et les impressions du moment ont jusqu'ici supplanté au niveau décisionnel, les arguments appuyés sur les faits démontrés et expliqués.

[24] Voir la référence [7] annexe 2.

[25] Au cours du mois de mai 1990, les journaux annonçaient le versement d'importantes subventions pour la revitalisation et la lutte contre la pauvreté sévissant au sein de la population du centre-ville de Montréal, impliquant les trois principaux paliers de gouvernement, fédéral, provincial et municipal. Voir à ce sujet et, entre autres, les éditions du quotidien *Le Devoir* du 1ᵉʳ et du 30 mai 1990.

[26] Citation du rapport de la Commission Rochon

«*Une étude de l'Organisation de coopération et de développement économique reconnaît explicitement que dans l'ensemble des pays comparés il ne semble guère exister de relation entre le taux de mortalité et les dépenses de santé par habitant. Cette absence de relations statistiquement significatives ne surprend pas, tant les facteurs en cause sont nombreux; sociaux, économiques, culturels, historiques et autres.*»

Gouvernement du Québec, rapport de la Commission Rochon sur les services de santé et les services sociaux 1988, p. 86.

[27] Ministère des Affaires sociales, *Rapport du comité de réflexions et d'analyse des services dépensés par les CLSC (Rapport Brunet)* mars 1987, p. 4.

«La pertinence des écarts dans les conditions de santé entre les différents groupes de la société a forcé l'OMS, et à sa suite bon nombre de pays, à admettre qu'il n'existait pas nécessairement de lien entre l'état de santé et les ressources de santé.»

[28] Durkheim Émile, *Le suicide*, Presses universitaires de France, 26ᵉ édition, 1960, p. 215.

[29] Morice Gérard, *Le suicide: une affaire moins privée qu'on le pense*, Science et vie, n° 811, avril 1985, p. 42.

[30] Durkheim É., *op. cit.* p. 11.

[31] Durkheim É., *op. cit.* p. 130.

[32] Durkheim É., *op. cit.* pp. 215-216.

[33] Durkheim É., *op. cit.* p. 215.

[34] Durkheim É., *op. cit.* p. 39.

[35] Durkheim É., *op. cit.* pp. 149-214.

[36] Morice G., *op. cit.* p. 43.

[37] Voir, entre autres, le Rapport Rochon, *op. cit.* p. 55.

[38] Morice G., *op. cit.* p. 46.

[39] MSSS *Les prévisions budgétaires: le partage d'un rôle*, Direction de la budgétisation, 1984, p. 6.

[40] Union des municipalités du Québec, (référence 13), *op. cit.* p. 208.

[41] *Manifeste des ruraux du Bas-Saint-Laurent*, cathédrale de Rimouski, 10 juin 1990.

ANNEXE

Table des matières du document de travail original, dont la transformation à permis l'élaboration de l'ouvrage produit en 1988 par le Conseil des Affaires sociales «Deux Québec dans un».

Document de travail
Terminé le 21 décembre 1987 par Charles Côté

LIVRE I

L'ABSENCE DE POLITIQUE SOCIALE AU QUÉBEC: LES CONSÉQUENCES ET LES ENJEUX

Table des matières

1. Les effets généraux d'une confusion langagière impliquant le terme «politique sociale»

2. De la confusion entre les parties et le tout, à la confusion entre les fins et les moyens

3. La relation entre la croissance du sous-développement, et les moyens mis en place lors de la révolution tranquille

4. Les résultats de recherche à l'appui

5. Les hypothèses au sujet des causes premières

LIVRE II

DE L'ÉCHEC DE LA RÉVOLUTION TRANQUILLE AU QUÉBEC: DES PREMIÈRES MANIFESTATIONS JUSQU'AUX CAUSES PREMIÈRES

Table des matières

PREMIÈRE PARTIE:
LA DÉSINTÉGRATION DÉMOGRAPHIQUE DES COMMUNAUTÉS

2. Les tendances à effet cumulatif

3. Synthèse: la croissance et le développement démographique

4. Conclusion

Chapitre 4

Des éléments de théorie explicative de l'exode des jeunes et des matières à débat

1. L'exode des jeunes: trois éléments de théorie explicative tirés de la littérature

2. Les faits à l'appui de chacune des trois théories explicatives

   2.1 La première théorie: la perspective d'améliorer les conditions de revenu et d'emploi

   2.2 La seconde théorie: la multiplicité des facteurs d'attraction

   2.3 La troisième théorie: l'hypothèse des facteurs de rejet (push factors)

   2.4 D'autres éléments de théorie pour contredire l'hypothèse des facteurs de rejet

Chapitre 5

Conclusion sur la désintégration démographique des communautés

DEUXIÈME PARTIE:

LE DÉVELOPPEMENT DU SOUS-DÉVELOPPEMENT SOCIAL DU QUÉBEC, COMME FACTEUR EXPLICATIF DE LA DÉSINTÉGRATION DÉMOGRAPHIQUE DES COMMUNAUTÉS

Chapitre 1

Illustrations du développement et du sous-développement social au Québec

1. Les disparités entre les milieux ruraux et les milieux urbains: l'exemple des MRC La Mitis, Rimouski et Matane

2. Les disparités entre les centres-villes et les banlieues L'exemple de Montréal et la généralisation des constats

3. Conclusion

Chapitre 2
Évolution du sous-développement social au Québec depuis 1971

1. Évolution comparée de l'état de santé en milieux rural et urbain (région de l'Outaouais)
2. Évolution comparée des taux d'inoccupation et de sous-scolarisation entre les communautés (la MRC La Mitis)
3. Évolution des disparités selon le taux d'inoccupation dans l'ensemble des communautés du Québec
4. Évolution du suicide chez les jeunes

Chapitre 3
Quelques implications financières et politiques de l'expansion du sous développement social, comme facteur explicatif de la croissance des besoins dans la population

1. Les trois points de vue en lice: celui des contribuables, de l'État des corporations
2. Le rapport de causalité entre les populations en besoin et les besoins des personnes: des problèmes théoriques et méthodologiques
   2.1 Le problème de l'erreur écologique ou «ecological fallacy»
   2.2 Une autre manière d'expliquer le rapport de causalité entre les caractéristiques des personnes et celles des populations

Chapitre 4
Conclusions de la deuxième partie: éléments d'une définition du développement et du sous-développement social

1. Des questions sans réponses
2. La liaison entre les grands indicateurs du développement social
3. La confusion entre le mot «social» et le mot «individuel»
4. La confusion entre les fins et les moyens: une hypothèse explicative

TROISIÈME PARTIE:
EN MATIÈRE DE POLITIQUE SOCIALE, «NO POLICY IS POLICY» OU LE PROBLÈME DES CAUSES IMMÉDIATES DE LA DÉSINTÉGRATION DÉMOGRAPHIQUE ET SOCIALE DES COMMUNAUTÉS

Chapitre 1
Proposition d'une théorie explicative de la désintégration des communautés

1. Quelques différences importantes entre un système privé et un système public
2. Deux manières différentes d'aménager l'offre dans un système public
3. Les avantages et les inconvénients de chaque manière d'aménager l'offre
   3.1 Les avantages
   3.2 Les inconvénients
4. Un premier bilan
5. Les exceptions et les réserves
6. Les effets des effets
7. Conclusion

Chapitre 2
Vérification de la théorie explicative

1. La théorie, les hypothèses et la méthode de vérification
2. Les faits et les conséquences observables en relation avec la théorie explicative
   2.1 Les inégalités dans la répartition géographique des investissements publics
   2.2 Relation entre le sous-développement démographique et social et les disparités dans la répartition des investissements publics
   2.3 Conclusion

Chapitre 3
Conclusion: Les facteurs explicatifs de la désintégration démographique et sociale des communautés depuis 1971

1. Il n'y a pas eu de politique sociale au Québec

2. Les moyens mis en œuvre sont orientés en sens inverse des objectifs préconisés lors de la révolution tranquille
3. À la recherche d'hypothèses explicatives concernant les causes profondes

QUATRIÈME PARTIE:
LES MÉCANISMES DU POUVOIR ET DE LA PUISSANCE, OU LE PROBLÈME DES CAUSES PROFONDES

1. Des limitations implicites au pouvoir réel des Élus dans les systèmes publics
2. Des exemples et des preuves
   2.1 Les plans de répartition des investissements publics entre les territoires
   2.2 Les instruments de recherche de planification et d'évaluation pour concrétiser l'application d'une politique sociale
3. Conclusion: comment d'autres que les Élus définissent les orientations sociales du Québec: un problème administratif à corriger, et qui déborde les limites fixées par les orientations des partis politiques au pouvoir.

LISTE DES TABLEAUX, GRAPHIQUES, CARTES ET SCHÉMAS

TABLEAUX

GRAPHIQUES

CARTES

SCHÉMAS

NOTES AU SUJET DE L'AUTEUR
CHARLES CÔTÉ

Né à Québec en 1946
Maîtrise en sciences sociales de
l'Université Laval en 1969

Fonctions occupées

1969 à 1972:
Chargé de cours de
Méthodologie et techniques quantitatives,
Faculté des sciences sociales,
Université Laval, Québec

1972 à 1976:
Agent de recherche,
Ministère de l'Expansion économique
régionale et Industrie/Commerce, Ottawa

1976-1985:
Chef des services de
l'évaluation et des indicateurs sociaux,
Ministère des Affaires sociales, Québec

1986-1988:
Agent de recherche,
Conseil des Affaires sociales et de la Famille, Québec

1989:
Agent de recherche,
Centre de recherche sur les services
communautaires, Université Laval, Québec

1990:
Conseiller en développement,
CRSSS Saguenay–Lac-Saint-Jean, Chicoutimi

Ce livre est imprimé sur
du papier contenant plus
de 50% de papier recyclé
dont 5% de fibres recyclées.

Achevé   Imprimerie
d'imprimer Gagné Ltée
au Canada Louiseville